云南省哲学社会科学创新团队建设项目资助

晚清至民国时期云南城市发展与社会变迁研究

王明东　蒋正虎　陈　燕　王晓艳　等著

民族出版社

图书在版编目（CIP）数据

晚清至民国时期云南城市发展与社会变迁研究 / 王明东等著 . — 北京：民族出版社，2022.12
ISBN 978-7-105-16904-7

Ⅰ. ①晚… Ⅱ. ①王… Ⅲ. ①城市—社会变迁—研究—云南—近代 Ⅳ. ① K297.4

中国版本图书馆 CIP 数据核字（2023）第 013895 号

晚清至民国时期云南城市发展与社会变迁研究

责任编辑：杨蜀艳
封面设计：金　晔
出版发行：民族出版社
地　　址：北京市东城区和平里北街 14 号
邮　　编：100013
电　　话：010-58130098（汉文编辑二室）
　　　　　010-64224782（发行部）
网　　址：http://www.mzpub.com
印　　刷：北京中科印刷有限公司
经　　销：各地新华书店
版　　次：2023 年 6 月第 1 版　2023 年 6 月北京第 1 次印刷
开　　本：787 毫米 ×1092 毫米　1/16
字　　数：246 千字
印　　张：15.25
定　　价：85.00 元
书　　号：ISBN 978-7-105-16904-7/K · 2912（汉 1678）

该书若有印装质量问题，请与本社发行部联系退换。

目　录

绪　言

鸦片战争后，英、法等国多次派人对云南进行殖民探险。英国人澳斯本对澜沧江流域进行探险，写成《通往中国的河道：1866—1873年湄公河探险》。英国人戴维斯先后四次考察云南，撰成《云南：联结印度和扬子江的链环》（云南大学出版社）。法国亨利·奥尔良王子带队从越南北上经过云南进入湄公河流域，著成《云南游记——从东京湾到印度》（云南人民出版社）。法国里昂商会对中国西南地区进行考察，途经云南的蛮耗、蒙自、昆明等地，编成《晚清余晖下的西南一隅——法国里昂商会中国西南考察纪实（1895—1897）》（云南出版集团公司、云南美术出版社）。这些著述记录著者所见云南地理山川、物产资源、风土人情和城乡经济等，特别强调云南地缘价值突出、战略地位重要，殖民掠夺的指向性十分明显，为英、法等国对云南进行殖民掠夺提供了参考。其中零星可见晚清以来云南城市发展与社会变迁的资料。

美国人施坚雅站在新的理论高度，剖析近代中国城市发展与社会变迁，他在《中国封建社会晚期城市研究——施坚雅模式》（吉林教育出版社）一书中指出，近代中国城市没有形成一体化的完整城市体系，只是若干地区性的、合理的系统，这些系统之间相互分离仅有微弱联系，只有将城市纳入区域范围进行研究才能得出令人信服的结论。施坚雅还指出，世界各地分布着疏密不同的城镇网络，在各地的城镇网络体系中，城镇规模的大小与数量成反比例关系，亦即规模小的城镇数量多，规模大的城镇数量少，并且城镇的等级越高数量越少。但是施坚雅的观点也存在不足之处，如他认为城市规模等级体系受市场最优、交通最优、行政最优等原则支配，这三个原则被学术界认为仅适合于工业化以后的城市群体。尽管存在不足之处，施氏的研究方法、理论建构和学术观点，对我国学术界产生了较大影响。

国内学者对晚清至民国时期中国城市发展与社会变迁研究各有亮点，如何一民的《近代中国城市发展与社会变迁（1840—1949）》，是第一部系统研究近代中国城市发展与社会变迁互动关系的著作，扩宽了城市史研究领域，将历史学、社会学、经济学、政治学等多学科研究方法相结合，研究内容丰富，涉及近代中国城市发展和社会变迁的轨迹，城市发展动力、规律和兴衰的原因，城市发展与社会变迁互动关系，城市发展的特点和社会变迁的一般规律等。该论著在资料使用、理论建构等方面都有重要突破，发现农业时代中国政治中心城市优先发展以及工业时代中国经济中心城市优先发展的规律。隗瀛涛的《中国近代不同类型城市综合研究》（四川大学出版社，1988），剖析了近代不同类型城市的分布、等级、社会经济类型、产业分布、人口密度以及城市镇之间的社会经济联系等问题，从宏观层面诠释了中国近代城市发展规律和特点，强调开放城市对于经济文化、科技等有巨大的示范和推动作用。另外，还有相当数量的论文，分别就近代中国城市经济、文化、社会结构、人口等相关问题进行研究，引证资料丰富，研究视野开阔，所持观点客观公允，为研究同一时期云南城市问题提供了参考借鉴。但是，直接关乎这一时期云南城市发展与社会变迁的研究仅有少量论著，较具代表性的专著《近代昆明城市史》（云南大学出版社，1990）指出，从鸦片战争到抗日战争期间昆明城市化得以拓展和深化，但抗战结束至解放战争期间，昆明的城市化进程一度停滞。李培林在《云南近代小城镇发展述略》指出，近代云南小城镇已作为一定范围的地域性经济中心而存在。①

综上所述，目前所见研究成果虽然为本课题研究提供了借鉴，但是，国内外有关这一时期云南城市发展与社会变迁的研究，或只涉及单一城市（如昆明），或多为相关论著的部分章节、单篇论文，呈现出单一性、碎片化特征，尚未见专著进行系统分析和理论建构。因而，本课题系统、深入的研究仍显得十分必要。

首先，云南地理区位独特且重要，处于联系东南亚南亚国际大通道，城市是这条国际大通道上的关键“棋子”，发挥着重要功能。古代，云南有多条通往东南亚、南亚国家的驿道，在这些驿道上，商旅往来熙熙攘攘，文化交流不绝如缕。近代以降，云南城市进入转型发展时期，出现交通干线与城市网络交织、区域市场与城市网络重合等现象。以滇越铁路、滇缅公路为标志的道路交通连通了云南城市，使分布于高原盆地大小不一的城市，打破了山川阻隔

① 李培林：《云南近代小城镇发展述略》，载《云南民族学院学报》，1985（2）。

瓶颈，依托现代交通工具运输方式，取代传统人背马驮，加快了商品流通、信息传递、人员流动的步伐，还加速了云南与国际市场的对接。如果说蒙自、腾越、思茅等约开商埠，被动融入国际市场，那么昆明则是自开商埠，主动融入国际市场。随着城市商业化程度的提升，地处交通孔道的城市现代化进程加快，市政基础设施有所改善，管理水平有所提升，城市的经济功能、文化功能等强化，军事功能弱化。这印证了何一民先生提出的农业时代政治中心城市优先发展，工业时代经济中心城市优先发展的观点。

其次，云南各民族地区社会经济发展不平衡，但通过各种渠道与各类型城市或市场保持联系。云南民族类别多，地理环境多样性特征显著，各民族地区社会经济发展极不平衡。至民国时期，仍然有原始社会、奴隶社会、封建社会等多种社会形态并存。从生产方式来看，原始狩猎、刀耕火种、山地耕牧、水田稻作等生计方式同时并存，农业在社会生活中占据主要地位，生产力水平低下，农副产品商品化程度低。但区域城市作为所处区域核心，起“周围乡村中心地的作用”[①]，依赖于收集输送地方产品、向周围乡村人口提供所需货物和服务而存在，只是这些城市市场的商品流通，仍属于低层次商品流通，亦即服务于地方民众维持生产生活的最低需求。随着云南进一步沦为半殖民地半封建社会，英、法等国将云南作为掠夺资源、倾销商品的对象，昆明、蒙自等为代表的云南城市，洋商云集，洋行林立，外国资本不断进入云南市场，一度出现城市商业“繁荣”现象。如果说传统云南城市、市场仅发挥区域作用，那么云南城镇被强制卷入世界资本主义旋涡之后，则突破了周围乡村中心的局限，被强制拉入国际市场体系，比如来自农村市场的农副产品山货、皮革、猪鬃等，作为出口货物进入国际市场，锡矿作为云南重要的出口物资，占了云南出口货物的极大比重。又如从国际市场上进口的棉纱，直接冲垮了云南的手工纺织业。城市作为进出口货物转运、分销的市场，无论是区域内还是区域外的经济功能明显增强。正是由于此时云南社会经济发展不平衡，城市与区域内市场或是与国际市场的联系强弱不同。

传统手工业遭受严重冲击，导致纺织分离、织耕分离，土地兼并渐趋严重，部分破产的家庭手工业者以及失地农民，被迫进入劳动力市场成为廉价劳动力，处于社会底层，生计维艰。乡村凋敝不能生成城市发展的强大推力，城

① ［美］G·W施坚雅著，王旭等译：《中国封建社会晚期城市研究——施坚雅模式》，2页，长春，吉林教育出版社，1991。

乡二元经济结构的不平衡发展，以及城市商业虚假繁荣，削弱了城市对乡村发展的拉动力。从上层建筑来看，腾龙沿边、思普沿边、河麻沿边一线，仍有土司存在。尽管云南地方政府在这些地方一度设立弹压委员会、殖边督办、设治局[①]，随后又推行县、乡、保、甲制度，加快推进这些地方与全国政治一体化进程，有些土司、土官成为“国大代表”，参与选举地方行政长官，担任乡、保长等职，表面上推进了政治一体进程。但是，地方实权仍然握于地方土司、土官手中，地方政府派往这些地方的流官还得仰承土司、土官鼻息，多被掣肘甚至被残害。即使到了民国时期，地方政府仍未能对上述土司统治地区进行改土归流。土司、土官与地方政府存在对抗、对话与合作的复杂关系[②]，形成了新的土流并治格局。政治上的二元结构，稀释了推动地方发展的行政行为效力，亦即从边缘到内地政治一体化进程明显迟滞。

再次，云南城市承载着厚重的历史文化信息，经历并见证了殖民掠夺、工业革命、民主革命、抗日战争、解放战争等重大历史发展进程。清代中期，英法等帝国主义国家不断在云南开展殖民探险，英国推进所谓印度洋战略，把云南视为连接印度洋和长江流域的重要链环，试图以印度为据点向云南渗透势力。法国则推进所谓环北部湾战略，以越南为据点向云南渗透势力，并抢在英国之前修筑滇越铁路，设领事馆，开设东方汇理银行蒙自支行，大肆掠夺云南资源并倾销商品。伴随着殖民掠夺，西方工业文明对云南也产生了深刻影响，如锡矿冶炼技术革新、铁路建筑、水力发电、邮电通信、制药、火柴制造等，带有西方工业文明显著特征的科学技术在云南出现。有了滇越铁路参照，个（个旧）碧（碧色寨）石（石屏）铁路成功修建。购买德国西门子发电设备后，石龙坝水电站建成发电，改变了传统照明的方式。电报电话率先在滇越铁路沿线城市出现，信息沟通、交流更为便捷。昆明城内电影院成为城乡民众争相前往的娱乐场所。云南城市还经历并见证了河口起义、腾越起义、重九起义、护国运动等，这些起义先后在河口、腾冲、昆明等城市发生，接连掀起反帝反封建斗争的高潮。抗日战争爆发后，滇越铁路运输中断，滇缅公路成了运送抗战物资的重要陆路通道。赫赫有名的飞虎队从昆明巫家坝机场起降，飞越驼峰航线运送抗战物资。昆明、保山、开远、蒙自等很多城市遭受日机轰炸，损失惨

① 王明东:《民国政府对腾龙沿边的设治与经营探析》，载《西南民族大学学报》(人文社会科学版)，2018(4)。

② 王明东:《腾龙沿边土司与国民政府关系探析》，载《贵州民族研究》，2012(5)。

重。滇西抗战爆发后，腾冲、龙陵、芒市、怒江等区域民众组织起来打击日寇。土司土官中涌现出一些抗日英雄，如线光天被授予“为国干城”匾。“一二·一”运动、“七一五”运动的爆发，使昆明成为传播民主革命思想的堡垒。由是观之，这一时期的云南城市具有时代性、革命性，蕴含着厚重的历史文化信息。遭受殖民掠夺的痛楚，学习科学技术的胆识，开展反帝反封建斗争的气魄，传播民主思想的胸怀，大无畏牺牲的精神等，给云南城市打上很深的烙印。无论纵向发展还是横向联系均有其特殊性，构成中国近现代史研究必不可少的组成部分，是近现代中国城市发展与社会变迁的重要观测区域，值得进行系统研究。

本书研究对象，将晚清至民国时期云南城市整体纳入研究视野。研究思路，从分析晚清至民国时期云南城市发展与社会变迁的时代背景入手，探讨云南城市发展与社会变迁的动力，探寻这一时期云南城市发展与社会变迁的轨迹，即云南城市等级、规模和功能、城市人口和社会阶层、城乡关系、城市经济、城市文化与社会生活等，分析这一时期云南城市发展与社会变迁的特点。运用历史学的文献查阅法、社会学的田野调查法、经济学的统计法等研究方法，多学科、多层次、多角度地剖析这一时期云南城市的纵向发展和横向联系，弥补孤立、静止地研究个别城市之不足。

一、云南城市发展和社会变迁的时代背景

近代，法、英等国加紧对云南的争夺，蒙自海关设立以及滇越铁路开通等，标志着云南从封闭地区变成对外交往的前沿，作为周围乡村中心地的城镇，遭受殖民掠夺表现在经济上受剥削、政治上遭压迫和文化上被渗透。卷入世界资本主义旋涡后，云南城市经济遭受的殖民掠夺、经济剥削，主要是列强通过掠夺资源、倾销商品、扰乱金融市场等手段攫取财富。政治压迫，主要表现在列强插手云南地方政务、藐视司法等。文化渗透，主要是列强借助基督教、天主教传播，冲击信教群众的传统文化，深刻影响着教徒的世界观、人生观和价值观的建构。伴随着殖民掠夺而来的西方科学技术使城市民众眼界大开，主动吸收先进科学技术兴办实业，民族工业在城市艰难起步，滇越铁路沿线城市出现零星工业。滇越铁路、个碧石铁路等以及联通城市公路网的建设，使交通条件得以改变，有利于城市市场的横向联系。

随着云南半殖民地半封建社会程度加深，自然经济壁垒逐渐被打破，耕织

分离、纺织分离，农村贫困化生产仅能维持最低生计水平。原以手工纺织业维持生计者，随着棉纱大量进口，从纺转向织，而由于洋布进口数量与日俱增，手工织布业也不得不歇业。失业的手工业者沦为廉价劳动力，从事更为艰辛的工作，如当矿工、苦力等。再加上土地兼并严重，失地少地农民数量增多，农村贫困化程度加深，能够向城市、市场提供的农副产品数量有限，即使农副产品进入商品流通领域，也属于低层次的商品交换，农民被迫将自身给养必需品的一部分或大部分投入市场销售，推动了农业经济商品化低层次扩散。他们先是将留给自己的生活必需品投入流通换取货币偿还债务，随后再高价从市场买回生活必需品，以维持贫困化生计。“小农经济地位愈低下，愈需要把更多农产品投入市场，而其所获又大多用于维持生计。”① 因而农村对城市发展推动力明显不足。更由于此时全国“赢利型经纪体制”②，苛政猛于虎，各种税收机构林立，先后开征的税种达数十种，从而出现“内卷化”现象，亦即行政官僚机构增多，有的公职人员借机向地方百姓敲诈勒索，权力寻租现象普遍。

纵观这一时期云南城市发展轨迹，商业化引发了城市现代化。云南资源丰富、交通便捷、市场运行好的城市，洋商开的洋行多，省内外商帮开设商号亦多，商业成为城市经济发展的命脉。随着商业行业增多，新兴工商业者要求与其地位相匹配的政治权力，行业协会应运而生，对规范行业管理发挥了积极作用。尽管商业化引发城市现代化，但随着西方资本主义势力侵入云南城市，城市变成矛盾冲突集中交汇点，更由于城市商业发展，经济活动日益频繁，税收、市场、交易、生产、管理等新问题暴露出来。自然经济时代，云南城市基础设施建设落后，地方政府未设专门部门管理市政基础设施建设。多数情况下，城市也如乡村一样，“修桥补路”成为乡绅善举，城市道路、桥梁、河道等基础设施建设，虽由官方倡导建设，但多由地方乡绅组织人力、物力、财力具体实施。随着自然经济壁垒被打破，城市的现代化吸引了更多的人员前往谋生，人口增加，居民社会分层日益突出，城市社会矛盾、阶级矛盾日趋尖锐，引发就业、住房、治安、犯罪等问题，帮会、黑社会势力挑战传统城市管理模式。另外，随着城市商业发展，人口增加，城市传统的基础设施已不能满足发展需求，依靠行政力量兴办市政被提上议事日程。于是，由政府组织发起了拓

---

① 陈庆德:《商品经济与中国近代民族经济进程》，69页，北京，人民出版社，2010。

② ［美］杜赞奇著，王福明译:《文化、权力与国家——1900—1942年的华北农村》，37页，南京，江苏人民出版社，1994。

宽城市街道、增加卫生设施、兴建公园等市政建设。城市工商业兴起，要求地方政府廉洁、高效，需要得到政府支持，需要建立市场经济，需要法制保障经济规范化运行。但是，云南城市统治者缺少法治观念和发展市场经济的内生动力，凡此等均不利于云南城市工商业的发展。

蒙自、腾越、思茅等相继开关，以及滇越铁路开通，西方机制工业产品充斥云南城乡市场，在市场竞争中完胜家庭手工产品。从地方政府层面看，也试图做好城市工商业发展的相关工作。1908 年，云南设立劝业道管理全省农工商业及各项交通事务，要求各地官员在地方大力倡导农桑，鼓励绅商组建农业经营实体，各地绅商积极响应创办实业，部分有眼光、有实力的民族工商业者，购买机器设备，民族工业艰难起步。一时间，集资办公司成为一种时尚，股份制农业公司、工商职业介绍所等纷纷出现。为了抵制洋货，谋求民族工商业发展，仿制外国机器、设备及产品，在当时成为一股潮流。水电业如石龙坝电站，制革业如陆军制革厂、云南制革厂等，火柴业如丽日、云兴、复盛等，卷烟业如天森茂、南洋兄弟等公司，官营制币厂、印刷局等，一大批民族工商企业成立。抗战期间内地企业迁滇，建成了包括“矿业、发电、冶金、机器制造，化工、建材、纺织、造船、电器、日用百货、面粉及食品加工，以及属于军工系统的飞机制造、光学仪器、机械、皮革等在内的、门类比较齐全的战时工业基地，为西南地区增加了可观的工业实力，带来了比较先进的工业设备和科学技术，培养了一批专门技术骨干和管理人才，改变了这一地区封闭落后的面貌，促进了商品经济的发展”①。从被动应对殖民掠夺，向增强经济发展能力的主动转变，无疑增强了云南城市经济发展后劲，是民族觉醒“师夷长技以制夷”的大胆尝试。

这一时期云南教育出现转型升级的良好态势，随着全国推进教育一体化进程，旧式学堂向近现代教育转变，国立小学、中学、师范学校、职业技术学校乃至高等院校、军事院校等纷纷出现，初步建构起近现代教育体系。这一时期的小学、中学、师范、职业技术教育，尽管存在师资、经费等困扰，与内地相比还存在规模小、质量低等差距，但是对于传播现代科学知识，唤醒民众的民主意识，仍然有着积极作用。尤其是云南陆军讲武学堂、西南联大的设立，意义重大、影响深远。1909 年设立的云南陆军讲武学堂，是中国近代史一所著名的军事院校，至 1945 年共培养了军官、军士约 9000 人，其中就有朱德元

① 中国人民政治协商会议西南地区文史资料协作会议：《抗战时期内迁西南的工商企业》，1—2 页，昆明，云南人民出版社，1989。

帅、叶剑英元帅，以及数量众多的将军。西南联大迁滇，对云南的文化教育也产生了深远影响。1939 年 2 月《云南日报》刊载《文化阵地——云南》，由于西南联大迁滇“一时南天古城，蔚为文化阵地”。西南联大在昆期间，大师云集、名家荟萃。北京大学“民主自由”、清华大学“严谨求实”、南开大学“活泼创新”等学风，融汇成了西南联大学风。在艰难环境中，注重科学研究，坚持为国育才。在科学研究方面，设立 13 个研究所，研究成果丰硕，不少研究成果进入世界前列，据统计，1941 年至 1946 年间，教育部进行了六届学术奖励，西南联大获奖教师 33 人次，占全国六届获奖总数的 10.5%。[①] 在为国育才方面，课程开设盛况空前，“每当学年伊始，教务处公布全部课程，无数的课程单把好几堵墙壁都贴满了，真是壮观，学生们一连几天，在课程表前挤来挤去，记下自己要选的、想听的课程”[②]。很多在这里就学的学生，成为享誉世界的栋梁之材。西南联大在云南传播民主科学精神，除了课堂教学以外，一些教授到昆明广播电台开设教育、文史哲、科学、国际关系等讲座，有的教授还带领学生对滇池、呈贡、滇池周围的人口、社会情况等进行调研，对昆明市的工业、商业、手工业等进行调查，形成了许多可供资政育人的高质量调查报告。西南联大还是“一二·一”爱国民主运动的发源地，“一二·一”运动成为继五四运动、“一二·九”运动之后，中国青年运动史上第三个里程碑。[③] 据不完全统计，我国两院院士中有西南联大师生 172 位，“两弹一星”功勋奖章获得者 8 位，诺贝尔奖获得者 2 位，国家最高科学技术奖获得者 4 位，党和国家领导人 8 位。[④] 西南联大，铸就了中国乃至世界教育史上的丰碑。

总之，晚清至民国时期，影响云南城市发展与社会变迁的因素是多方面的，英、法等国加紧争夺云南，实施经济剥削、政治压迫、文化侵略，加速了云南半殖民地半封建社会进程。觉醒了的民族工商业者，吸收西方科学文化知识，民族现代工商业艰难起步，商业化引发城市现代化。抗战时期内地企业迁滇，为云南城市工业化注入新的活力，促进了商品经济发展。西南联大迁滇传播科学民主思想，为国育才，树立了中国青年运动史上第三座丰碑，以及中国

① 吴宝璋：《享誉世界的西南联大》，78 页，昆明，云南教育出版社，2014。

② 李埏：《谈联大的选课制及影响》，见《云南文史资料选辑》（第三十四辑），76 页，昆明，云南人民出版社，1988。

③ 吴宝璋：《享誉世界的西南联大》，85 页，昆明，云南教育出版社，2014。

④ 吴宝璋：《享誉世界的西南联大》，87—90 页，昆明，云南教育出版社，2014。

乃至世界高等教育史上的丰碑。所有这一切，都成为云南城市发展与社会变迁的主要社会历史背景。

二、云南城市等级、规模结构和功能演变

考诸云南建城历史，早在2000多年前，滇王在滇池北郊建苴兰城开启云南建城历史，汉代在滇池及周边地区，修筑建伶城、秦臧城、滇池城、贲古城、曲江城、禄匡城、玉乞城、河头城等城池，作为军事要塞、区域政治中心或封建领主庄园。南诏时期，云南建城速度加快，仿照唐朝规制，先后建城百余座，较为有名的如阳苴咩城、大厘城、永昌城、银生城、拓东城、铁桥城等。城市的功能从军事要塞，进一步拓展了经济功能和文化功能。明代，进入云南城市建筑的新时期，先后建城61座，一改此前土城的建筑历史，大量使用砖石建城。据有关记载，有砖城44座、石城10座，城市的规模等级有府、州、县之分，“形成明王朝统治云南的军事防御体系，也是封建时代的城镇网络格局”①。清代建城多沿明制，在前朝基础上，相继建33座城池。明清时期，云南兴建的城池，城郭多呈方形，设东南西北4座城门，于城门上建城楼，城门外多建城壕，城内一般有东南西北4条主街联通城门，辅以纵横交错的街道，形成棋盘式道路交通系统，府、县衙署位居城市中心，寺院、民居、商号、店铺、作坊等，分布于府县衙署四周。城市建造还体现出封建权力思想，如通海、巍山、鹤庆、楚雄、思茅等城，还在城中心建鼓楼、观音阁或魁星阁等楼阁，意即“方城为印，楼阁为柄”。

随着云南沦为半殖民地半封建社会，一些城镇的性质和格局发生变化，从封建时代城镇向近现代城镇过渡。如蒙自、腾冲、思茅、河口、昆明等，相继设立海关开埠通商之后，成为全省进口洋货转运、倾销，以及矿产品、农副产品转运出口的贸易市场。特别是滇越铁路开通以后，铁路沿线的城镇河口、开远、宜良等迅速成为商业重镇，民国初年设立个旧县，成为云南第一个工业城镇。开远的煤、宜良的米、个旧的锡、文山的三七、思茅的茶叶等，成为城市贸易市场的大宗商品。

民国年间，云南城镇市政设施落后的情况有所改观，昆明、个旧先后建

① 《云南省志》(卷三十一·城乡建设志)，1页，昆明，云南人民出版社，1996。

起自来水厂，昆明、开远、个旧出现电灯照明，昆明小西门至碧鸡关修建了云南第一条公路，大观楼被辟建为云南省第一座公园，昆明城内出现了电影院。昆明、曲靖、昭通、下关等，开展城市道路建设、建设新市场、统建新村等工作。抗日战争爆发后，昆明、个旧、蒙自、开远、文山、富宁、下关、保山、河口、昭通、祥云等20多座城市，遭到日机轰炸损失惨重，腾冲、畹町、芒市、瑞丽、梁河、盈江等被日寇占领，城镇遭受严重损失，其中腾冲损失最大，“死亡1.3万余人，毁房2万余间，城墙被毁殆尽，城区被夷为平地”[①]。

晚清至民国时期，云南城市等级、规模与行政级别有着密切关联，行政级别越高，城市等级越高、规模越大。昆明城市等级、规模结构和功能布局居于云南首位，是云南城市等级最高、规模结构最大、功能布局较为完备、市场最为活跃的城市，以之为核心的云南城市体系和市场体系逐步形成。滇东南的开远、蒙自、河口，滇东、滇东北的曲靖、昭通，滇西的大理、下关、保山、腾冲，滇西南的思茅等，成为城市等级、规模结构和功能布局次于昆明的第二类城市。其他云南城镇则被视为第三类。

从云南城市发展变迁轨迹不难看出，方城加鼓楼的城市建设布局，包含封建权力思想。交通干线与主要城市网络相交织，滇越铁路、个碧石铁路运输系统，以及民国时期兴建的公路交通网络，分别联通着云南发展较快的城市。城市与市场网络相重合，昆明、下关、腾冲、保山、曲靖、昭通、宜良、开远、蒙自、河口、个旧等，是这一时期重要的商业重镇，商品贸易活跃。城市资源成为城市发展的特色“名片”，如个旧的锡、思茅的茶等。城市的政治和军事功能弱化，经济和文化功能强化，会馆、商会、行业公会等在城市体系中的地位和作用日益加强。

三、云南城市人口和社会阶层变迁

晚清至民国时期，云南省人口数量总体上呈增长趋势。有关统计资料显示，1855年至1949年间的人口变化情况：

① 《云南省志》（卷三十一·城乡建设志），38页，昆明，云南人民出版社，1996。

表 0–1　1855 年至 1949 年云南省人口数量[①]

时间	人口数量（万人）
1855	752.2
1892	1202
1902	1272
1912	1250
1928	1382
1949	1629

其中，处于交通干线沿线的城市人口增长较快，如处于滇越铁路、个碧石铁路沿线的城市昆明、呈贡、宜良、开远、建水、蒙自、个旧等城市，1910—1932 年间，人口增长率最高的达到 776.1%。大体情况见表 0–2。

表 0–2　1910 年至 1932 年云南城市人口增长率[②]

城市名称	1910 年实际人口 / 人	1932 年实际人口 / 人	1910—1932 年人口增长率 /%
昆明	85000	143700	69.1
呈贡	51584	77526	50.3
宜良	64865	110706	70.7
开远	54602	96408	76.6
蒙自	60912	131587	116.0
个旧	10682	93586	776.1
建水	179659	198165	10.3

铁路与公路交通改变，有地方特色的商品生产，抗战期间内地部分企业和高校入滇，失地农民、无业游民进入城市谋生等，成为此时期云南城市人口增长的诱因。人口增加推动了城市化进程，城市行业增多，买办、掮客等阶层出现，城市人口的职业和阶层产生分化，城市各阶层贫富差距加大，富有者家财万贯，良田万顷，广厦千间，挥金如土，形成官僚、地主、买办、商人、资本

① 路遇、滕泽之：《中国分省区历史人口考》，1321 页，济南，山东人民出版社，2006。

② 何云玲、刘晓芳、张林艳等：《滇越铁路与云南近代主城镇人口的变化》，载《地域研究与开发》，2010（3）。

家的多重身份重构。贫穷者生计维艰，在社会底层苦苦挣扎。黑恶势力滋生蔓延，青帮、红门、一贯道等会道门，混迹着地痞流氓、土匪恶霸、无业游民乃至政府官员、军官士兵等，严重扰乱社会秩序。原来由吏役群体、士绅群体等组成的城市权力结构被摧毁，城市社会丧失自治性和自主性。帝国主义、封建主义、官僚资本主义相互勾结，建构起“病态”的城市社会权力体系。

云南乡村曾经基于土地制度、宗族理念、文化价值等传统因素，建立了区别于城市的价值体系、分配制度、乡规民约等，建构了具有浓郁乡土特色的文化形态，形成与乡村经济社会发展相适应的社会结构和社会阶层，如“差序格局”以及社会治理的“双轨政治”等。传统时代云南乡村具有较大的自主性，中央王朝往往利用地方精英控制民间社会，这是一条自下而上的乡村治理轨道，在这条轨道上，乡村文化习俗是乡村治理的内生力量，乡绅则是乡村治理内生力量的代表人物。同时，还通过以皇权为中心的官僚体系，形成自上而下的乡村治理轨道。在这条轨道上，国家法典就是乡村治理的话语体系，各级官僚则是乡村治理的代表人物。

综上所述，在内外因素的影响下，这一时期云南城市人口与社会阶层发生急剧变化，一是农村贫困程度加深，部分农民进入城市谋求生计，工商业的发展为进入城市谋生者提供了机遇；二是城市人口迅速增长。

四、云南城乡关系变化

有论者指出，城乡关系从宏观层面看，是城乡之间在政治、经济、社会、文化等方面的联系与互动，其发展的自然顺序为农业、工业、市场，城乡对立与整合是工业化、城市化从低水平向高水平迈进过程中城乡关系的基本特征。[①]古代，云南城乡关系的特点，表现为乡村在政治上依附城市，城市是区域的政治中心和军事重镇；乡村在经济上制约城市，乡村为城市提供产品供给和人力支持。城市与乡村被划分为政治中心和经济中心，在社会体系中各自承担着不同的社会职责，“直至19世纪，处于不同的地理区域，行政管理、商业经营水平完全不同的城市和乡村，呈现出一片和谐相融的景象，尤其在社会文化方面，城乡之间并没有明显的差异和鲜明的对照”[②]。云南城乡关系处于“城

① 刘淑虎、任云英等：《1949年以来中国城乡关系的演进·困境·框架》，载《干旱区资源与环境》，2015（1）。

② 任吉东：《近代中国百年城乡关系的两极性衍化》，载《中国社会科学报》，2014年5月30日。

市与乡村无差别的统一”① 状态。

农业、工业、市场是城乡关系自然发展顺序，农业是工业的基础，为工业的发展提供原材料、发展动力和基本保障；工业是农业发展的重要动力，为农业的发展提供科技含量高的生产工具等，支持农业的发展；市场搭建了原料供给和商品销售的平台。随着社会发展变迁，城市已然成为乡村的经济中心和农副产品集散地，不断地改变着乡村经济结构，引领城乡社会风尚变化。按常理，乡村在为城市发展提供人力和物力支持时获得发展机遇。如此，则城市与乡村无差别的统一状态将会延续，但是云南的城乡关系并未按照此种假设发展。

近代以降，云南城市与乡村无差别统一格局被打破，城乡关系出现二律背反现象，亦即城乡既加强联系又激烈对抗，并且出现愈演愈烈的趋势。起初，城市商品市场使乡村传统农业生产结构发生改变，农业生产和农民生活对城市依赖性增强；城市发展增大了对乡村工业原料、劳动力、资金等方面需求，这种协调的双向互动，一度加大了城乡之间人财物的互通频率和规模，加快了城市化进程。城乡之间联系加强协调发展时，两者之间资源互补性、生态环境共生性以及经济依赖性等，得到有效发挥，促进了城市化进程。城市化过程所包含的城市人口比重提高、产业结构转变、居民消费水平提升、城市发展并向乡村渗透和传播、人的整体素质提高等，始终是互动关系，它们相辅相成，相互制约。②

在中国沦为半殖民地半封建社会背景下，云南城乡二元经济结构，城乡关系已然不可能协调发展，两者的对抗性矛盾加剧，城市原来具有的封建性，叠加殖民掠夺和资本主义剥削，使城市在政治上压迫乡村、经济上剥削乡村的现象日益突出。由此造成原有城乡一体化关系破裂，新的协调发展的城乡一体化关系又不易建立，城乡关系的对抗性加强。出现“外国帝国主义和本国买办大资产阶级所统治的城市极野蛮地掠夺乡村”③。云南乡村社会经济衰落，贫困化程度加深，使城市发展失去了工业产品销售和工业原料获得的市场，城市经济发展孤悬于乡村经济发展之外。另外，由于城市工业基础薄弱，难以大量吸收流入城市的人口成为有效的社会生产力，很多人只能从事临时性或者非正当职业，难以取得市民的合法身份，使城市规模扩大和城市化进程均受影响。城乡关系陷入激烈对抗的恶性循环中，城乡一体化经济关系裂变成城乡二元经济结

① 《列宁全集》（第三卷），19页，北京，人民出版社，1958。

② 叶裕民：《中国城市化之路——经济支持与制度创新》，8页，北京，商务印书馆，2001。

③ 《毛泽东选集》（合订本），310页，北京，人民出版社，1964。

构，在这种二元经济结构中，城市的发展以牺牲农村为代价，出现城市愈发展乡村愈贫穷的怪现象。有学者所指出："1840 年以来的中国乡村，基本都处于危机之中，并在不同的层面制约着近代中国社会诸领域的变化。"[①] 乡村贫困化程度加深，制约着城市发展变迁。研究表明，一个国家或地区"物资贫乏，人民生活困苦，维生不易，欲求政治社会变迁，那是一种奢望"[②]。云南城市化进程中所引发的生产结构、生产技术和方式等转变，无法形成对乡村的巨大拉力。乡村只会成为城市经济发展所需的廉价原料供应地和商品倾销地，导致乡村经济发展缓慢，难以形成对城市发展的推动力量。

总之，晚清至民国时期，云南城乡关系表现为既相互联系又矛盾对抗的二律背反，相互联系在于各自社会经济发展需要相互支持，城市需要乡村提供原材料、劳动力、土地等社会生产力发展要素；乡村则需要城市提供工业产品和生产技术革新思想等。与此同时，城乡的相互联系性，又伴随着矛盾对抗性，城市对乡村的政治压迫和经济剥削，使得乡村贫困化程度加深。城市与乡村的社会治理模式出现差异，城市基本上采取自上而下的社会治理模式，对乡村则是采取自上而下、自下而上的"双轨政治"社会治理模式。城乡文化形态、城乡精英等，存在对抗性矛盾。以宗法制为基础建立的乡村社会秩序呈现出差序格局，重视以个人、家庭为基础建构的社会网络，强调宗法思想、宗法观念。以法制建设为基础建立的城市社会秩序，逐渐形成赢利型经纪机制，重视各种管理机构为基础建构社会网络，强调法治思想和法制观念，正是云南城市与乡村之间存在既相互联系又相互对抗的二律背反现象。此时的云南城乡关系，不可能协调发展，而是此消彼长，城市的发展以牺牲农村为代价。城市对农村的拉力不足，农村对城市的推力不强，使得云南城市化进程低速缓进。

五、云南城市经济曲折发展

晚清至民国时期云南城市经济曲折发展。首先，城市资本市场上民间资本、官僚资本和外国资本等多重资本角逐。这些资本分属不同利益群体，在资

① 张福记：《近代中国社会演化与革命——新民主主义革命发生发展的历史根据研究》，134 页，北京，人民出版社，2002。

② 张朋园：《中国现代化的区域研究：湖南省 1860—1916》，38 页，台北，"中央研究院"近代史研究所，1983。

本内部相互对抗，各自对于资本内在本质要求满足程度大相径庭。如以法国东方汇理银行蒙自支行为代表的外国资本，它借助政治强权获得纯粹的自由资本存在形式，满足了资本内在本质要求，释放出超强的经济竞争力，在区域市场上形成一种压迫性力量，成为外国列强掠夺云南城乡资源、财富的重要手段。实力雄厚的外国资本流向，主要集中在商贸、金融、交通等部门，而极少投资于生产领域。以陆（陆崇仁）系财团和缪（缪云台）系财团为代表的官僚资本，利用政治特权进行权力寻租，在商品流通领域和金融领域掠夺财富，甚至"还利用权力靠牺牲本国利益来获得外资给予的好处"[①]。官僚资本依靠不正当的竞争手段获得巨额回报，降低了社会资源的优化配置，削弱了其他资本的发展能力，阻滞了经济运行效率，诱使更多的资本向官僚资本转化，致使社会经济运行环境恶化，技术进步受阻，城市经济持续增长的动力减弱甚至丧失。云南城市官僚资本膨胀，还加大了贫富差距，社会不满情绪与日俱增，社会不安定风险日益加大。民间资本规模虽不能与外国资本、官僚资本相抗衡，但其资本的运作更具灵活性，通常采用高利贷剥削方式，掠夺城乡民众的财富。

其次，城市工业缓慢起步，滇越铁路沿线城镇成为云南近代工业分布密集区，城市产业非均衡发展。比如昆明、开远、蒙自、河口等城市，分布着耀龙、通明、大光、汉光等电灯公司。昆明集中分布着五金机械、化工、木材、火柴、卷烟、造纸、印刷等行业、企业，矿业公司则主要分布在昆明、蒙自、开远、个旧、东川等。近代云南工业以矿业为主，个旧锡矿出口值占到云南出口货物总量的 80%，占全国锡矿出口总量的 90% 以上。

矿业的迅猛发展导致严重的生态危机，"矿区多童山濯濯，荒凉荡目"[②]。不仅矿区森林因矿业所需砍伐殆尽，滇越铁路沿线森林亦遭滥伐，其结果"近则荒山四望，不惟木材由远道购办，价值昂贵，且山荒则水源枯竭，冲塃必待雨天，遇旱则矿塃丘积，无法应对，又或水潦之季，山洪爆发无森林为之涵蓄阻挡，急性冲刷，矿坑厂房，均受其害"[③]。尾矿还污染矿区土壤、水源、空气，如个旧矿区土壤中镓、锑、铅及砷的含量，分别为世界上一般土壤含量的

① 陈自芳：《中国近代官僚私人资本的比较分析》，载《中国经济史研究》，1996（3）。

② 苏汝江：《云南个旧锡业调查》，12 页，清华大学国情普查研究所，1942。

③ 云南省建设厅林务处：《林务处重要工作报告》，载《云南省建设月刊》，1937 年第 1 卷，第 8、9 期合刊。

7倍、6倍、36倍及40倍。[①]水源污染导致矿区肠胃疾病、疥疮皮肤病、沙眼病等多发、高发，个旧矿工的肺癌发病率为一般人群的34.9倍。[②]

再次，城乡二元经济结构模式下，云南城乡经济关系未能得到良性发展。农业的弱质性、农民的分散性，致使乡村社会与现代工业、现代城市博弈时处于劣势。自然灾害变量对农业经济增长的影响，大于农业基本建设投资变量。在云南城市现代化进程中，城市通过工农产品剪刀差等方式，将城市汇集的压力转移至乡村。城市的开放性为接纳乡村社会精英转移至城市提供了可能，这样就保持了云南城乡关系大体稳定。

晚清至民国时期，云南乡村社会自然经济虽然逐渐解体，但是由于自然经济的自给性、封闭性，使农业生产方式与农村生活方式可长期自我复制，缺失空间形态上向外扩散机制。近代之前，云南多数城市与乡村经济联系并不密切，中央集权下的城乡关系依靠赢利型经纪体制，以内卷化手段建立庞杂的赋税制度维系，而非通过商业交换关系维持。“县”及以上“城市”是“皇权”统治的基础，“县”以下成为云南乡村经济、文化等自我循环圈。这种现象的存在，导致云南城市对乡村的拉力不足，乡村对城市的推力不强。

六、云南城市文化与社会生活的变化

研究晚清至民国时期云南城市文化与社会生活的变化，不难发现影响云南城市文化演进的多重推力，以及云南城市社会生活的“公共性”[③]等问题。

（一）影响云南城市文化演进的多重推力

西方文化、城市自身传统文化以及乡村文化，整合成促进城市文化和社会生活演进的多重推力。西方文化对云南城市文化与社会变化的冲击，呈现出多角度、多层次等特征。

随着蒙自、思茅、腾越、昆明、河口等城市辟为通商口岸，为西方工业文明进入云南城市提供了渠道和平台，西方的工业技术及工业产品，通过上述口岸城市进入云南，对这些城市的生活环境及管理模式等产生影响，给城市民众

① 谈树成等：《云南省个旧市的环境问题与可持续发展》，载《中国人口·资源与环境》，2000年第10卷专刊，89页。

② 谭刚：《个旧锡业开发与生态环境变迁（1890—1949）》，载《中国历史地理论丛》，2010（1）。

③ 李长莉：《中国近代城市生活史研究热点与缺陷》，载《武汉大学学报》（人文科学版），2017（1）。

带来新的生活体验。城市知识分子群体将这些新的生活体验，通过报纸、书刊等媒介，向更为广阔的地区和社会群体传播，将西方文明在云南的传播，从感性认识提升至理性认识，“师夷长技以制夷”的民族意识觉醒，民众从被动接受中寻找主动应对策略，带有西方文化元素的新生事物被接纳和效仿，对城市管理制度、城市文化、城市社会生活等具有现代启蒙与示范双重作用。城市建筑、婚姻、家庭和风俗等悄然变化，助推了云南现代城市文化特征的形成，即文化多样性特征更加显著。这一时期城市文化演进过程中，西方文化对云南城市传统文化的“冲击力是全方位的，甚至具有一定的颠覆性，成为城市文化演进的首要因素和最主要的时代特征”①。一方面，云南城市中西文化的交融与碰撞，新的文化样式出现与流行，引起城市民众文化生产、消费从观念到形式的变化，城市文化从原来的等级化，向世俗化和商业化转变，大众性的娱乐场所，淡化身份等级的限制，城市传统文化的个体性、家庭性向集团性、社会性消费转变，追求时尚成为城市文化发展转型的潮流，“时髦、仿同、趋新成了城市文化代名词”②。但是，西方文化对云南城市文化的影响也有局限性，以传统文化为根基的城市文化发展仍具惯性，并未完全中断。另一方面，西方文化伴随着殖民掠夺进入云南城市，现代城市文化的商业化与城市民众的消费水平仍有较大差距。1930年，民国政府工商部对全国30个城市的调查表明，工人生活消费的恩格尔系数，食品、衣着、房租、燃料等，分别占54.16%、7.16%、11.7%、9.5%，能够用于教育娱乐的所剩无几了。③

由于城市自身传统文化的惯性，云南城市多为不同行政级别政府所在地，官僚、商人、资本家、文化精英等阶层和群体相对集中。毫无疑问，他们是引领城市文化变迁的特殊群体，一方面他们在面对西方文化传播时，产生抵制与排斥的消极心态，开展诸如反洋斗争、抵制洋货等，一定程度上削弱了西方文化对云南城市文化的影响力。另一方面，他们在处理人与人、人与社会、人与自然的相互关系时，重人情世故，恪守中庸之道，守宗法思想，遵循家法族规，慎终追远，安土重迁，敬天法祖，强调天时、地利、人和。所有这一切，与云南城市化进程中所需的现代法制思想保障仍有差距。

---

① 张利民：《三重推力的融合——简论近代以来中国城市文化的演进》，载《中原文化研究》，2013（5）。

② 涂文学：《中国城市文化近代化的多重路径》，载《浙江学刊》，1996（4）。

③（民国）工商部：《全国工人生活及工业生产调查统计报告书》（第五表）1930年，转引自涂文学：《中国城市文化近代化的多重路径》，载《浙江学刊》，1996（4）。

云南乡村文化对城市文化产生影响，两者之间存在着“剪不断理还乱”的关系。聚居在城市的官僚、商人及知识精英们，通过其在乡村的家族、田产地业等，与乡村的关联性从未中断，他们一方面调适自身适应城市社会文化生活，住洋房、着洋装、吃西餐、看电影、点电灯、用自来水等，追求时髦、潮流，从外表看似乎去除了乡村文化的“泥土味”；另一方面，又将乡村的文化传统带入城市影响城市文化变迁，地域观、宗法观等在城市激烈的竞争中体现出来，具有地域性、民间性的社会团体如同乡会、会馆等在城市出现，来自乡村有一定血缘关系和地缘关系的人们聚居在一起，形成相对独立的生活空间，过着城市中的乡村生活，在城市中较好地保留了源于乡村的文化传统。另外，云南城乡一体化进程中，大部分人口居住在乡村。据统计，至清代中期，仅有四分之一的士绅居住在城市。[①] 城市的文化根基在乡村，正如梁漱溟所说，传统中国“所有文化，多半是乡村而来的，又为乡村而设，法制、礼俗、工商业莫不如是”[②]。从文化心态上看，生活在城市的民众，大多秉承着“树高千丈叶落归根”的人生终极归属理念，只把城市当作其谋求发展的一个站点，乡村才是其人生最终的精神家园和心灵故乡。

纵观晚清至民国时期云南城市文化与社会变迁轨迹，开埠通商城市率先发生变化，由此再扩散影响至其他城市、乡村，经历了由点（开埠城市）经线（交通干线城市）到面（云南城市、乡村）的“分层梯度推进”过程。[③] 并且西方文化进入云南城市之初，聚居在城市的社会各阶级、阶层，由于其所秉持的价值观念、文化伦理、知识结构及民俗心理等存在差异，对西方文化的价值判断与选择也不同。商人、买办等群体，看中现代城市文化的开放性、娱乐性及商业性，受经济利益驱动、经济实力影响，比较容易接受新生活方式。官僚、士绅等受中国传统文化影响较深，对于随着“坚船利炮”传入的西方文明，表现出矛盾的复杂心态，一方面有“师夷长技以制夷”求新求变心态，另一方面又有抵御外辱的激烈抗争。普通市民等社会下层成员，因受自身经济条件限制，电灯、洋房等对他们来说还只是奢侈品，可望而不可及，对西方现代文明生活也只能是“望洋兴叹”。近代中国“娱乐是有层次的，娱乐时间和经费决

① ［美］G·W 施坚雅：《中华帝国的晚期城市》，319 页，北京，中华书局，2000。

② 梁漱溟：《梁漱溟全集》（第 2 卷），150 页，济南，山东人民出版社，1990。

③ 张琢：《九死一生——中国现代化的坎坷历程和长期预测》，126 页，北京，中国社会科学出版社，1992。

定了娱乐方式，工人很少有娱乐，农民的娱乐大多与节日、农闲相联系，富有者及其寄生虫的娱乐时间每天可达24小时，花费金钱则无从计算”[①]。可见，城市社会阶层的差异性，必然导致各自对西方文化的理解及追求的不同。

（二）云南城市社会生活的公共性

学术界关注到城市社会生活的“公共性”特征，以“公共性”作为价值指标和理论阐释范式，剖析城市社会生活。“公共性”作为云南城市近代化的核心价值，主要体现在“公共生活”或生活的“公共性”，如城市公园、茶馆、剧场、街区等“公共空间”，在城市公共空间里的“公共休闲”，以及报刊媒体为载体的“公共舆论”等。

晚清至民国时期，昆明、保山、曲靖等城市，先后掀起了辟建城市街区、公园，兴建电院影、剧院等热潮，城市社会生活的公共空间得以拓展，为丰富市民的社会生活创造了条件。以昆明为例，大观公园等一批公园先后建成，1906年昆明主城区就有了电影放映，首开云南电影放映之先河。随后，民通公新智电影场、新世界电影院、大世界影戏院、大众影戏院等纷纷建成，播放国内外影片。抗日战争爆发后，昆明的电影院还播放抗战宣传片，如1937年播放纪录片《大战平型关》，1945年8月15日，昆明的南屏大戏院、长城大戏院，在播放电影中采用幻灯片方式，在银幕上打出“1945年8月15日，日本无条件投降”的字样，[②]极大地激发了市民的爱国热情。

以报纸杂志为载体的公共舆论，充分地发出民众家国情怀的声音，1906年4月，云南杂志社在东京成立，在其创刊号中明确“开通风气，鼓舞国民精神为宗旨”。该杂志刊行期间，正值英法等列强侵略云南，修筑滇越铁路、法国争夺云南七府矿权之际，云南资产阶级革命派通过该杂志宣传思想和主张，激发云南民众开展反帝反封建斗争热情。该杂志登载有关近代国家、民权、民主理论文章，介绍西方国家、民族发展史，为云南重九起义、护国运动的开展奠定了思想基础，为马克思主义在云南的传播作了重要准备。1910年至1920年，在昆明创办发行的报纸有《云南日报》《滇南钞报》等46种。[③]抗日战争期间，云南又涌现出一大批宣传抗战救国思想的杂志，如《南方》《前哨》《战

① 张静如、卞杏英主编：《国民政府统治时期中国社会之变迁》，282页，北京，中国人民大学出版社，1993。

② 桂云剑主编：《五华文化史话》，367—369页，昆明，云南大学出版社，2008。

③ 何耀华总主编：《云南通史》（第五卷），350页，北京，中国社会科学出版社，2011。

时知识》等。抗战结束后，国民党反动派限制民众的言论、结社、出版等自由，在中国共产党的领导下，云南的广大文艺工作者，继续通过原来的或新创办的报纸杂志，抨击国民党反动派的黑暗统治，宣传民主思想，传播马列主义。

中西文化相互交融、城市自身文化传统以及乡村文化等，形成云南城市文化演进的多重推力，体现出中西杂糅、中学为体、西学为用的文化交融现象。由于城市的市政建设有了起步，拓展了市民的公共空间、休闲空间，觉醒了的知识分子以报纸杂志为喉舌，猛烈抨击帝国主义、封建主义，宣传科学、民主、爱国和革命思想。城市社会风俗发生变化，据史料记载，辛亥革命以后，云南“创办新学，宣传新风气。感到尊卑长幼之间，礼节太繁了。于是由跪拜礼节，改为行鞠躬礼。婚丧嫁娶处赴宴，从过去穿袍挂珠子礼服改为简便衫褂礼服。关于举行婚礼期间，过去是要九日完结的，现已缩减到三日结束。丧葬的一些繁礼，过去孝子有职位的‘丁忧’三年，改为请丧假约半月，以丧事办毕为止”①。

云南大学（东陆大学）、西南联大、云南陆军讲武学堂等为代表的云南高等教育，传播爱国、民主和科学精神，人才辈出，他们在中国近现代史上谱写了壮丽篇章，加速了云南与内地教育一体化进程。基督教、天主教的传播与发展，冲击了城乡传统的信仰体系，宗教文化多样性特征日益显现。

总之，这一时期的云南城市文化演进受多重推力影响，如果说西方文化影响是外力，那么城市传统文化、乡村文化的影响则是内力。内因是变化的根据，外因是变化的条件，外因通过内因起作用。尽管云南城市近代化进程有开放性、包容性，但是不能忽视城市文化的本土性，本土性仍可视为城市文化变迁的主体性特征。另外，这一时期云南城市文化社会生活的“公共性”，诸如城市公共空间、公共娱乐空间、公共舆论空间等，逐步形成和发展。原以封闭、守旧为特点的云南城市文化场域被撕开裂口，土洋结合、多元交汇的文化场域初见端倪。

七、云南城市发展与社会变迁的特点

这一时期云南城市发展与社会变迁，有不平衡性、复杂性、被动性等

① 昆明市志编纂委员会：《昆明市志长编》（卷十三），285页，昆明，云南新华印刷厂，1984。

特征。

（一）不平衡性

云南地理环境多样性特征显著，地势西北高东南低，从西北到东南大约可分三个梯层，德钦、香格里拉区域为第一梯层，滇中高原下降为第二梯层，南部、东南部、西南部降至第三梯层。海拔最高处与最低处有6000余米差距，全省土地面积中山地占84%，高原丘陵约占10%，坝子（河谷、盆地）仅占4%。分布在各梯层间的盆地，据统计面积1平方公里的坝子1442个，面积100平方公里的坝子49个。纵横交错的山岭有乌蒙山、横断山、哀牢山、无量山等，流淌着分属于伊洛瓦底江、怒江、澜沧江、金沙江（长江）、元江（红河）、南盘江（珠江）六大水系的600多条河流，有滇池、洱海、抚仙湖、阳宗海等40多个湖泊。气候类型有北热带、南亚热带、中亚热带、北亚热带、南温带、中温带和高原气候区等七个类型，一山有四季，十里不同天。分布在不同地理环境的各民族，采取与之相适应的原始狩猎、山地耕牧、水田稻作等生产方式，形成不同的文化样式。云南大大小小的坝子，天然形成相对隔离的空间，晚清至民国时期，各自生产力发展水平不同，社会发育程度各异，建立在经济基础之上的上层建筑亦有差异，原始社会、奴隶社会、封建社会等多种社会形态并存。已经进入封建社会的地区，在半殖民地半封建社会化过程中，自然经济基础动摇，位于交通干线区域的自然经济瓦解速度加快，商品经济随之形成。滇越铁路沿线城镇河口、碧色寨等，随着滇越铁路的开通，迅速成为云南省进出口货物转运站，商号林立，市场贸易兴盛，商品经济形成一定规模，一些大中城市如昆明、曲靖、下关、保山等，商业化引领城市现代化，成为云南城市发展与社会变迁的“领头羊”“带头雁”，形成云南大中小城市新格局，城市等级、规模、功能发生新变化。城市经济结构非均衡发展，工商业、交通、金融等行业发展较快，工业化进程发展缓慢。虽然，民国中央政府推行从边疆到内地的政治、经济、文化、教育一体化进程，但是，云南边疆地区仍然还存在土流并治格局，以及殖民势力的侵入等，导致城市二元政治结构仍未彻底终结；虚假繁荣的城市与日益贫困的农村形成鲜明对比，城市发展潜力未能完全释放出来。这一时期，云南城市发展与社会变迁，呈现出从大城市再到中小城市最后到乡村而逐渐递减的趋势。

（二）被动性

晚清至民国时期云南城市发展与社会变迁表现出被动性，英、法等国看中云南地缘政治价值和资源禀赋，为此展开激烈争夺。随着殖民势力的侵入，云南被强制卷入国际秩序体系，打破了云南城市原有的吏役群体、乡绅群体等为主体的政治结构，形成帝国主义、封建主义、官僚资本主义相互勾结的政治权力结构体系。经济上亦被强制拉入世界资本主义体系，城市首先成为外国列强掠夺资源、倾销商品的重灾区，城市原有经济发展秩序、经济结构被打破，城市经济陷入曲折发展境地。

（三）整合性

这一时期云南城市发展与社会变迁还体现出整合性特征，仅就城市文化发展变迁看，整合性特征亦很明显。比如现代与传统、工业文明与农业文明、外来文明与本土文明等交织、冲突和碰撞，形成多种层面的二元性特征。正如鲁迅所云："中国社会的状态，简直就是将几十世纪缩在一时：自油松片以至电灯，自独轮车以至飞机，自镖枪以至机关枪，自不许妄谈法理以至护法，自食肉寝皮的吃人思想以至人道主义，自迎尸拜蛇以至美育代宗教，都摩肩挨背的存在。"① 城市文化被动转型进程中，外来文化或是本土文化，"一时难以成为城市文化的主宰，城市社会及文化往往处于无约束状态，社会道德风尚受到严重腐蚀"②。

（四）复杂性

城市内部的封建因素，如自然经济封闭性对商品经济开放性的阻碍，封建专制思想文化对民主思想文化的抗拒，宗法关系为纽带的人际关系对法制建设为纽带的人际关系的排斥等，阻碍着城市发展与社会变迁。另外，外国资本主义势力与封建势力之间相互依赖、矛盾，具有地主、商人、官僚等多重身份的封建势力，有的充当了买办，成为资本主义在云南城市扩张势力的代言人，有的在技术、资金等方面依赖外国列强，凡此等等使云南城市发展与社会变迁更为复杂。

综上所述，晚清至民国时期云南城市发展与社会变迁起点低、发展慢。以昆明为中心的城市体系和市场体系形成，城市的经济功能和文化功能强化。城乡之间存在互补和制约的关系，城市对乡村的拉力和乡村对城市的推力均不强。城市人口、行业增多，出现买办、掮客等新的社会阶层，原有的城市权力体系被打破。资本市场主要流向金融、商业等行业，导致云南产业结构非均衡

---

① 《鲁迅全集》（第一卷），344 页，北京，人民文学出版社，1981。

② 涂文学：《对立与共生：中国近代城市文化的二元结构》，载《天津社会科学》，1998（1）。

发展和工业化进程缓慢。城市发生从封闭到前沿的转变，掺杂进“西洋景”，形成土洋结合、多元交汇的文化场域。城市发展与社会变迁具有不平衡性、被动性、复杂性等特点。

第一章　云南城市发展与社会变迁的时代背景

第一节　政治环境日趋复杂

一、外部殖民势力扩张加剧

（一）殖民探险与掠夺

鸦片战争，西方列强用坚船利炮打开了中国的国门，随着《中英南京条约》签订，中国开始进入半殖民地半封建社会。第二次鸦片战争以后，南京、汉口等11个城市成为通商口岸，外国列强势力不断侵入中国内地，中国西南地区成为英、法等外国列强争夺的目标。

英国通过两次发动对缅甸的战争，将其殖民势力从印度渗透到缅甸，缅甸遂成为英国向云南扩张势力的前沿阵地。当英国占据缅甸建立英属殖民地之际，法国也出兵越南，通过与越南签订不平等条约《西贡条约》，占领越南南圻3省，越南遂成为法国向云南扩张殖民势力的据点。僻处中国西南一隅的云南，成为英、法等列强展开激烈争夺的目标。晚清至民国时期，英、法等国为了将其势力迅速渗入云南，先后在云南开展了频繁的殖民探险活动。

1852年，英国发动第一次侵缅战争时，英国人斯普莱在印度、缅甸和我国的西南边疆进行殖民考察后，向英国政府提出从缅甸马达班至云南景洪的铁路修建计划。第二次英缅战争期间，斯普莱再次向英国政府提议修筑从缅甸到云南铁路计划，其目的在于彰显“英国在云南的优越地位”。[①]这将使英国的商业“在那个国家（中国）内胜利地作一切将来的竞争”。[②]这一建议引起了英国政府的极大兴趣，派遣工程技术人员实地勘测，发现这条线路所经之处地势险峻，技术难度大，斯普莱提出的修路计划被否定。1868年，英国又派遣斯莱登组织探路队，由八莫进入云南到达腾冲一带，这支探路队沿途测绘地形，记录风土人情及通商情况，提出修筑八莫到腾越之间的长约130英里的公路或铁路，“能有效地开发云南的资源，且使我们与中国西南的财富和资源发生直接的联系”[③]。1869年，英国人古柏率队进入我国滇西北和川西北一带进行殖民探险，详细考察了沿途山川河流、资源储备、商业贸易以及风土人情，认为这是一条通过英属缅甸进入云南、四川、西藏等地，连通长江上游的便捷通道。建议英国政府修筑八莫至大理的铁路，使之有利于英国从中国西南地区商业中心获取矿产品、农副产品以及商品倾销，古柏的殖民探险游记一度被称为“英帝国向外发展史上之一重要文件”。[④]

1874年，柏郎率领“远征队”从曼得勒经八莫进入腾越、大理一带，英国政府驻上海领事馆翻译马嘉理前往八莫接应。在八莫会合后，1875年2月，这支“远征队”进入腾越厅南甸土司属地蛮允街，发生“马嘉理事件”。该事件发生后，1876年9月13日，英国强迫清政府签订不平等条约，准许英国派人到云南探路、调查，英国人可进入四川、青海、西藏等地探测印藏道路。

1894年至1900年，英国人戴维斯四次进入云南进行所谓考察，先后到达德宏、保山、大理、思茅、中甸、盐津、威宁、会里、木里、里塘等地，详细记录了沿途所见民族风情、气候物产、人文地理等内容，写成《云南：联结印度和扬子江的链环》。[⑤]戴维斯对云南、贵州、四川、西藏部分地区的探险考察报告，论述了从八莫修建铁路进入云南的重要性与可能性，是对“古柏计划的发挥”。[⑥]晚清至民国时期，英国对云南殖民的探险考察，尤其是戴维斯的考察报告，论及建立起英国从南亚、东南亚至东亚，从印度洋到太平洋的地域

---

① ［英］伯尔考维茨著，江载华、陈衍合译：《中国通与英国外交部》，139页，北京，商务印书馆，1959。

② 转引自李珪：《云南近代经济史》，22页，昆明，云南民族出版社，1995。

③ 王绳祖：《中英关系史论丛》，76页，北京，人民出版社，1981。

④ （民国）周钟岳：《新纂云南通志》（卷一六八·外交考五）。

⑤ ［英］戴维斯著，李安泰等译：《云南：联结印度和扬子江的链环》，昆明，云南大学出版社，2017。

⑥ 李珪：《云南近代经济史》，24页，昆明，云南民族出版社，1995。

广阔的亚洲殖民地体系，而实施这一计划的关键则在先将其势力渗入云南，云南被当作连接印度与长江流域的链环。

晚清至民国时期，法国多次对云南进行探险考察。1866年，特拉格莱、安邺率领探险队，沿湄公河而上，经柬埔寨、老挝后到达思茅，对沿途的自然地理状况进行考察后，得出澜沧江落差大不宜通航的结论。随后到石屏、元江、昆明、大理等地考察，试图支持杜文秀，但杜文秀不为所动且勒令探险队离境。这支探险队又转向东川、宜宾，顺长江而下，取海路返回西贡。这支探险队考察记录了所到之处的自然地理状况、矿藏资源、商业贸易、社会政治、风土人情，还将窃得的《滇南矿产图略》译为法文。

澜沧江不能通航，红河航运遂成为法国探险考察的重点。1871年，法国商人堵布益由四川进入云南后，沿红河南下到越南河内，认识到红河是滇越之间重要航路，“最易航行而在商业上是最经济的”。① 安邺也认为，开通红河航运，“云南将成为法国商品的市场和良好的出路”。②

1895—1897年，法国里昂商会邀请其他12家商会共商组成考察团，对中国西南地区、两广及香港地区进行商务考察。法国外交部给予这个考察团极大支持，由在华居住了三十年的法国驻蒙自领事弥乐石率领考察团，其中一项考察内容就是四川和云南的经济与商业价值，以及如何将滇、川、桂与法国在亚洲直接或间接政治、经济利益联系起来的对策建议。这一考察团1895年11月从河内到达蛮耗，后经蒙自、开远、通海到达云南府（昆明）。1896年1月，由云南府分两组向两个方向进行考察，其中一组由东川府、昭通府往四川成都。考察云南的六大类主要产品：矿物、鸦片、药材、麝香、普洱茶、皮货，分析云南商品国内贸易流向及其进出口商品贸易情况，分析了云南与缅甸的关系等。《里昂商会考察报告》为法国殖民扩张提供了决策参考，“使法国殖民主义者在中国西南地区长期较其他国列强处于有利地位”。③

1901年，法国人古德尔孟进行探险考察，将其见闻写成《云南游记》一书，书中记录云南“矿田之富，物产之饶”，气候条件温和，大发“美哉云南也”之感慨。④ 古德尔孟将安邺、里昂商会在探险报告中提出的观点进一步发

① 李珪：《云南近代经济史》，24页，昆明，云南民族出版社，1995。

② 李珪：《云南近代经济史》，25页，昆明，云南民族出版社，1995。

③ 耿昇：《法国里昂商会中国考察团于1895—1897年对云南的考察》，载《北方民族大学学报》（哲学社会科学版），2009（1）。

④ 转引自《滇铎》，见陈录译：《云南游记·序》。

挥，建议法国占领越南后向云南渗透殖民势力，再向中国西南和中国腹地扩张势力，以在亚洲东南部建立庞大的殖民地，通过掠夺资源、倾销商品获得经济利益，通过染指殖民地的政治权力，巩固和强化其政治权益。夺取云南成为法国在亚洲进行殖民扩张计划的重要步骤，修建滇越铁路则为实施这一计划的关键所在。

法国殖民者认为："在没有一条铁路把该省（云南）与东京湾（北部湾）三角洲和南海连接起来以前，任何人也不能梦想使云南成为有价值的地方。"① 法国当局认为要抢在英国之前，"建筑一条铁路把云南和北圻（越南北部）衔接起来的方法走在它（英国）的前面"。② 随后，法国通过与中国签订不平等条约，获得修筑滇越铁路权利。法国派人来到云南勘测铁路线路，经过勘测提出滇越铁路滇段，经河口—蒙自—曲江—馆驿—通海—新兴—晋宁—呈贡—昆明的路线图，这一路线图是为西线，遭到沿线民众反对，法国驻印度支那总督杜梅仍派人继续推进路线勘测。1899 年，法国国会通过在印度支那修筑铁路的法令，组成联合考察团继续勘测滇越铁路线路，最终确定河口、芷村、碧色寨、开远、盘溪、路南、宜良、呈贡至昆明的线路，③ 是为东线。1901 年 8 月，成立法国滇越铁路公司，推进滇越铁路修筑计划。1904 年 1 月，开工修建滇越铁路。来自中国、越南修建滇越铁路的劳工，前后共有二三十万人之多，因工程艰巨，修路劳工死亡人数"实不止于六七万人计"。④

法国修建滇越铁路是"综合考量其在华政治、军事、经济以及疗养调整等多种因素的结果"。⑤ 从政治方面看，"铁路成功，则（云南）筋骨脉络皆在吾（法国）之掌握"⑥，"火车游行云南时，吾法之权力随之而达于云南全省"⑦。"云南已成为法国之云南矣。"⑧ 云南政治权力结构中，又多了一股殖民势力角逐。从经济方面看，法国殖民者认为，滇越铁路将使越南北部和云南互为其外部最值得关注和有利的市场，在被纳入世界资本主义世界体系后，其"在商务上所

① 宓汝成：《中国近代铁路史资料（1863—1911）》（第二册），488 页，北京，中华书局，1984。

② ［越南］潘家骈、阮克炎等：《滇越铁路史》，载《南洋问题资料译丛》，1957（3）。

③ 万湘澂：《云南对外贸易概观》，22 页，昆明，新云南丛书社，1946。

④ （清）沈祖燕：《案事编》，光绪三十三年（1907 年）本。

⑤ 王明东：《民国时期滇越铁路沿线乡村社会变迁研究》，33 页，昆明，云南大学出版社，2014。

⑥ 中国科学院历史研究所第三所：《云南杂志选辑》，405 页，北京，科学出版社，1958。

⑦ ［法］古德尔孟：《云南游记》，转引自王耕捷：《滇越铁路百年史（1910—2010）——记云南窄轨铁路》，26 页，昆明，云南美术出版社，2010。

⑧ 中国科学院历史研究所第三所：《云南杂志选辑》，405 页，北京，科学出版社，1958。

取得利益，将是不可估计的”[①]。滇越铁路改变了铁路沿线城市经济结构，传统手工业衰落，自然经济解体，民族工业、商品经济兴起。从文化方面看，西方工业文明进入铁路沿线城市，并逐渐向边远地区城市扩散，使城市传统文化掺杂进“西洋景”，城市传统文明被撕开裂口，城市近代文化出现转型。

（二）领事馆、海关设置

为了对云南进行殖民扩张，法、英两国还通过不平等条约，在云南设立通商口岸，1887 年《中法续议界务专条》中就有在蒙自设立海关条款，允许法国在蒙自设立领事馆。同年，法国在蒙自修建法国驻蒙自领事府和蒙自海关税务司署，1888 年建成。鉴于红河航运码头蛮耗的重要性，法国还提出要允许法国人在蛮耗派驻海关人员。1889 年，正式设立蒙自关蛮耗分关，蒙自和蛮耗成为通商口岸。随着滇越铁路线路勘测及相关工作的推进，河口取代蛮耗成为云南又一个重要通商口岸。1895 年，《中法续议商务专条附章》，规定蛮耗分关改设于河口，法国领事和蒙自海关派人驻扎河口，河口开关后蛮耗改为分卡。“由清廷总税务司委派欧、美籍外国人充任（税务司），执掌本关及分关进出口货物的税项征收、收支拨解税款大权。”[②]

1895 年，《中法续议商务专条附章》第三条“议定云南之思茅开为法、越通商处所，与龙州、蒙自无异，即照通商各口之例，法国派领事官驻扎”。1897 年，思茅开埠成立思茅海关，在易武、猛烈设分关。

1894 年《中英续议滇缅界务条约》，英国取得蛮允、盏西两条商路贸易通商，以及在蛮允派驻英国领事权。1897 年将原设于蛮允的领事馆改设于腾越（今腾冲县）。1902 年蛮允开埠通商、设立海关，并于蛮允、弄璋街设分关，在盏西、蛮允设分卡。

蒙自、腾越设立海关后，法国总领事方舒雅、英国驻腾越领事敦烈等，暂驻或移驻昆明，分别在昆明设立法、英两国领事馆。1905 年，昆明地方人士向清政府提出将昆明自行开埠通商，同年，成立昆明海关作为蒙自关分关。

晚清至民国时期，蒙自、河口、思茅、腾越、昆明等地开埠通商，法、英等国控制了云南的关税自主权、海关管理权以及云南的进出口贸易。

法国驻滇总领事方舒雅走私军火入滇，引发 1900 年的“昆明教案”。据

① 中国近代经济史资料丛刊编委会：《帝国主义与中国海关》（第四编），12 页，北京，科学出版社，1957。

② 蒙自县志编纂委员会：《蒙自县志》，564 页，北京，中华书局，1995。

蒙自海关统计，1909年至1927年间，仅缺1915、1917、1918三年进口军火的统计材料，其余年份均有大批军火进入云南。蒙自海关每年进口军火，1926年高达166665两，滇系军阀“是西南各系中遭受（军火）禁运最少的军系”[①]。1920—1926年，滇系军阀向法国购买军火的基本情况见表1–1。

表1–1　滇系军阀向法国购买军火明细[②]

时间	步枪（支）	炮（门）	炮弹（发）	子弹（发）	飞机（架）
1920	7000	20	5000		
1922					6
1923	20000			2000000	
1924					6
1926	7000			5500000	

领事馆、海关官员胡作非为。1905年神甫魏雅丰诬称德钦藏民茨称、四朗竹玛盗窃教堂财物，将茨称斩首、挖肝、割左耳，割去四朗竹玛右耳。村民到丽江官府报案，魏雅丰被拘押在案，法国公使强行要求将魏雅丰移交蒙自领事审理，蒙自领事将其无罪释放。[③] 1930年，东方汇理银行蒙自支行的职员科文遇袭，法国驻云南府领事以“严重事件”向云南当局提出抗议，迫使云南当局处决15人。[④] 货物过关时海关随意征收税收，过关时征收过境税、过关税、统计税、手续费，在火车站征收登记费、过站费、过秤税、打印税等，在码头又征卸货费、租栈费、借路费等。随意查扣商家货物，如1915年6月，法越海关查扣从香港运抵海防的货物622件，到1916年初才放行这批货物，使商家损失惨重。野蛮盘查过关人员，1938年，萧乾在滇越铁路上就遭遇了海关人员的野蛮盘查，“他双手在皮箱里东翻西抓，最后索性把箱子扣个底朝天。

① 陈存恭：《列强对中国的军火禁运　民国8—18年》，见台湾：《“中央研究院”近代史研究所专刊》（47），206页，台北，中央研究院近代史研究所，1983。

② ［加］陈安东著，沈自敏译：《军阀与西方国家的军火交易（1920—1928）》，见中国社会科学院近代史研究所近代史资料编辑部：《近代史资料》总第74号，225—226页，北京，中国社会科学出版社，1989。

③ 云南省档案馆：《清末民初的云南社会》，17页，昆明，云南人民出版社，2005。

④ 耿昇：《法国云南东方汇理银行在中国的活动》，载《北方民族大学学报》（哲学社会科学版），2010（6）。

他不是在搜寻什么违禁品，只是在呈威风”①。

法、英等国在云南设立海关、领事馆，掌控了云南的财政和经济命脉，还染指云南的政治和军事，使云南半殖民地半封建社会化程度加深。在半殖民地半封建社会的中国，“帝国主义不但操纵了中国的财政和经济命脉，并且操纵了中国的政治和军事力量”②，因而它“是中国人民的第一个和最凶恶的敌人”③。

二、内部权力争夺

（一）滇系军阀权力争夺与控制

清末民初，云南政局动乱，兵灾不断。在护国战争中赢得声誉的唐继尧出任云南总督，以其为首的滇系军阀与四川、贵州等省军阀混战，控制了滇川黔三省后，又向陕西、湖北等地出兵。1918 年 9 月，在重庆召开川、滇、黔、鄂、豫五省联军会议，唐继尧任“五省联军总司令”职。随后，唐继尧称滇黔川鄂豫陕湘闽八省联帅。滇系军阀权力向外扩张，同时加强内部权力控制。1922 年，唐继尧改组云南省政府，以省长名义总揽全省军政大权。由于军阀混战，“滇省连年兴师，民生凋敝”④。唐继尧之后，龙云、胡若愚、张汝骥等为争夺云南统治权力展开混战，频繁战乱对云南城乡社会经济发展影响极大。盐丰县在五年之间“因兵匪扰乱十余次，农村经济已濒于破产”，永北县因兵匪旱疫频繁“人民困苦达于极点”，祥云县因兵灾“受创甚深”。⑤

唐继尧之后执掌云南军政大权的龙云、卢汉等，进一步强化对云南政局的掌控，构建了省、县、区、乡（镇）、保、甲的权力控制体系。按照全国行政体系建构的模式，县以下设区公所，区以下设乡公所，乡镇以下设保、甲。1940 年，云南省推行新县制，废区、扩乡镇、缩编保甲，城乡权力结构再次变为县、乡、镇、保、甲等。同时设党务委员会、党部等，形成融党于政的治理模式，强化从城市到乡村的政务与党务，加强了权力控制。龙云执掌云南省

① 和中孚：《滇越铁路抗战时期的文化走廊》，载《云南铁道》，2010 年专刊第 1 期。
② 《毛泽东选集》（第二卷），596 页，北京，人民出版社，1969。
③ 《毛泽东选集》（第二卷），594 页，北京，人民出版社，1969。
④ 谢本书：《论唐继尧》，见《西南军阀史研究丛刊》（第一辑），93 页，成都，四川人民出版社，1982。
⑤ 《云南档案》77-99-1197（三），转引自李珪：《云南近代经济史》，265 页，昆明，云南民族出版社，1995。

政务时，“云南的政治、军事、财政、经济等各项政令、军令都是自成一套，他对国民党中央政权处于半独立状态”。①

（二）土匪横行

晚清到民国时期，云南匪乱猖獗，其发展演变经历四个阶段。

一为萌芽阶段（清末到 1916 年以前），人数尚少。

二为发展阶段（1916 年至 1937 年）。土匪被军阀官僚利用，参与军阀官僚争夺政治权力的战争，从而演变为政治土匪。如唐继尧曾利用土匪杨天福、吴学显、莫朴的势力对抗顾品珍，唐继尧委任他们官职。如吴学显被委任为元武江防司令，后又被委任为滇黔联军铜仁镇守使；莫朴被委任为“陆军少将云南独立混成旅旅长”。龙云则将匪首李运鸿委任为司令官。军阀土匪相互勾结，相互利用，土匪将抢劫得到的部分财物送给军阀官僚，军阀官僚则将官府剿匪信息告知土匪，甚至将军火卖给土匪，或是将土匪招安保路，给小股土匪有了发展壮大的机会。

三为潜伏阶段（1937 年至 1946 年）。因抗日战争爆发，国民党中央军以及云南地方部队驻防三迤大地，云南各地土匪潜伏下来武装走私鸦片、吗啡等发不义之财。

四为军统特务与土匪直接勾结阶段（1946 年至 1950 年）。在此阶段，军统特务勾结云南各地土匪，抵抗解放军进入云南，土匪多被国民党授予军衔，如磨黑土匪张孟西、新平土匪李润之以及金平土匪赵小安等，阴谋抵抗解放军进入云南。②

民国末期，云南省有土匪 250 股 4.5 万人（不包括散匪），分布情况见表 1–2 。

① 龚自知：《抗日战争前龙云在云南的统治概述》，见云南省政协文史委员会：《云南文史集萃》（二），2 页，昆明，云南人民出版社，2004。

② 曾瑞鹤：《云南土匪》，见云南省政协文史委员会：《云南文史集粹》（十），534 页，昆明，云南人民出版社，2004。

表 1-2 民国末期云南省土匪分布情况[①]

分布地区	股数	人数
蒙自地区	63	7600 余人
文山地区	16	6700 余人
宜良地区	15	1100 余人
玉溪地区	17	3700 余人
宁洱地区	7	4300 余人
曲靖地区	22	3300 余人
昭通地区	7	7600 余人
武定地区	3	600 余人
保山地区	12	4100 余人
大理地区	3	1100 余人
楚雄地区	4	2900 余人
丽江地区	1	50 余人

民国时期，云南匪乱频仍，“人们见各地的土匪当了司令，做了大官，以做土匪是升官发财的一条捷径，群起为匪，土匪因而飞快增多了”[②]。土匪劣迹斑斑，绑架勒索、进攻城镇乡村大肆烧杀抢掠、拦路抢劫、与土司争斗、参与军阀混战、勾结外国侵略者、制造假钞、在矿山充当打手、强征苛派、摆赌抽捐等。[③] 如 1922—1927 年间晋宁县城遭土匪大规模袭扰三次，匪首甚至擅自委派县长。1932 年，马龙县因“水患频仍，盗贼蜂起”导致“野有饿殍”。[④] 另外，还有一些“散兵游勇，伤病官兵，到处威借公粮，夺取牲畜，甚至结党抢劫，磕索民间财物，危害治安”[⑤]。可见，民国时期云南匪乱对本省城乡社会经济发展危害甚巨。

① 卢卫东：《云南剿匪斗争概况》，见云南省政协文史委员会：《云南文史集粹》（三），668 页，昆明，云南人民出版社，2004。

② 曾瑞鹤：《云南土匪》，见云南省政协文史委员会：《云南文史集粹》（十），535 页，昆明，云南人民出版社，2004。

③ 王明东：《民国时期滇越铁路沿线乡村社会变迁研究》，176—179 页，昆明，云南大学出版社，2014。

④ 《云南档案》77-99-1197（三），转引自李珪：《云南近代经济史》，266 页，昆明，云南民族出版社，1995。

⑤ 云南省志编纂委员会办公室：《续云南通志长编》（上册），73 页，昆明，云南省科学技术情报研究所印刷厂，1985。

（三）土司势力

民国时期云南的土司分布，“上自兰坪、云龙，下至开化、广南，大小近百十家，地沿二千余里，人口三、四百万”①。土司牢牢掌握了区域治理话语权，他们与云南当局乃至民国中央政府存在对抗、对话与合作的复杂关系。在国内政治腐败、国外列强入侵的背景下，土司面临的政治选择，要么坚持扩大自治权，巩固维护既得利益，甚至图谋分裂；要么效忠中央政权，争取中央政府或地方政府支持，延续对地方的治理。前者如袁世凯利用龙济光的势力助其称帝，诱使龙济光派其兄龙觐光通过广西进入云南，企图以普钧堂、龙体乾为内应打垮唐继尧，迫使广西军阀陆荣廷拥护袁世凯，拟将云南、广西、广东作为拥护袁世凯的力量。② 又如 1945 年，腾龙沿边土司在陇川召集会议，“暗结势力，潜伏隐匿，秘密向英活动”③，密谋成立“滇西边区特别行政区”“滇西边区联合委员会”④“川康滇摆夷独立设计委员会”⑤ 等。正如有的论者指出：土司“最后的选择究竟是什么，传统的向心力能够发挥多大作用，取决于中央政府和这些部族精英的个人政治智慧。”⑥ 如 1932 年，云南省政府批示方云龙“承袭芒市安抚司之职”。⑦ 无论是中央政府还是云南当局，推进行政权力一体化进程，在考量中央和地方利益之后，先后设立弹压委员会、设治局、殖边督办署等，同时，在土司辖区推行乡、镇、保甲制度，形成新的土流并治格局。部分云南各土司担任乡长、镇长、保长等，甚至参加国民代表选举。1947 年，芒市土司和干崖土司当选国大代表。⑧

---

① 李根源：《永昌府文征》（三），3090 页，昆明，云南美术出版社，2001。

② 普梅夫：《护国之役中崩溃的云南彝族纳楼土司》，见云南省政协文史委员会：《云南文史集粹》（九），5—11 页，昆明，云南人民出版社，2004。

③ 《卢汉关于滇西各土司情况给民政厅的训令》，载《德宏史志资料》（第 5 集），105 页，芒市，团结报社印刷厂，1985。

④ 《卢汉关于滇西各土司情况给民政厅的训令》，载《德宏史志资料》（第 5 集），101 页，芒市，团结报社印刷厂，1985。

⑤ 《关于查报滇西土司组织大同盟反抗取消土司制度的密令》，载《德宏史志资料》（第 5 集），49 页，芒市，团结报社印刷厂，1985。

⑥ 马戎：《民国时期的少数民族精英：理解中国从“天下帝国”到“民族国家”进程的钥匙》，载《社会科学战线》，2011（8）。

⑦ 《芒遮板设治局的报告及印结》，载《德宏史志资料》（第 5 集），31 页，芒市，团结报社印刷厂，1985。

⑧ 《民国时期政治史资料选编（三）选举》，载《德宏史志资料》（第 10 集），54 页，芒市，团结报社印刷厂，1986。

民国时期，云南未能彻底进行改土归流，残存的土司与云南地方政府之间，仍然保持二元政治结构。土司统治地区民众，“常常把本民族的统治者及相关联的土司制度视为保护自己免遭大民族主义压迫的一道重要防线”[①]。

（四）反动会道门

晚清至民国时期，云南反动会道门有51个道种，主要有：一贯道、红阳道、白洋道、万全堂、万成坛等，其中一贯道传播最广、社会危害最大。1941年，一贯道传入昆明，先后在小绿水河、威远街、北门街设立道基坛、纯一坛、同德坛等总坛。一贯道“在抗日战争时期，即为日寇侵华效劳。在解放战争时期，被国民党特务组织所接收，在特务机构的操纵下，发展组织，进行危害人民的罪恶活动”[②]。民国时期，云南当局采取措施，“对该道各地之活动，应即一体查禁”[③]。但是，云南当局对一贯道的查禁措施并未收到实效，一贯道仍在云南滋生蔓延。1947年，仅昆明就设立总坛28个，分坛144个。1950年，全省发展道徒百余万人，其势力渗透到部分机关、工厂、企业。一些特务、恶霸、地主、反动党团骨干分子、逃亡国民党军官、国民党军政要员等，加入一贯道后充当道首，不仅散布反共变天谣言，还建立地下反共组织，对骨干成员传授开展特务活动伎俩，作“应变”潜伏部署，甚至还将一些道首派遣至云南周边国家建立组织，作为在境外对抗新生人民政权的准备。1950年，晋宁、玉溪、麻栗坡等县发生一贯道组织的反革命叛乱5起。[④]一贯道在开展反共活动同时，还在云南城乡大肆敲诈勒索、奸淫妇女、残害人命，社会影响恶劣，危害甚巨。

1951年4月22日，云南省人民政府发布《关于取缔反动封建会道门的布告》：“一、凡已明令解散之一贯道、白洋教等反动的封建会门、道门均属非法组织，应一律解散组织，停止活动。所设佛坛一律查封，其家庭小坛亦须自动交出，如敢故违，即逮捕其首要分子送交人民法院依法严惩。二、凡明令解散之会门、道门头子，不论道长、坛主、前人、点传师、大法师等，自布告之日起必须立即向各该地人民政府公安机关悔过登记。呈缴证件、文件、武

① 王文成：《土流并治在近代云南边疆的全面确立》，载《云南师范大学学报》（哲学社会科学版），1993（4）。

② 石屏县志编纂委员会：《石屏县志》，477页，昆明，云南人民出版社，1990。

③ 云南省志编纂委员会办公室：《续云南通志长编》（下册），174页，玉溪，玉溪地区印刷厂，1986。

④ 中国会道门史料集成编纂委员会：《中国会道门史料集成——近百年来会道门的组织与分布》（下册），1082页，北京，中国社会科学出版社，2004。

器、供具及公产，停止活动。倘仍执迷不悟，犹豫徘徊，甚至秘密活动，公安机关即予逮捕惩处，以儆效尤。三、凡被骗群众，只要不再参加其组织，声明退道，不作反人民之活动，并希望揭露反动会道门之罪行，政府不予追究，望其安居乐业，从事生产。五、我云南全体人民对一贯道等反动活动，人人有权检举密告，对检举有据者，应酌情予以奖励，以保护人民利益，巩固社会治安。”① 布告明确一贯道反动性质，明令取缔，查封佛堂，要求一贯道头子、骨干停止活动，一般道徒声明退出即不再追究，发动人民检举一贯道活动等措施。1953 年，云南共捕获反动道首 2700 余名，依法分别给予惩处，36.45 万名入道者声明退道，3771 名道首登记自新。② 经过全面取缔，在云南活动的一贯道及其他反动会道门组织基本解体。

另外，晚清至民国时期，云南部分城乡还有红帮、青帮（哥老会）、洪门（袍哥）等帮会组织，在这些帮会组织中有官僚、地主、恶棍、地痞、赌徒等。如石屏县的红帮，1948 年发展到 300 余人，红帮设正印大爷、副印大爷、大爷等职，大爷之下设管事、当家三哥和红旗五哥、六哥、九哥等，有严酷的惩罚措施，如记过、降级、杖责、三刀六眼、自己戳、自己挖坑自己跳等，红帮形成“社会上的一股恶势力”，“多被反动派所利用”。③ 巍山一带的青帮成员构成十分复杂，“有当官的，有绅士，以及工、农、商、学、兵，什么人都有”④。内部由大爷管理，下设三哥、五哥、六哥、九哥、老幺等，制定《十大帮规》《誓约四条》《议戒十条》《赏罚十六条》等帮规。“他们贩运烟毒和枪支弹药，开设烟馆赌场。”⑤ 民国初年发展较快，“人数估计不下 1000 人”⑥。有些哥老会成员还帮国民党反动派搜集情报。下关一带还有袍哥，亦即洪帮，又称洪门，帮中设正副龙头大爷，下设盟证、座堂、陪堂、管堂、礼堂、心腹、护令、护

① 中国会道门史料集成编纂委员会：《中国会道门史料集成——近百年来会道门的组织与分布》（下册），1085 页，北京，中国社会科学出版社，2004。

② 中国会道门史料集成编纂委员会：《中国会道门史料集成——近百年来会道门的组织与分布》（下册），1083 页，北京，中国社会科学出版社，2004。

③ 石屏县志编纂委员会：《石屏县志》，448 页，昆明，云南人民出版社，1990。

④ 《西南边陲帮会——蒙化哥老会》，见云南省政协文史委员会：《云南文史集粹》（第十），587 页，昆明，云南人民出版社，2004。

⑤ 建水县志编纂委员会：《建水县志》，208 页，北京，中华书局，1994。

⑥ 《西南边陲帮会——蒙化哥老会》，见云南省政协文史委员会：《云南文史集粹》（第十），582 页，昆明，云南人民出版社，2004。

印等，成员有三教九流人物参与，成为黑社会势力。[①]抗日战争至云南和平解放前夕，下关袍哥骨干，“有些人成为地霸恶势、聚赌抽头、敲诈勒索、通匪窝家、走私放债，把袍哥组织流为作恶工具，甚至还派人参加抢劫杀人”[②]。

总之，晚清至民国时期，云南内部政治结构，有滇系军阀、土司、土匪、反动会道门等，体现出多元政治结构特征，多种力量相互角逐，相互利用，形成错综复杂的关系。从其政治统治方面看，以对人民实施政治压迫为手段，都是为了凌驾于人民之上。从经济剥削方面看，都以残酷榨取人民血汗为手段。他们对民众的政治压迫和经济剥削，成为城市社会发展变迁的阻碍因素。

第二节　自然经济结构逐渐解体

一、家庭手工业出现向手工作坊转化趋势

鸦片战争前夕，云南城市手工业有了发展变化，具有不平衡性。一些城市如昆明、大理、保山、昭通等，出现家庭手工业逐步向手工作坊转变的趋势。昆明作为云南省会城市，手工行业有靴帽业、成衣业、制铜、制革等 20 多种，其中，制铜业、金箔业等十分有名，如斑铜、乌铜走银等工艺品久负盛名。澄江府的纺织、冶铁等也享有盛名，玉溪每年生产土布 35 万匹，通海、河西每年生产的土布已达到 60 余万匹。[③]临安府有矿冶、榨糖业、制陶业多种行业。大理府有纺织、制茶、木雕等 20 多种，大理府生产的手工产品中，有的远销东南亚。永昌府有纺织、冶铁、制茶等 10 多种手工行业。值得注意的是，上述云南城市作为区域市场中心辐射的家庭手工业，门类多、产品丰富，出现向手工作坊转化的趋势，形成规模不等的纺织业、制茶业、制铜业等手工作坊，逐步由自给性生产转向以市场交换为目的的生产，初步形成相对独立的手工业生产部门，出现了云南早期的手工业工人。在西双版纳、德宏、临沧等区域，以区域中心城市覆盖的城乡家

① 《下关玉龙社袍哥概况》，见云南省政协文史委员会：《云南文史集粹》（第十），589 页，昆明，云南人民出版社，2004。

② 《西南边陲帮会——蒙化哥老会》，见云南省政协文史委员会：《云南文史集粹》（第十），591 页，昆明，云南人民出版社，2004。

③ （民国）周钟岳：《新纂云南通志》（卷一四二·工业考）。

庭手工业，如纺织、酿造、金属制造等家庭手工业，多为家庭自给性生产，尚未形成社会化生产的手工作坊，手工业种类增多，出现季节性的手工工人。

从整体上看，鸦片战争前夕，云南城乡自然经济尚未彻底动摇，史书记载：腾冲"耕耘纺织，民本敦业"①。从区域市场贸易情况来看，沾益州"他无所产，货米麦荞豆，布匹牲畜而已"②。马克思曾经指出："在印度和中国，小农业和家庭手工业的统一形成了生产方式的广阔基础。"③

但是，云南城乡自然经济体系在鸦片战争以后逐渐瓦解。蒙自、河口、腾越、思茅、昆明等相继开埠，尤其是滇越铁路通车后，国外的棉花、棉纱、棉布大量倾销至云南，"本省固有之手工纺织业，今已渐被淘汰"。"本省妇女之家庭手纺工业，遂被摧毁而告绝迹，手织工业则悉以外来棉纱为原料矣。"④云南传统耕织结合的自然经济状态被打破，传统的纺织行业受成本低廉的洋纱冲击，迫使纺与织分离，原来的手纺业者被迫歇业或转业。采用洋纱之后，织布业的生产效率提升，一定程度上提高了产品参与市场竞争的能力，如在顺宁县，采用洋纱之后，土布产量大增，年产土布 5 万件，产品销售网络扩大至镇康、耿马、昌宁、云县、临沧等地，半专业化的织布户数达 1 万余户。⑤

二、农副产品商品化程度提高

晚清到民国时期，云南经济作物商品化程度有所提升。20 世纪 30 年代，云南省蔗糖产量 12 万石，只有四川的 1/10、广东的 1/30，油菜籽产量为 120 万—200 万石，也仅为四川的 1/4，花生、蚕丝及其他经济作物也低于同期外省水平。⑥这表明经济作物种类少、总产量小，在农村经济中所占比重小。综观这一历史时期，云南农副产品中商品化程度最高者当数茶叶。

茶叶产销是云南城乡农副产品商品化的一个重要组成部分，茶叶产地广、产量多、品种丰富，云南"产茶县份，几占全省四分之一，品种优越，色味并

① 陈宗海修，赵端礼纂：（光绪）《腾越厅志稿》卷三。

② 陈燕、韩宝琛：（光绪）《沾益州志》（卷二）。

③ 《马克思恩格斯全集》（第 25 卷），895 页，北京，人民出版社，1974。

④ 云南省志编纂委员会：《续云南通志长编》（下册），596 页，玉溪，玉溪地区印刷厂，1986。

⑤ 李珪：《云南近代经济史》，53 页，昆明，云南民族出版社，1995。

⑥ 许道夫：《中国近代农业生产及贸易统计资料》，221 页、174 页，上海，上海人民出版社，1983。

臻”[①]。“景东、缅宁两处，民十（年）以前，年产仅九千担，今已增至一万四千担；宣统年间，顺宁年产仅五百余担，今则增至五千余担；民十五（年）以前，澜沧尚无产茶之名，近者，茶园日广，每年亦产千担左右矣。以川销茶之消长言，初为宋园茶（即大山茶），继为景谷茶（景东属之景谷街），今则大部分取之于双江、顺宁，是皆滇茶发展趋向之明征也。至原产地之六大茶山，民十以前，年产尚达三万五千余担。”[②] 由于茶叶的商品化程度高，滇中地区的昆明、宜良以及滇东北地区的镇雄等地，茶叶种植与加工发展也很快，1920 年，宜良设立茶叶试验场，种植成活 9000 余株茶树，使用从日本购进的制茶机器，生产“宝洪茶”。1923 年，昆明近郊辟 40 亩茶园，种植 10 余万株茶树，其结果“俗谚物美销路日辟，人民见利争先。”[③]

产于云南的茶叶逐渐形成了特色品牌，产于顺宁县的叫“风山茶”，产于双江、缅宁等县的叫“勐库茶”，产于景东、景谷的名为“景谷茶”，产于车里县的叫“三宋茶”，产于佛海、五福等县的叫“坝子茶”。在茶叶加工过程中形成不同的形制，销往四川的是沱茶，销往西藏的为砖茶、紧茶（心脏形），销往暹罗、南洋、香港的属圆茶（直径七八寸，每筒七饼，亦称七子饼），销往古宗西藏的是蛮庄茶。史书记载：民国时期“滇茶除销本省外，以销四川、康、藏为大宗，间销安南、暹罗、缅甸、南洋及我国沿海沿江各省”[④]。

晚清到民国时期，云南农副产品化程度逐步提高。为开采锡矿，个旧聚集了数以万计的矿工，采矿工人庞大的粮食消耗量，刺激了滇越铁路沿线城镇把粮食不断销往个旧矿区。仅路南县，每年销往个旧矿区的大米就达 58 万石，食用油 12400 斤，猪 2450 头。[⑤] 又如滇西商帮复春和，主要经营大烟和茶叶，每年销往丽江、四川、西藏等地的茶叶达万余驮（120 万斤），每年销往昆明、湖南等地的大烟 500 驮（6 万斤）。1945 年前，仅下关就有 18 家茶厂，每年生产茶叶 100 多万公斤。[⑥]

民国时期，茶叶是云南商品化程度最高的农副产品，贸易量居云南省对外贸易的第四位，国外出口贸易的第六位。

---

① 云南省志编纂委员会：《续云南通志长编》（下册），610 页，玉溪，玉溪地区印刷厂，1986。

② 云南省志编纂委员会：《续云南通志长编》（下册），606 页，玉溪，玉溪地区印刷厂，1986。

③ 《云南档案》77–7–57（二），转引自李珪：《云南近代经济史》，250 页，昆明，云南民族出版社，1995。

④ 云南省志编纂委员会：《续云南通志长编》（下册），608 页，玉溪，玉溪地区印刷厂，1986。

⑤ 李珪：《云南近代经济史》，54 页，昆明，云南民族出版社，1995。

⑥ 大理市史志编纂委员会：《大理市志》，369 页，北京，中华书局，1998。

三、失地农民增多

晚清至民国时期，云南农村土地兼并严重。据资料统计，1888 年，大理地区最大的地主占田 100—200 亩。新中国成立至土地改革前夕，这一地区“地主人均占有土地 2.31 亩，富农 1.85 亩，小土地出租 1.04 亩，中农 1.11 亩，贫农 0.57 亩，雇农 0.1 亩，其他占有 0.23 亩”[①]。这一时期滇越铁路沿线的昆明、蒙自、建水等，土地兼并更为激烈，1940 年对蒙自调查资料表明，蒙自县之多数农地皆集中于少数地主手中，建水县崇安乡地主占该乡耕地数量的 72%。土地占有权与使用权的严重分离，使佃户与地主的对立日益加重，昆明的地租达到 87.6%，成为全国之冠。大理的定租额高达产量的 78%，最低不少于 50%；而这一地区的分租额则“佃一业三”“佃一业二”“佃业平分”等，佃户分别缴纳产量的 75%、66%、50%。此外，农民还要遭受高利贷及苛捐杂税的剥削，地主“一年一人平均所得超过贫农的数十倍”。[②]随着土地兼并的加剧，失地农民增多，“中农是在逐渐破产，小农更因破产而没落”。[③]更为凄惨的是，这一时期自然灾害使云南农村经济雪上加霜。1912 年至 1948 年，云南发生自然灾害基本情况见表 1–3、1–4、1–5。

表 1–3　1912—1948 年云南自然灾害县统计表[④]

	水灾	旱灾	虫灾	风灾	雹灾	震灾	疫病	其他
发生灾情的县	131	52	1	1	7	83	2	12

表 1–4　民国时期云南各地发生自然灾害的次数[⑤]

	昆明	玉溪	昭通	曲靖	红河	文山	普洱	西双版纳	楚雄	大理	迪庆	丽江	怒江	保山	德宏	临沧
灾害次数	336	155	305	262	288	203	193	50	261	230	74	66	59	134	31	93

① 大理市史志编纂委员会：《大理市志》，285 页，北京，中华书局，1998。

② 大理市史志编纂委员会：《大理市志》，285 页，北京，中华书局，1998。

③ 李珪：《云南近代经济史》，259 页，昆明，云南民族出版社，1995。

④ 夏明方：《民国时期自然灾害与乡村社会》，34 页，北京，中华书局，2000。

⑤ 何廷明、崔广义：《民国时期云南自然灾害探析》，载《文山学院学报》，2012（2）。

表 1–5 民国时期云南各类灾害情况一览表[①]

	旱灾	涝灾	雹灾	疫灾	霜灾	雪灾	冷灾	虫灾	震灾	其他
灾害次数	520	850	206	278	115	73	23	97	509	69

频发的自然灾害严重影响了云南农村经济发展，如 1930 年，丘北县水灾致使该县中、东、北三区“所种禾麦，颗粒无收”。1932 年，华宁县因水灾“秋收无望，哀鸿遍野”。[②]

晚清至民国时期，云南土地兼并加剧，租税负担沉重，再加上频发的自然灾害，农村经济衰落，其结果是失地农民流入城镇、矿山等成为廉价劳动力，或是沦落为土匪。匪乱不断与广大农民破产、农村经济衰落有着千丝万缕的联系。另外，由于农村经济衰落，影响到云南城市发展，农村对城市发展的推力不足，农民由于贫穷，缺乏资金用于提升农业生产技术，只能长期维持传统的农业生产技术，农业生产的现代转型步伐缓慢。史料记载：“滇省农业之现状，尚未脱离粗放式，经营无术，耕作失宜，气候不知观测，土壤不知改良，籽种不知交换，虫害不知预防，陈陈相因，由来已久。”[③]粮食亩产量低，1931 年，籼稻亩产 317 斤，到 1949 年仅提升到 349 斤；1931 年，玉米亩产 141 斤，1947 年下降到 125 斤。1934 年云南全省粮食总产量 4860.1197 万担，按当年本省人口总量计算，人均占有粮食仅为江苏省的 56%，处于全国的中下水平。甚至需要进口粮食以补充不足，如 1928 年，通过蒙自关进口大米 4.037 万石，玉米 4643 石，1929 年，蒙自关进口大米 11.0753 万石，玉米 1.2735 万石。[④]

进入市场流通的农副产品总量难有大幅增长，农副产品在市场上仅为低层次的商品流通。

① 何廷明、崔广义：《民国时期云南自然灾害探析》，载《文山学院学报》，2012（2）。
② 云南省档案馆：《云南档案史料》第二期，7—9 页，1991。
③ 《云南农林行政撮要》，转引自李珪：《云南近代经济史》，245 页，昆明，云南民族出版社，1995。
④ 李珪：《云南近代经济史》，247—248 页，昆明，云南民族出版社，1995。

第三节　商业化引发城市现代化

一、省内外商帮云集

纵观中国城市早期现代化发展历程，从鸦片战争到辛亥革命推翻清王朝统治，成为中国城市现代化起步阶段。这一历史时期，中国城市现代化先在经济领域发生，在经济领域中又首先由商业化引发城市现代化。伴随着城市商业化的进程，往返于城市间的交通工具变革，现代金融业出现，民族工业发端等，一系列城市经济领域的新生事物，推进着城市现代化进程。有学者指出："中国城市经济的变化不是从工业化开始，而是从商业化开始，这是由于外力影响的结果。"① 云南城市现代化也经历了同样的发展历程，外国列强通过对云南展开殖民探险，掌握了云南地理和人文地理状况，详细记录云南的山川河流、物产资源、道路交通、贸易往来以及民族文化等，为进一步开展对云南的殖民掠夺做了大量的基础性工作。鸦片战争以后，英法等国殖民势力渗透云南，云南成为法国的势力范围，法国把越南变成其殖民地后，实施环北部湾战略，抢在英国之前修建滇越铁路。英国则实施所谓印度洋战略，把云南视为联结印度和扬子江的链环。另外，蒙自、河口、腾越、思茅等相继开埠，外国洋行纷纷出现在滇越铁路沿线城市，如法国东方汇理银行蒙自支行。这一切均表明，云南城市经济变化并非发端于工业化，而是肇始于商业化，深深地打上了被殖民掠夺的烙印。

回顾云南城市发展历史，在鸦片战争之前，由于农业、畜牧业和手工业发展，昆明、大理、曲靖、昭通等已发展成云南较大的商业城市。处于贸易交通干线要冲的蒙自、保山、思茅、腾冲等地，随着对外贸易的开展，商业得到较快发展。矿藏资源富集的个旧、东川、会泽等地，因矿业的发展，商业亦较为兴盛，省内外商人纷纷来到这些城市经商贸易，形成了一些颇具地域特色的商帮。以大理地区为例，可谓是商帮云集。

① 何一民：《中国城市史》，502页，武汉，武汉大学出版社，2012。

表 1-6 大理主要商帮一览表 ①

	商帮名称	经营范围
大理	永昌祥	大烟、生丝、茶叶、棉纱、棉花、山货、药材、黄金、大锡，另外投资工矿、金融等
	锡庆祥	大烟、药材、棉纱、棉布、砂金，另外投资电力、银行、铁路、工厂等
	鸿兴源	前期经营茶、布、糖、药材等，后期经营大烟、棉纱、布匹等
	复春和	前期经营大烟、茶叶，后期经营大烟、棉纱、布匹、山货、金银等
	兴盛和	茶叶、药材、山货、布匹、日用百货等
	福春恒	土特产、棉花、棉纱、布匹、玉石
	复协和	棉花、棉纱、山货、药材、黄丝、金银、外汇、大烟
	茂恒	洋纱、布匹、黄丝、茶叶、大烟、金银、外汇
	洪盛祥	黄丝、土特产、玉石、棉纱、棉布、棉花等

又如蒙自，1900 年前后，有外贸商号 48 家，其中就有著名的八大商号，即泰来祥、东美和、正顺昌、朱恒泰、豫顺隆、应天号、万盛昌、顺成号，经营大锡、棉纱、布匹、大烟以及日用百货。在蒙自开埠初期，八大号垄断了个旧大锡出口贸易，同时垄断了临安府、普洱府、开化府等区域的日用品销售。史料记载，1910 年前，云南省 21 个府厅中的 20 个府厅，93 个县城，都是蒙自口岸进口商品的销售市场。据蒙自口岸统计，通过蒙自口岸进口的商品有 100 多种，其中以棉花、棉纱、棉布、煤油、汽油机械和汽车、粮食、烟丝、香烟、染料、武器等为大宗，出口商品有 60 余种，其中以大锡、鸦片、锑、钨砂、茶叶、畜皮、药材等为大宗。② 另外，同一时期，随着商业的发展，保山有较大商号 99 家，其中，保山帮 45 家，腾冲帮 27 家，大理、鹤庆帮 18 家，省外商帮 9 家。③ 商帮商号从事商品贸易，城市商业也较为繁荣。

在一些商业发达的云南城市，除本省商帮以外，还有省外商帮进入从事商业贸易，他们经营生产工具、生活用品等，开办酒肆茶楼，外地客商还在云南的一些城市组建同乡会馆，如会泽就有四川商人建的川庙、江西商人建的江西庙、湖广商人建的福寿寺等。

① 大理市史志编纂委员会：《大理市志》，366—368 页，北京，中华书局，1998。

② 蒙自县志编纂委员会：《蒙自县志》，576—585 页，北京，中华书局，1995。

③ 李珪：《云南近代经济史》，336 页，昆明，云南民族出版社，1995。

二、洋商、洋行林立

外商也在云南一些商业发达的城市开办洋行。外商洋行在滇越铁路沿线城市如昆明、蒙自等城市较为集中，如蒙自就有20家洋行。其中，法商洋行6家、英商洋行5家、德商洋行3家、希腊商洋行3家，另外，意商、日商及美商洋行各1家。滇越铁路开通后，云南省会城市昆明，其经济地位迅速上升，经济功能快速拓展，英、法、美、日、希腊、土耳其等国，先后在昆明开设洋行34家，从事商品进出口贸易。进口商品主要是倾销用于生活消费的机制工业产品，从马市口到德胜桥一带，商店充斥着“洋纱、洋布、洋油、洋纸、洋匹头、纸烟、罐头、洋杂货、洋铁铜具、玩具等件，应有尽有，无一不备”[①]。出口商品主要是大锡、生丝、皮革、猪鬃、药材等。抗日战争前夕，在昆明经营贸易的主要商帮：东昭帮有商号40家，经营药材、茶叶；通海帮有商号18家，经营匹头、杂货；丽江帮有商号15家，经营药材及汇总；曲靖帮有商号54家，贩运杂货；思茅帮有商号65家，贩运茶叶。另外，云南陆系、缪系两大官僚资本亦大力投资商业进行垄断经营，如陆系官僚资本，借云南开展禁烟之机，1935年投入资本1000万元，依托成立的特货统运处，垄断云南的鸦片贸易。陆系官僚资本兴办的兴文银行，在国内外设立分支机构，附设商行，从事商业投机。兴文银行“借势盘剥，垄断市场，投机诈骗”[②]。陆系官僚资本设立的中国侨民银公司，为附设的大丰商号投入的资本量，占该公司资本总量90%以上。1945年，大丰商号所获纯利占中国侨民银公司纯利的70%以上。

抗日战争爆发后，云南省主要城镇商业呈现迅速发展趋势，行业商号增多。1939年昆明有商业行业99个，大理在抗战期间发展起来的大商号有40—50家，保山城内有20多个商业行业，仅坐商就有124户。昭通有山货店246户，纱布店242户，百货店65户，盐业店52户，杂货店165户，饮食店47户，其中大商号永达在全国开设20多个分号。按当时的币值计算，1944年，昆明有资产4亿多元的商户14家，1亿多元的140余家，1000多万元的数百家。昆明的中央、地方及商业银行70%—80%的资金流入商业。“在抗日战争

① 万湘澂：《云南对外贸易概观》，164页，昆明，新云南丛书社，1946。

② 宋彦若：《兴文银行简史》，见《云南文史集粹》（六），178页，昆明，云南人民出版社，2004。

以后，国民党统治区商业资本占工商两业资本总额的71%左右，而到了抗战结束解放战争时期，商业资本上升90%，而工业资本只占10%左右。”①

抗日战争结束后，云南城镇商业从畸形发展走向衰落，昆明商家由战前的3万多户减少到6000余户，昆明市场：“虚伪的繁荣，马上被大批工商人员由陆海空带往京沪去了，盛极一时的昆明市场，有如疟疾一样由热得发涨而冷得发抖。”②云南其他一些主要城镇也出现类似情况，如昭通百货行业由原来的28家减少至18家，保山城内商户减少至342户，曲靖城区商户也减少到348户，元谋商业人员从战前的1197人，减少至375人。

晚清至民国初期，云南一些城镇国内外贸易的发展，城镇经济打破了地域限制，城市间的经济联系加强，城市内部的商品流通速度加快。城市商业的发展不仅体现在数量上的增加，更有内在本质的变化，外国资本势力进入云南，并且主要是商业行业运营，原有小规模营运的商号，转变为财力雄厚的商行、公司，新式的商人集团随之出现，商业管理和市场结构发生变化。由于城市商业的发展，带动了城市交通运输、通信、金融、近代工业、城市建设等其他经济行业的兴起。通过城市网络流通的商品种类、数量增多，贸易区域空间扩大，市场容量扩展，新的市场不断开拓和形成，刺激了新经济行业发展。社会结构出现新变化，随着对外商业贸易发展，新生买办阶级出现，他们活跃在云南被强制卷入的世界资本主义市场上。随着民族工业兴起，云南出现新生的工人阶级。由于技术、工业和经济变化，个人和集体的生活方式发生变化，从而引发了思想文化变革。

总之，晚清至民国时期，云南城市现代化肇始于商业化，商业贸易带动了城市交通运输、通信、金融、近代工业、城市建设等经济部门的兴起，改变了云南城市经济结构和与之相适应的经济制度，并且还对城市的政治、文化产生深刻影响。

---

① 陈真：《中国近代工业史资料》（第4辑），83页，北京，生活·读书·新知三联书店，1961。

② 《目前云南的经济问题》，载《正义报》，1946年10月1日（社论）。

第二章　云南城市规模结构和功能演变

研究表明，“城市作为人类社会空间结构的一种基本形式，大量非农业人口的集居和一定区域范围内政治、经济、文化等中心的形成，是其区别于乡村的基本特征”①。而在古代中国，“权力制造了城市，制度安排了城市的空间结构”②。在近代乃至现代中国，“城市总是与衙门和城墙紧密联系，只有那些建有城墙的县治、府治、省治和首都才是真正的城市”③。上述学术见解，对于考察晚清至民国时期云南城市发展与社会变迁有所启发。

第一节　云南城市规模结构

一、云南城市萌芽与发展

从世界城市发展史来看，“在人类发明城市以后的5000到7000年的时间里，所建造的城市不计其数。有些在最初不过是一些小村落而已，随着时间的推移，逐渐联合起来发展成都城大邑”④。考诸云南城市发展史，庄蹻王滇、汉习楼船、唐标铁柱、宋挥玉斧、元跨革囊、清代改土归流以及民国年间对云南的设治与经营，大体反映出云南在历史发展长河中与中原王朝的关系。经过历代中央王朝对云南的经略与开发，行政区划逐步建立完善。与此同时，城镇发

① 刘敏、方如康：《现代地理科学词典》，653页，北京，科学出版社，2009。

② 鲁西奇、马剑：《空间与权力：中国古代城市形态与空间结构的政治文化内涵》，载《江汉论坛》，2009（4）。

③ ［美］G·W施坚雅著，史建云、徐秀丽译：《中国农村的市场和社会结构》，8页，北京，中国社会科学出版社，1998。

④ ［美］乔尔·科特金著，王旭等译：《全球城市史》，3页，北京，社会科学文献出版社，2006。

展变迁也经历了从初具雏形到城镇网络不断形成和完善之过程。

据司马迁《史记》记载，早在先秦时期，滇池区域“耕田、有邑聚”①。战国时期庄蹻王滇后在今昆明北郊建苴兰城，②西汉年间，以滇池区域为中心，设立益州郡辖24县，③郡治设于滇池县（今晋宁），东汉时又在滇西设永昌郡。随之，服务于郡县统治所需的郡县治所和军事要塞的城池在云南部分地区出现，毫无疑问，此时的城池主要还是被当作军事要塞，防御功能居于城池功能首位。

表2–1　西汉、东汉、三国时期云南城池一览表④

名称	治所	备注
建伶故城	今晋宁县境	无
秦臧故城	今富民县境	
滇池故城	今晋宁县晋城镇东15里	
贲古故城	今建水县东30里	
曲江故城	今建水县北80里	
禄匡城	今玉溪市南15里	
昌人城	今玉溪市南10里	

① （汉）司马迁：《史记·西南夷列传》。

② 《云南省志》（卷三十一·城乡建设志），26页，昆明，云南人民出版社，1996。

③ 参见尤中：《云南地方沿革史》，451—452页，昆明，云南大学出版社，2009。所辖24县分别为滇池（今晋宁县晋城），双柏（今双柏县一带），同劳（今陆良一带），铜濑（今马龙、沾益一带），连然（今安宁），俞元（今江川、澄江，驻今江川海北岸之龙街），收靡（今寻甸、嵩明），谷昌（今昆明），秦臧（今禄丰，富民），邪龙（今巍山、南涧），味（今曲靖），昆泽（今宜良），叶榆（今大理、宾川），律高（今弥勒县南部一带），不韦（今保山东北部，驻今金鸡村），云南（今祥云县，驻今云南驿），巂唐（今云龙县西部至保山县北部一带，驻今云龙县西部之旧州），弄栋（今姚安、南华、楚雄、牟定、广通、元谋），比苏（今云龙县西北部至泸水县一带），贲古（今蒙自、个旧），毋掇（今开远），胜休（今石屏、建水、峨山），健伶（今昆阳至易门一带），来唯（今红河、元阳、绿春、金平西部、越南莱州省西北部）。另外，尤中教授还考证了犍为郡所辖十二县涉及云南的郁鄢（今宣威），朱提（今昭通），堂琅（今巧家、会泽、东川）。越巂所辖十五县涉及云南的遂久（今华坪、盐边至永仁一带），青蛉（今永仁、大姚一带）。牂牁郡辖十七县于云南境内的镡封（今丘北县一带），漏卧（今罗平县一带），同并（今弥勒县北部至路南一带），宛温（今砚山一带），毋单（今华宁东部至弥勒一带），漏江（今泸西一带），西随（今金平一带），都梦（今文山、马关、麻栗坡），谈稿（今富源至盘县一带），进桑（今屏边至河口一带），句町（今广南、富宁至广西右江上游一带）。

④ 资料来源：《云南省志》（卷三十一·城乡建设志），26—27页，昆明，云南人民出版社，1996。

续表

名称	治所	备注
玉乞城	今玉溪市南 33 里	无
河头城	今路南县北 80 里	
新丰城	今曲靖市南	
赵州诸葛城	今大理市风仪镇境内	诸葛亮南征时建，故名诸葛城、武侯城，多建于险要关隘之地，为军事要塞
宾川诸葛城	今宾川县城西	
宁州古城	今华宁县城南	
大姚武侯城	今大姚县城西	
新兴武侯城	今玉溪市南	
南宁诸葛城	今曲靖市境	
保山诸葛城	今保山市西	
武定诸葛城	今武定县东 2 里	

汉代，在西南夷地区设立益州、永昌、越巂、犍为、牂牁等郡，到蜀汉时上述五郡又变成建宁、云南、兴古、永昌、越巂、朱提、牂牁 7 郡，是为南中七郡，由庲降都督统摄，其治所由平夷县（今贵州毕节）移至味县（今曲靖市）。同时，建宁郡郡治也由滇池县移至味县。味县成为彼时云南政治、经济中心，此时的云南初步形成都督、郡、县三级城镇网络。“不管是规模较大的行政中心还是地方政府单位，抑或是县，城市都以帝国地方行政中心的角色彰显其重要性。”[①] 地方行政中心或者说军事重镇，是云南早期城市发挥的重要功能。

两晋时期，将蜀汉时南中七郡中的建宁、兴古、云南、永昌等四郡划分出来设置宁州，宁州与益州成为同等级别的行政区，宁州统辖四郡、四十五县。[②] 这种区划的调整，表明晋时中央政府加强对云南统治的意图，但是从其辖区户口数来看，仅“户八万三千”，[③] 显然表明晋代对云南的统治还不够深入与巩固。因而，太康三年（282 年），复又废除宁州，将其所辖四郡归益州，另置南夷府进行统辖。南夷府是一个军事行政联合机构，其长官称南夷校尉。

① ［美］乔尔·科特金著，王旭等译：《全球城市史》，18—19 页，北京，社会科学文献出版社，2006。
② 尤中：《云南地方沿革史》，477 页，昆明，云南大学出版社，2009。
③ 尤中：《云南地方沿革史》，477 页，昆明，云南大学出版社，2009。

可见，此时云南的城镇网络，仍是府、郡、县三级网络。

云南的府、郡、县三级城市网络，在唐代又有新改变。唐代曾在云南兴建曲州城（今曲靖市境内）、靖州城（今曲靖市南15公里）、求州城（玉溪市境内）、镜州城（今祥云县境内）、绛县城（今江川县境内）、姚州城（今姚安县城北）、蒙舍城（今巍山县北5公里）。南诏统一六诏之后，划为九大行政区：一首府地区（洱海地区），六节度即拓东、永昌、弄栋、银生、丽水、铁桥，两都督即通海和会川，此时云南的九大行政区下辖11郡、4府、11赕，由原来的三级城镇网络变为四级网络，即首府、节度（都督）、郡、县。正如史书所云："大将军一十二人……出则领要害城镇，称节度。"①"云南、拓东、永昌、宁北、镇西及开南、银生等七城，则有将军领之，亦称节度。贞元十年掠吐蕃铁桥城，今称铁桥节度。其余（城）镇皆分隶焉。"②南诏时的节度、都督皆为军事性建置，此时云南的城镇建设，仍以军事功能为主。

南诏地方政权大规模兴建新城，云南城镇建设出现一个高峰，"先后建有太和城、阳苴咩城、大厘城、弄栋城、银生城、云南城、铁桥城、通海城、白崖城等大小城池近百座"③。南诏兴建的城多仿照唐朝规制，如阳苴咩城"门上重楼，左右又有阶道，高二丈余，甃以青石为磴，楼前方二三里，南北城门相对，太和往来通衢也"④。阳苴咩城成为南诏的政治、经济、文化中心，大厘城是南诏的贸易中心，铁桥城是南诏与吐蕃贸易的城镇，而银生城、永昌城则成为南诏与东南亚、南亚等国进行贸易的口岸。此时城镇网络建设出现新特点，不仅加强了城乡之间的商品贸易，还加强了与东南亚、南亚等国家的商品贸易。这从一个侧面反映出，城镇建设在维持原有军事功能的同时，逐渐拓展出经济、文化功能，城市的功能逐渐由单一向复合转变。

大理国时期，云南行政建置上分8府、4郡、37部，37部之部所在地，后来多发展成规模不等的城市。拓东城已发展成为新兴的工商业城市，另外还新筑一些土城，基本情况见表2–2。

---

① （唐）樊绰：《蛮书》（卷九·南蛮条教第九）。

② （唐）樊绰：《蛮书》（卷五·云南城镇第六）。

③ 《云南省志》（卷三十一·城乡建设志），27页，昆明，云南人民出版社，1996。

④ （唐）樊绰：《蛮书》（卷五·六赕第五）。

表 2–2　宋代云南新筑土城表[①]

城市名称	现今所在地
杨广城	今开远市东南 2 里
蒙自古城	今蒙自县城
伽宗城	今呈贡区西 20 里
德江城	今楚雄市西北 2 里
巨桥城	今晋宁县城附近
通海旧土城	今通海县东 50 里
段氏故城	今建水县南 5 里
江东城	今安宁县东南 20 里
望德城	今剑川县城南 3 里
西源城	今腾冲县城西 2 里
易笼城	今禄劝县城北
普扎龙城	今玉溪市西北
普具笼城	今玉溪市东北 20 里
白城	今玉溪市北 25 里
盘瓠城	今玉溪市北
江东城	今安宁县东南 20 里

元代，在全国推行行省制度，“云南诸路行中书省，为路三十七、府二，属府三，属州五十四，属县四十七”[②]。路、府、州、县治所分布在云南全境，路、府、州、县四级城镇网络进一步拓展，元代在云南筑城近 60 座，其中府城 3 座、州城 4 座、县城 25 座、军事据点 20 座、城堡 5 座。[③] 元代将云南行省的统治中心设于中庆路（今昆明），云南的政治、经济、文化中心由大理转移到昆明。

1381 年，明朝军队进入云南，次年在云南设承宣布政使司和都指挥使司，分统各府、州、县及卫所。“领府五十八，州七十五，县五十五，蛮部六。后领部十九，御夷府二，州四十，御夷州三，县三十，宣慰司八，宣抚司八，安

① 《云南省志》（卷三十一·城乡建设志），29 页，昆明，云南人民出版社，1996。

② （明）宋濂、王祎等编修：《元史·地理志》。

③ 《云南省志》（卷三十一·城乡建设志），29 页，昆明，云南人民出版社，1996。

抚司五，长官司三十三，御夷长官司二。”[①] 明朝在云南实行军屯、民屯和商屯，大批移民进入云南，促进了云南经济社会发展，同时也迎来了云南建城史上的鼎盛时期。据统计，明代云南新建城61座，其中，砖城44座，石城10座。[②] 府、州、县及卫所的城镇网络体系进一步拓展。

清代，沿袭明制“置承宣布政使司，为云南省，设巡抚，治云南府，并设云贵总督，两省互驻”[③]。有清一代于云南的区划设置不断调整，至宣统三年（1911年）“共领府十四，直隶厅六，直隶州三，厅十二，州二十六，县四十一，又土府一，土州三，土司十八”[④]。清代初期在云南继续推行土司制度，改变庄田和屯田的土地制度，改土归流后，进一步开发巩固边疆地区，社会经济较明代有了新发展，清政府在云南的统治也得以加强。于是，清代在云南相继建了33座城池。[⑤]

据统计，明清时期，云南共建城94座，其中砖城53座、石城7座、土城24座。[⑥] 这些城池多为府、州、县的治所和政治、经济、文化中心，城市等级已有较为明显的分化，其中，明清两朝，云南最大的城池是云南府（今昆明）、大理府、永昌府（今保山），其次为临安府（建水县城）、曲靖府、元江府、腾越州（今腾冲县城）、陆良州等城。这些城池还与云南独特的地理环境有关联，如果将云南盆地按面积大小划分，面积在100平方公里的盆地分布城镇39个，面积在50—99平方公里盆地分布城镇14个，面积在20—49平方公里盆地分布城镇26个，还有一定数量的城镇分布在20平方公里的盆地内。[⑦]

民国初期，沿用清代的区划设置，随后改革府、厅、州区划设置，将厅、州建制改为县，分为滇中、滇南、滇西和临开广四区并各置观察使署，同时于河口、麻栗坡等地设对汛督办。龙云当政后，在云南实行省县两级制，废除四区观察使，将云南省的县分为三等，一等县25个、二等县27个、三等县60个，[⑧] 同时，在县下设区、乡镇、保甲等。因而，民国时期，云南城镇网络又

---

① （清）张廷玉编修：《明史·地理志》。

② 《云南省志》（卷三十一·城乡建设志），30页，昆明，云南人民出版社，1996。

③ （民国）赵尔巽编纂：《清史稿·地理志》。

④ （民国）赵尔巽编纂：《清史稿·地理志》。

⑤ 《云南省志》（卷三十一·城乡建设志），30页，昆明，云南人民出版社，1996。

⑥ 《云南省志》（卷三十一·城乡建设志），30页，昆明，云南人民出版社，1996。

⑦ 《云南省志》（卷三十一·城乡建设志），35页，昆明，云南人民出版社，1996。

⑧ 王明东：《民国时期滇越铁路沿线乡村社会变迁研究》，145—146页，昆明，云南大学出版社，2014。

具有与清代不同的特征，即由省、县、区乡镇、保甲建构起新的城镇网络，表明中央政府的权力控制通过城镇体系层层传导到最基层。并且，蒙自、河口、思茅、腾冲、昆明等开埠，成为城镇发展的影响因素。滇越铁路通车后，从昆明至河口铁路沿线的城镇，以前所未有的速度发生变化，如河口成为云南交通最为便捷的口岸。正是由于内因和外力推动，民国时期，云南城镇网络新格局开始形成，以往以行政性联系为主的封建社会城镇网络格局破裂，以经济型为主的半殖民地半封建城镇格局形成。

民国时期，地处滇中的昆明不仅是省会城市，而且树立并巩固了作为全省政治、经济、文化中心之地位。地处滇东南的蒙自，成为仅次于昆明的贸易中心，是进出口货物集散地；开远成为滇南物资集散地和交通中心；河口成为云南进出口货物的主要港口。地处滇东北的昭通，不仅是该区域的物资集散地，同时也是云南与贵州、四川物资交易中心。地处滇西的保山、腾冲、大理、下关等，不仅是滇西物资集散地，保山、腾冲还是云南省与印度、缅甸等对外贸易的中心。位于滇西北的丽江则是这一区域的物资集散地。处于滇西南的思茅则成为云南省与缅甸、泰国、老挝等国贸易的商埠。

总之，自先秦两汉以降，随着历代中央王朝对云南的设治与经营，城镇网络体系不断拓展，城镇数量由少变多，城镇体量由小变大，城市规模结构与功能发生改变。早期云南城镇主要发挥军事和行政功能，城市是历代中央王朝治理云南的军事重镇，以此为依托建立起军事性、行政性为主的城市网络格局。发展城市经济，成为城市发挥军事职能的经济基础。城镇功能由军事性、行政性联系为主的封建社会城镇网络格局，向以经济型为主的半殖民地半封建城镇格局转变，城市的经济、文化功能由弱变强。

二、交通干线与云南城市网络交织

云南地处云贵高原，早期云南连通外界的主要交通线如秦汉时期作为南方丝绸之路重要组成部分的五尺道、零关道、永昌道等。零关道途经云南境内的大姚和大理等城市，五尺道在云南主要经过朱提（今昭通）、味县（今曲靖），到达滇池区域，至云南叶榆（今大理），与零关道汇合。这条道路已经连接了昭通、曲靖、昆明、楚雄、大理等后来云南的主要城市。同时，汉代在滇西修筑了从今天四川成都开始途经大理的驿道，东汉在今保山修永昌道，该道以五尺道与零关道的汇合点叶榆（大理）为起点，经古哀牢国之地入今天的缅甸，因经过博兰山又称为博南道，[①]其经大理、永平、保山等地。几条道路的交汇使得大理成为汉代云南地区重要的商业重镇和城镇化程度较高的地区。南诏时期，洱海区域的经济文化有了迅速发展，零关道发展为清溪道，更成为云南与外界特别是中央王朝之间交往的主要交通线。“唐王朝和南诏都曾投入人力、物力多次对这条道路进行整修，使之成为道路通畅、亭堡林立、驿馆齐备的重要官道。”[②]

由昆明到广西的邕州道，成为云南货物出区域的主要干道，这一时期云南农业和采矿业的发展，为城市提供了有利的发展条件，大理、邓川、盐源、姚安等 20 多个城市相继兴起。元代，随着区域政治中心由大理转移昆明，原有西江道经过部分改道后重新成为交通主干线。这时期云南的矿业经济和茶叶贸易进一步发展，茶马古道等驿道性质的商品运输路线进一步完善，特别是沟通滇越之间往来的进桑道，把滇中、滇南、滇西南连接起来，畅通了云南与越南贸易往来的通道。现在的昆明、玉溪、通海、建水、开远、蒙自、河口等滇南的主要城市分布在这条道上。这一时期云南与区域外的交通网络基本定型，最终形成滇缅、滇越、滇藏三条连接内外交通线，这些交通线也是进行对外贸易的主要商道。近现代著名的云南城镇大都处于各条商道上，如昆明、大理、曲靖、蒙自、河口、昭通、思茅、腾冲等，城市的发展、衰落与交通干道的建设有着密切关系。上述城镇位于主要交通干道的交汇点，并通过这些道路连接了越南、缅甸、印度等国，在经济发展上具有很强的区位优势，逐步确定了以滇池和洱海这两大湖泊为“圆心”的区域性经济中心，昆明和下关（大理）成为经济中心的支点。

19 世纪晚期，近代采矿业兴盛，云南地方政府建设大量驿站、修筑驿道，形成了迤东、迤西、迤南三条干线。迤东干线分两条，一条从昆明起经嵩明、寻甸、会泽、昭通、大关盐津滩头止，最后到达四川宜宾；另一条自昆明起经马龙、沾益、平彝止，通贵州，又或自沾益分道。迤南干线也可分为两条：一条从昆明、宜良、路南、弥勒、丘北、广南、富州、剥隘、百色，或者从路南分道，经陆良、师宗、罗平，最后到贵州新义；另一条自昆明起，经昆阳、玉溪、元江、墨江、宁洱、思茅、车里，最后通缅甸。迤西干道分两条：一条

① 蓝勇：《南方丝绸之路》，27 页，重庆，重庆大学出版社，1992。

② 陆韧：《高原通途——云南民族交通》，26 页，昆明，云南教育出版社，2000。

自昆明起经富明、武定、元谋，最后到四川会理；另一条自昆明起经安宁、禄丰、广通、楚雄、镇南、弥渡、祥云、凤仪、大理、邓川、鹤庆、丽江、德钦，最后通西康，或至凤仪分线，经漾濞、永平、保山、腾冲，至盈江，最后通缅甸。迤西线、迤南线、迤南线是云南对外交往的纽带，迤东线通国内其他省份，迤西线、迤东线连接了川滇缅越之间的交通，位置重要，运输线路繁忙，运送云南矿物出省，东部驿道比较密集，以骡马为主要交通工具。但是这三条交通干线因地势险峻、道路失修，交通运输困难。[①] 辛亥革命前，在原有干道的基础上，部分道路得到疏通，辅佐线路有所开辟，形成了比旧有路线更为发达的交通网络，这些交通线路的延伸与矿业发展息息相关。

在滇越铁路通车以前，云南进出口贸易最少需要 20 余天，甚至长达 50 余天。滇越铁路 1910 年全线通车，全程 854 公里。“滇路筑成，云南以丛山僻远之省，一变而为国际交通路线，匪但两粤、江浙各省之物品，由香港而海防，而昆明数程可达，即欧美全世界之舶来品，无不纷至还（沓）来，光耀夺目，陈列于市……”[②] 大宗货物通过铁路运输的时间和费用被大幅度降低，云南货物与港口的交通距离明显缩短，云南各地的商品由昆明装载火车，六七天内能够到达香港这个国际性港口，9 天能够到国内最大最繁华的口岸——上海。滇东南乃至整个云南迎来了交通方式改变带来的新机遇，作为云南政治、经济、文化中心的昆明，其在云南范围内得天独厚的区位优势开始显现，以比云南其他城市更快的发展速度领跑，成为云南乃至西南重要的经济重镇。

民国时期，云南地方政府将公路建设列为要政之一，1928 年成立云南省公路总局，有计划地推进云南的公路建设，提出了修建滇西干道（起点昆明，途经安宁、禄丰、广通、楚雄、镇南、祥云、弥渡、凤仪、漾濞、永平、保山至滇缅边界，约 1900 余里），滇东北干道（起点昆明，途经嵩明、寻甸、会泽、昭通、大关、盐津，达四川，约 1400 余里），滇东干道（以昆明为起点，途经杨林、陆良、师宗、罗平至广西，约 500 余里），滇东南干道（以昆明为起点，经呈贡、宜良、路南、泸西、丘北、剥隘达广西，约 1300 余里），滇南干道（昆明为起点，经呈贡、晋宁、玉溪、河西、通海、曲江、临安、个旧、蒙自、蛮耗、河口达越南，约 1000 余里），滇北干道（由昆明经富民、武

① 云南近代资源调查委员会经济研究室：《云南之交通》，4—5 页，1940 年油印本。

② 云南省志编纂委员会：《续云南通志长编》（中册），339 页，昆明，云南省科学技术情报研究所印刷厂，1986。

定、禄劝达四川会理，约400里）。1929年成立云南省公路总局统管汽车，1933年2月，云南省颁布《全省汽车开放章程》，汽车运输市场开放，商人邓和风购买货车12辆、客车1辆，成立通运汽车行，开展客货运输业务，开创了云南商业资本进入汽车运输业的先河。1936年，昆明市政府还成立汽车同业公会。[①] 抗日战争期间，在原来滇西干道的基础上，修建全长959公里的滇缅公路。与此同时，还修建了滇越公路，由昆明经呈贡、宜良、路南、弥勒、竹园、开远、鸡街、蒙自、屏边、河口，长约512公里。据有关资料统计，“新中国建立前，云南全省已建公路里程达6907.6公里”[②]。

总之，交通干线的建设，对于晚清至民国时期云南城镇体系产生了深刻影响，以滇中的昆明作为全省的政治、经济、文化中心的城镇体系重新建构，以昆明为中心往滇东方向，沿滇越铁路沿线，宜良、开远、河口等城市发展速度加快。有关资料表明，滇越铁路昆明至河口段沿线一共34个车站，分为特等站2个、一等站1个、二等站1个、三等站6个、四等站24个。如果将这五个等级的车站与之对应的区域依次划分为五个区域，1910年至1939年间，不同区域的人口密度变化情况很大，特别是作为二等站的碧色寨、河口人口密度变化最大。滇越铁路开通前碧色寨只是10多户人家的小村庄，河口只是红河与南溪河交汇的码头，仅有3—5户人家，这种局面随着滇越铁路的开通迅速发生变化。1909年，滇越铁路经过碧色寨，原来仅有10多户人家的村庄，聚集了200多名务工人员，吸引了国内的客商，出现了洋商、洋行，如希腊的哥胪士酒店、英国的亚细亚水火油公司、德国的德士古水火油公司、法国的加波公司等，在碧色寨开起了分号。“碧色寨天天像赶集一样，从早到晚热闹得很，那个时候这里做什么生意的都有。”[③] 碧色寨甚至还有清末民初云南最大的转运货栈大通公司，该公司在碧色寨的仓库占地3000平方米，“每天从早到晚，货物出仓入仓，七八十人搬运工人来来往往，川流不息，呈现出一派紧张繁忙的景象。”[④] 碧色寨的街期，“多达三四千人，日驮马三四百匹，市场异常活跃，

① 云南省档案馆：《建国前后的云南社会》，20页，昆明，云南人民出版社，2009。

② 云南省档案馆：《建国前后的云南社会》，18页，昆明，云南人民出版社，2009。

③ 唐珊：《碧色寨：一颗失落的明珠》，载《今日民族》，2004（5）。

④ 闵光宗：《清末民初云南最大的转运货栈——蒙自碧色寨大通公司》，中国人民政治协商会议云南省蒙自县委员会文史资料委员会编：《蒙自文史资料选辑》（第四辑），79页，个旧，个旧市印刷厂，1997。

大街小巷人群熙熙攘攘”[①]。碧色寨的人口数量急剧增加，1940 年，已有 500 余户，2000 余人。[②] 河口在滇越铁路开通后，其人口数量也迅速增加，从原来的 3—5 户人家增加到 900 余户 4000 余人，还有 20 多家商号店铺。[③] 有关研究表明，该区域 1910 年的人口密度为 2.6 人 / 平方公里，到 1932 年则上升到 8.2 人 / 平方公里。将滇越铁路沿线城镇 5 个区域 1910 年、1932 年的人口密度作一对比，基本情况见表 2–3。

表 2–3　滇越铁路沿线城镇 5 个区域人口密度对比[④]（单位：人 / 平方公里）

区域	1910 年人口密度	1932 年人口密度	增幅 %
1	2.6	8.2	215.4
2	1103.9	1886.2	70.9
3	5.1	8.9	74.5
4	6.3	10.9	73.0
5	4.9	6.2	26.5

晚清至民国时期，由于受滇越铁路开通之影响，云南一些原来一度兴盛的城镇则呈现衰落迹象。滇越铁路开通前，蒙自开关，法、英、美、日、意等国在蒙自设立洋行 20 余家，蒙自海关、法国东方汇理银行蒙自支行等，蒙自一时蜚声中外。蒙自县城有马店、旅店等数百家店铺，每天进出蒙自的马帮有五六千匹，一片繁华景象。但滇越铁路绕开了蒙自县城，从碧色寨经过，这种变化引发了连锁反应。依靠传统方式运输的马帮衰落，原来经蒙自县城转运货物改由碧色寨转运，蒙自海关迁往昆明，一些洋行、商号由兴盛走向衰落，蒙自在云南货物集散地的龙头地位动摇。蒙自从原来的全省商贸中心转变成滇东南商贸中心，蒙自市场衰落，城市发展受到影响。“城内冷落得可怕，饭店、客栈半条街找不到一家，所谓繁华的西门外，只可以说和北方普通县城街

① 闵光宗：《碧色寨漫谈》，中国人民政治协商会议云南省蒙自县委员会文史资料委员会编：《蒙自文史资料选辑》（第二辑），34 页，个旧，个旧市印刷厂，1997。

② 交通银行设计处：《云南省开远蒙自两县调查报告》，101 页，1940。

③ 王明东：《民国时期滇越铁路沿线乡村社会变迁研究》，55 页，昆明，云南大学出版社，2014。

④ 张林艳、何云玲、刘晓芳等：《滇越铁路车站等级设置与周边城镇化关系的探讨》，载《云南地理环境研究》，2010（4）。

市差不多。”[①] 地处滇桂线交通要道的广南，也面临与蒙自一样的困境，曾经客马栈林立、客商云集、生意兴隆的广南县城，也出现“滇越铁路通，而广南之路塞，市场冷落”[②] 之局面。蛮耗曾经为红河航运十分兴盛的码头，商贾云集，蒙自海关在此设立分关，蒙自电报局于此设立分局，一度被称为“小香港”，滇越铁路开通后，红河航运被铁路运输取代，从个旧、蒙自往返于蛮耗的马帮衰落，蛮耗也因之衰落。

总之，晚清至民国时期，云南交通干线与城市网络交织，形成新的城市网络体系，以昆明为中心城市，往滇东、滇东南有曲靖、昭通、宜良、开远、蒙自等，往滇西、滇西南方向有大理、保山、腾冲、丽江、思茅等，并在这些城市形成大小不等的区域市场，城市与区域市场又重合在一起。

三、区域性市场与云南城市网络重合

城市在形成发展过程中，总是与一定地域环境、安全需求、交通条件和市场规模密切关联。“无论何地，城市的存在都有赖于对地域的控制；而对地域的控制又全靠纵横交错的道路、得天独厚的地理位置以及城市为不断适应新情况而实行缓慢或突然的演变。……没有市场和道路，也就没有城市。”[③] 有学者认为决定城市全面健康发展的关键因素在于：“地点的神圣，提供安全和规划的能力，商业的激励作用，这些因素共同存在的地方，城市文化就兴盛；反之，在这些因素式微的地方，城市就会淡出，最后被历史所抛弃。”[④] 地理位置、市场、道路、商业等与城市的发展变迁有密切关联，区域性市场与城市网络的形成分布，总是重合在一起的。

从地理环境方面看，云南地理环境多样性特征十分显著，高山多平地少，城镇分布在大小不等的高原盆地。高原盆地成为云南城市封闭的自然环境，形成城市连通的天然屏障。从文化构成上看，云南民族种类众多，有 26 个世居民族，其中云南特有民族 15 个，跨境而居的民族 16 个，各民族在长期的社会历史发展进程中，相互交往、交流与交融，相互学习，相互借鉴，形成了包容

---

① 薛绍铭：《黔滇川旅行记》，92 页，上海，中华书局，1937。

② （民）佚名：《广南县志》第 7 册，1965 年云南大学借云南省图书馆藏广南县志稿本传抄。

③ ［法］费尔南·布罗代尔著，唐家龙、曾培耿等译，吴模信校：《地中海与菲利普二世时代的地中海世界》（第一卷），457 页，北京，商务印书馆，2013。

④ ［美］乔尔·科特金著，王旭等译：《全球城市史》，5 页，北京，社会科学文献出版社，2006。

性强、多样性特征显著的文化样式。从经济发展进程看，地区差异大，各民族经济社会发展进程极不平衡，多种经济形态长期并存。晚清至民国时期，在云南的部分地方，仍保存着原始社会、奴隶社会、封建社会等多种社会形态。从政治形态方面看，地方政府与土司统治二元政治结构，至晚清至民国时期仍未能彻底打破，政治一体化进程速度缓慢。在自然经济状态下，与之相对应的各个盆地的经济社会发展呈现出相对封闭性，在区域内城市间多为行政性联系，相互间的经济关联性较弱，不利于云南统一市场的形成。

但是，在外部因素的影响下，晚清至民国时期这种局面有了改观。鸦片战争后，云南成为法国的势力范围，法国推进环北部湾战略，抢先修通滇越铁路。英国则以印度、缅甸为据点，向云南渗透势力，将云南视为联结印度洋和扬子江的链环。法、英两个老牌资本主义国家加紧对云南的殖民掠夺，倾销商品、掠夺资源、扩张殖民势力。云南封闭格局被打破，被强制卷入世界资本主义体系。此时，对云南地域的控制已经多了一股殖民势力，殖民势力依靠对现代交通运输线的把控，进行商品倾销和资源掠夺，使得云南的市场网络重新建构。蒙自、河口、昆明、思茅、腾越等口岸，在商品进出口贸易中发挥着重要作用，但是城市并非孤立发挥作用，而是以省内其他城市的商品供给、分销为基础。此时，昆明作为云南省统一的大市场，成为省内外商品集散地，同时也是对外贸易的中心城市。昆明占据全省中心市场的位置，是形成全省等级最高、规模最大的城市的重要前提，城市的商业、文化功能充分释放，奠定了昆明作为云南高等级、规模大城市的基础。“没有市场就没有城市，没有城市就不会有地区性或全国性市场。……总而言之，城市普及了市场。”[①] 昆明作为云南中心城市，重新建构了城市网络，形成一点四方的城市网络格局，一点即昆明作为云南城市网络的中心点，四方为东边曲靖、昭通等，南边蒙自、思茅等，西边大理、保山、腾冲等，西北边丽江、中甸等。昆明与上述城市间发生行政、经济、文化联系，作为云南的省会城市、政治中心，发挥着政治上号令地方的功能。作为区域性中心市场，吸纳、分销地方市场货物。作为文化中心，向地方传播现代科学知识、民主思想，成为中国近现代史上的民主堡垒、思想堡垒。

按照克里斯塔勒及施坚雅的观点，城市作为“中心依赖于收集输送地方产

① ［法］费尔南·布罗代尔著，顾良、施康强译：《15至18世纪的物质文明、经济和资本主义》（第一卷），570页，北京，生活·读书·新知三联书店，1992。

品、向周围乡村人口提供所需货物和服务而存在”①。那么昆明作为中心地，将进口商品分销到其他二级城市（如曲靖、昭通、大理、保山等），再通过二级城市分销到下一级城镇，直至进入千家万户。从这个意义说，城市普及了市场，城市的发展与市场的拓展紧密交织在一起。

现代意义上的城市作为区域经济中心，它的发展与区域市场的勃兴密不可分，这一论断对于分析研究云南城市的发展具有鲜明的指导意义。按照现代经济学意义上的市场经济要素标准，云南在近代以前尚难称之为一个统一的市场。直至清代前期，云南各“坝子”间被高山峡谷天然切分成独立的“豆腐块”，在自然经济状态下，开展一定规模的相互贸易难度大，没有形成覆盖全省范围乃至与外省市场相互交织的市场，各行政区域治所所在的城镇与府、省会城市的连接点，无一例外都是行政管理或军队驻扎的关系，省内贸易形式以短途为主，围绕几个区域城市运转，彼此并行，各行其责，少有交集。“云南地形如此复杂，没有一条商路能包揽该省贸易，所有能够到达昆明的道路都漫长、艰险、昂贵，只能或大或小地供应云南某一区划，而与他处无缘。云南高原各部由最相邻的周边低地供应商货。四川货在相当贫穷的滇北、滇东北和黔北流通；百色供应滇东、滇中及黔南；东京（今越南北部）与滇南、滇中联系。缅甸与滇西南和滇西贸易，从商业角度来看，这大约是该省最理想的贸易对象了。”②可是，这种情况到晚清至民国时期有了改变，随着省际贸易网络拓展，“迤东方向与川黔交往频繁，而以昭通、曲靖为货物聚散之中心；迤南方向则与两广、上海交易，而以蒙自、个旧为货物聚散之中心；迤西方向与康藏发生交易，而以下关、丽江为货物聚散之中心”③。滇越铁路修通后，昆明成为全省贸易之总枢纽。滇中市场（昆明为中心，晋宁、呈贡、宜良、楚雄等城镇包含在内），滇西市场（大理为中心，包括大理周边、腾越、保山等城镇）的范围和经济体量较大。昆明、大理、思茅（滇南市场）、昭通（滇东北市场）、蒙自（滇东南市场）、丽江（滇西北市场）等，起到了相对独立区域市场和城镇中心的作用，这些城镇工商业和市场的繁荣，与其较便捷的交通密切关联。

晚清至民国时期，云南规模最大的城市昆明，元代成为云南行省行政中心、

---

① ［美］G·W施坚雅著，王旭等译：《中国封建社会晚期城市研究——施坚雅模式》，2页，长春，吉林教育出版社，1991。

② 英国殖民部档案（C，0，129，286）：《云南——它的资源、贸易及商路》，24页。

③ （民国）周钟岳：《新纂云南通志》（卷一四四·商业考二）。

大区域内各条商路的交集和重要的国际（安南）转口贸易城市。下关是滇西区域的中心，连通缅甸和西藏，在云南历史上就是著名的滇缅商品贸易中心，凡川货西出缅甸，茶叶北上藏区，藏区药材、杂货南下，缅甸棉花、宝石、珠宝、珠玉东入都必经此地，并以此为集散市场。[①]下关在滇西市镇中首屈一指，其地东上昆明，北走康藏，西接印缅，南达泰越，是沟通省内外、国内外贸易的交通枢纽。保山是滇缅贸易重镇，在晚清已是“一切货殖，较他郡为多，故贾客亦最重。兼之土地肥沃，产物甚夥，此南北街场星罗棋布”[②]。中甸县因为地处滇藏贸易要道，也成了一个商业市镇，“清末民初，商贾辐辏，商品云集，县城东外有大商店五十余家。归化寺左侧之白腊谷复有大堆店三十余所，形成一巨商堡垒”[③]。滇东北最主要的工商业城镇为昭通，其位于川滇黔交界极为便利的交通条件使得三省货物贸易“市面热闹、商店林立”“织布一业，堪云盛矣”。滇东城镇曲靖、宣威地当滇黔大道，商务因之而繁兴，如宣威城中有饭馆15家，染行20余户，旅店20余家，每逢街期，洋纱平均日销百股，布四五百匹。[④]

近代云南，“西北部出产的药材、皮革、猪鬃等，通常经下关、昆明而由蒙自报关出口”，“又如蒙自进口纱、布、杂货，常常通过昆明、下关，分配到西北、西南两区域内。腾越进口的绵纱，有时也通过下关运到更远的迤东各县去”。[⑤]晚清至民国时期，云南大致形成五条经济走廊：以昆明为核心的滇中经济走廊；以滇越铁路沿线城镇为引领的滇东南经济走廊；以曲靖、宣威、昭通等城镇为驱动的滇东、滇东北经济走廊；以大理、下关、丽江、中甸以及保山、腾冲等城镇为龙头的滇西、滇西北经济走廊；以思茅为核心的滇西南经济走廊。在这五条经济走廊中，昆明经济走廊处于龙头地位，对于经济贸易而言是全省的总枢纽，城市规模、体量居云南之首。“城市规模等级体系受市场（或贸易）最优原则、交通最优原则、行政最优原则制约。上面三个原则对城市规模等级体系的形成起综合作用。”[⑥]

晚清至民国时期，云南统一市场基本形成的主要推动力就是蒙自、昆明、腾越、思茅等城镇开埠，滇越铁路等交通运输现代化和贸易网络越织越密。正

---

① 陆韧：《云南对外交通史》，295页，昆明，云南民族出版社，1997。

② （清）刘毓珂：《永昌府志》（卷十七·市肆）。

③ （民国）段绶滋纂修：《中甸县志稿》。

④ 李培林：《云南近代小城镇发展述略》，载《云南民族学院学报》，1985（2）。

⑤ 万湘澂：《云南对外贸易概观》，32页，昆明，新云南丛书社，1946。

⑥ ［美］G·W施坚雅著，王旭等译：《中国封建社会晚期城市研究——施坚雅模式》，2页，长春，吉林教育出版社，1991。

是通过这些口岸城市，西方各种货物大量进口和本地资源外流，使得云南国际贸易规模不断扩大。作为开埠口岸的上述城市，其传统的市场及贸易网，在国际贸易畸形繁荣及带有强烈殖民色彩的互通过程中开始嬗变，全省真正基于国际贸易整合原有分散区域性城镇市场网的经济一体化开始日趋形成。

蒙自原是“七分屯种，三分备操”的屯兵卫所，中法战争结束后，蒙自成为云南第一个开埠口岸，在滇越铁路铁道未通以前，“以蒙自为通商巨埠。凡洋广货品入口，均到蒙屯集始转销他处，市面隆盛，万商麇集，人马喧闹，极一时之繁茂”[①]。滇东南的个旧因是著名的大锡产地，受锡矿出口贸易影响，滇东南市场发展亦快，“所产铜、铅、铁、锡、鸦片烟，取道红河出洋；各项洋货取道红河入滇，愈行愈熟，已成通衢”[②]。

思茅、腾越口岸城市也迅速发展。“云南的对外贸易一直以迤西通缅印贸易居主导地位……腾越是滇省最大的对外贸易口岸，开埠后，腾越对外贸易的优势地位让位于迤南蒙自。”[③]思茅（今普洱）是传统的砖茶市场，鸦片战争以前，商贾云集、市场繁荣，“思茅市场一度为最重要市场，可以在该市场中购买到云南以及中国其他省份的商品，而由老挝、缅甸等国家远道而来的丝、茶、铁、稀有金属等商品也在此交易。该市场为云南中部和南部提供棉花，现已废弃的暮乃银矿一度繁盛，是思茅第一大交易货物。回族起义后人口减少、财物被破坏，银矿废弃，交通受到阻隔，马帮也不常到思茅，滇缅、老挝商人也不再理会以前的贸易伙伴，思茅市场不复昔日繁荣。广州、香港、长江沿线各口岸和上缅甸都在扩展他们的贸易，将其贸易触角深入到内地及相邻省区，并进入云南，占领了传统市场。仅有大理与云南府商人继续在滇西南商道上奔走，但是他们不再像过去那样以思茅为长途贸易的终点，而是走到更远的地方买卖货物，不再停留在思茅进行交易。思茅不再是一个集散中心，如今只是一个不重要的转运站，仅有部分生棉及盐、茶在此交易。”[④]由于思茅的口岸地位受到省内蒙自、腾越口岸的巨大冲击，造成了这一市场的萎缩。

一些曾经繁荣的城镇，由于交通干线的改变，其在云南市场网络中的地位也发生了重大改变，由于“滇越铁路通车，来往物资由铁路运输，外地行帮

① 王继林：《云南通志馆征集蒙自县志资料》（第三册市集），1935。

② 万湘澂：《云南对外贸易概观》，18页，昆明，新云南丛书社，1946。

③ 吴兴南：《云南对外贸易史》，97页，昆明，云南大学出版社，2002。

④ 中国第二历史档案馆、中国海关总署办公厅：《中国旧海关史料1859—1948》，154—493页，北京，京华出版社，2001。

和大户先后迁走。民国初年军阀混战，匪患猖獗，本地的一些中小商户也外迁昆明、个旧、宜良、蒙自、晋宁、泸西等地，通海商业又走向衰落”[①]。广西府“在蒙自未开关之前，滇桂交通以此为必经之地，广商之集此者甚众。自蒙自开关后，逐渐衰落，而滇越铁路开通后，西江线商路几乎绝迹”[②]。

总之，在清末民初这个中国近代史上的特殊时期，在外国资本和国内外贸易的强力推动下，伴随交通运输条件的极大改善，以城市为主体的云南市场网络进行了一系列的重整、扩大和深化，密度也在不断增加，商品的流通日趋便利。城市发展与市场拓展的关联性得到前所未有的加强，城市普及了市场，市场促动城市变迁，市场繁荣则城市发展，城市的等级提升、规模扩大；市场萧条则城市衰退，城市的等级下降、规模停滞。城市与市场的关系为双向互动、相辅相成，不能孤立地看待城市与市场，它们是一个整体的两个方面，不存在此消彼长的可能，而只可能是一荣俱荣、一损俱损。

第二节　云南城市功能演变

一、城市基础设施改善

（一）城市街道拓展

考诸云南城市发展历史，对城池选址、城门设置、衙署及街坊之布局均有相应规制，比如城址多选择粮食供给充足、水源条件好、交通便捷之地筑城，城之四围筑墙，并于东南西北方向各开一座城门，城墙下有护城河，城内置衙署、建街道，城市早期凸显军事防御功能，俨然一个大型的“堡垒”。晚清至民国时期，对云南城市基础设施有一定程度的改善举措，拓展街道、改善交通、新辟市场、筹建新村等。

民国时期，昆明率先开启了市政基础建设工程，1931 年，昆明市政府拟定《新市场开辟计划》，详细规划拆通街道、拆城辟街、改造及新建道路、下水道

① 云南省通海县史志工作委员会编纂：《通海县志》，249 页，昆明，云南人民出版社，1992。

② （民国）周钟岳：《新纂云南通志》（卷一四三·商业考一）。

之规划。昆明“共拓展、翻修街道31条”[①]。1939年，昆明市工务局编制《大昆明规划》，规划充分考虑到昆明与滇池的关系，提出以滇池为中心规划昆明市建设构想。昆明市工务局还提出《新区发展规划》，并按照该规划拓建了复兴新村、靖国新村、吴井桥新村及南屏街等新街区。1941年，昆明市政府委员、同济大学教授唐英发表《昆明市建设刍议》文章，提出昆明市总体规划构想。按照唐英提出的构想，昆明市工务局编制了《昆明市建设计划纲要》。

随后，曲靖、昭通、下关等城市开启建设新区域、新市场的规划。1941年，曲靖县新市场建设委员会勘测规划了东到麒麟桥，南至北城脚，西至滇黔公路，北抵玄坛庙面积400亩的建设规划。新市场建东、西、南、北四条主街和一条环行公路，“计长4140米”。[②]且在街道两旁建工业、机关、学校、商店、住宅、停车场和公园等基础设施。1924年，昭通拓展马庙街、云兴街；1941年，拓陡街建西街，条石路面，街道13米宽；1948年又整修怀远街、北正街、崇义街、启文街等17条街道，多数街道以条石铺成，道宽9—13米，被时人称为“小昆明”。1912年，下关新辟西大街、文献大街、启文街，1936年，滇缅公路经过下关，下关又辟建振兴街、南华街、仁民街等。滇西抗战中，保山因遭日本飞机轰炸，街道、房屋受损严重，1946年，重修城中东、南、西、北四条正街，修整为宽16米的保岫东路、保岫西路、正阳南路和正阳北路，同时修整皇祠街、关庙街等18条街道。1927年，个旧重新拓展正街(今人民路)和米店街。总之，晚清至民国时期，昆明、昭通、下关、曲靖等城市相继开展街道拓展工作。1949年时，“昆明有街巷400条，计长9.3万米；曲靖有街道44条，计长8945米；个旧有街巷25条，计长3000米；文山有街巷29条，计长1.2万米；通海有街巷25条，计长5295米；保山有街巷99条，下关有街巷11条，临沧有街巷23条，开远有街巷28条”[③]。

(二)部分城市改善供水、排水系统

明清时期，只有少数云南地方官在少数城镇修建饮水供应工程，这种现象至民国时期有所改观。1915年，黄毓成等人筹建昆明自来水股份有限公司，1918年建成供水，日供水300余吨，供200余户人家使用。抗日战争时期，昆明人口猛增，自来水厂扩建，日供水能力提高至1000吨，安装管网增至22公

① 《云南省志》(卷三十一·城乡建设志)，63页，昆明，云南人民出版社，1996。

② 《云南省志》(卷三十一·城乡建设志)，63页，昆明，云南人民出版社，1996。

③ 《云南省志》(卷三十一·城乡建设志)，64页，昆明，云南人民出版社，1996。

里。1949 年该自来水厂日供水量达到 1200 吨，用户增到 1206 户。[①] 民国年间，云南城市供水设施取得成效的还有昭通。昭通城东门外修建东门大井，南门外修建南门大井，在南城边修来龙井；1930 年，在三多塘前修建沙滤池过滤河水，修建石砌明渠 12 公里引城北大龙洞泉水入城，于城内东北隅八角亭建石蓄水池储水。其他城市供水条件改善的还有个旧。1915 年，个旧商界人士刘道源筹办“个旧溥利自来水华股有限公司”，1917 年建成供水，日供水 200 吨。

明清时期，昆明、昭通、曲靖、保山等云南城市，多有护城河，城内顺街道两侧建明沟或铺流水石排水，在城内低洼处建水塘，积水塘有沟渠穿移城墙将积水输入护城河，护城河又多与附近的天然河流沟渠相通，形成城市传统的排水系统。如昆明城市的排水，汇入东、南、西三条护城河后，流入城南的奏水河（臭水河），再经兰花沟流入滇池。

1930 年，昆明旧城改造拆南城墙，南边护城河被填平，新修了一条长 500 米的箱形暗沟与东护城河和臭水河相连，城市西边的排水输入运粮河与大观河。1939 年至 1945 年间，昆明新开发靖国新村与复兴新村时，首次修建了直径 30—40 厘米混凝土圆形地下排水管道。1946 年，保山修建正阳路时，修建了石砌箱形下水道“高可容人站立”[②]。曲靖城早在明代时就有射圃、文昌两条石砌箱形排水沟，小街小巷亦有石砌明沟排水，民国年间，曲靖“共有下水道 9508 米，其中干渠 1400 米”[③]。昭通城，民国时期修建了较为完整的排水系统，地势较低的城西南部集中了城市排水系统的主要沟渠，如大洋沟、西南壕沟、大吉街一二甲水沟等 3 条排水沟总长 2 公里，通过此排水系统，将城市生活废水、雨水等汇入南门外的月牙塘后排入中沟河。该排水系统至今仍是城区排水系统的重要组成部分。

晚清至民国时期，云南部分城市排水系统有所改善，如昆明、曲靖、昭通、保山等城市，但是大多数城镇仍维持旧有的排水系统。

（三）电力基础设施的出现与运用

“电力是近代城市重要的基础设施之一，如果离开电力来谈发展城市的现代化是不可能的。”[④] 民国时期，云南部分城市建设电厂，开始有了电灯照明。

① 《云南省志》（卷三十一·城乡建设志），170 页，昆明，云南人民出版社，1996。
② 《云南省志》（卷三十一·城乡建设志），226 页，昆明，云南人民出版社，1996。
③ 《云南省志》（卷三十一·城乡建设志），200 页，昆明，云南人民出版社，1996。
④ 何一民：《中国城市史》，660 页，武汉，武汉大学出版社，2012。

电力作为一种新能源，给城市发展带来了活力，它不仅改变了城市传统的照明方式，还为工业的发展提供了动力，创造了前所未有的社会生产力。

1913 年，云南第一座水电站——昆明石龙坝电站建成供电，在城区街道上安装电灯照明。可是，电站建成供电初期面临艰难局面，多数市民对电灯闻所未闻，敬而远之。甚至怕电灯光太强而伤了眼睛，因而不乐意使用电灯照明。于是，耀龙公司的职员走上街头吆喝卖电，劝说大户人家和商号带头用电，公司提供所需要安装材料并代为安装，月收费仅为银元一元，以鼓励用电。后来风气渐开，要求安装电灯的市民越来越多，电力供应不足。“电灯公司看人说话，对有钱有势的人，不得不勉强为其安装，甚至不得不专门为权贵名流架设专线，其余的一概拒绝，遭到普遍不满。”① 于是石龙坝电站扩建，到 1949 年，装机容量达到 2920 千瓦。② 据统计，1942 年，昆明城有路灯 150 余盏，1949 年，全城有路灯 200 余盏。③ 石龙坝电站建成供电，得到外国媒体的高度评价：“在这个国家远离世界贸易潮流和西方文化隔绝的偏僻内地，也有那么一些卓越的知识分子和开拓者，他们将西方技术成就引进到自己的土地上，这些少数勇敢者，却是对公众中的反对意见和偏见打开了一个缺口。”④

1917 年，蒙自大光电力公司建成，向蒙自、个旧供电。1921 年开远通明电灯公司建成向开远供电；1942 年，下关天生桥水电站建成向下关城区供电；1946 年玉溪州城胜利电站建成供电，同年，保山九龙电站建成供电。

（四）邮政、电信业兴起

在光绪二十二年（1896 年），蒙自海关开办邮政，随后腾越、思茅等个口岸均设有寄信局，由蒙自海关税务司兼办。蒙自总局的业务覆盖云南府、临安府、楚雄府、广南府、曲靖府、开化府、东川府以及贵州安顺府、兴义府等部分地区；思茅总局业务覆盖思茅厅、普洱府等部分地区；腾越总局业务涉及腾越厅、大理府、永昌府、丽江府等部分地区。1923 年，在昆明新建邮政总局，“其各分局之组织，则视地方情形，分设一等分局、二等分局、三等分局、邮局代办所，或城市乡村信柜等”⑤。1939 年，在昆明设立的邮政储金汇业局昆

① 云南省档案馆：《建国前后的云南社会》，40—41 页，昆明，云南人民出版社，2009。

② 王明东：《民国时期滇越铁路沿线乡村社会变迁研究》，236 页，昆明，云南大学出版社，2014。

③ 《云南省志》（卷三十一 · 城乡建设志），167 页，昆明，云南人民出版社，1996。

④ 《云南府，中国的第一个水电站》，载《西门子杂志》，1927（1）。

⑤ 云南省志编纂委员会办公室：《续云南通志长编》（中册），1047 页，昆明，云南省科学技术情报研究所印刷厂，1986。

明分局，办理人寿保险、放款、贴现、押汇、代理国库券等业务。民国时期，云南邮区业务量基本情况见表2–4。

表2–4　民国时期云南邮区业务量统计表[①]

年份	普通函件	挂号及快递函件	航空函件	包裹	共计
1939	10000084	1261337	1402414	39328	12703163
1940	14077861	1811586	2508903	37421	18235771
1941	16900706	2114790	1442908	17186	20505590
1942	81971316	3252113	3135421	12192	25371041
1943	15810065	3468610	2375884	10303	21664862
1944	19508956	4142694	2624179	10380	26286209
1945	19870644	5439750	5022299	7302	30339995

从表2–4可见，民国后期云南省邮区业务量呈增长趋势。

晚清至民国时期，云南电信业亦有所发展。1885年，李鸿章上奏朝廷"筹造云南电线，所望改接鄂线，由川入滇"[②]。次年十二月成立云贵电报总局，开通昆明至蒙自电报，1887年，四川与云南电报线路接通，开通了云南与内地的电报通信。"截至清末为止，总计本省有电线东、西、南三路干线各支线，其通外省者有滇川、滇黔、滇桂三线，通外国者有滇越、滇缅及通暹罗猛乌之三线。"[③]据有关资料统计，1933年，云南电报线路标线，"线路长度5920.5公里，线条长度7282.5公里，电杆支数44235根"[④]。

1906年，昆明出现仅供官府、军队、学校使用的市内电话。1910年，昆明开始安装商用电话100户。1912年，云南都督府内设电话所，后又改设为电话局，有市话240部。随着电话业务的推广，1929年，云南省电报局改称云南省电话局，下设南北两局的磁石交换机共5部，总容量541门，昆明市话用户增至400余户。1935年，昆明市话用户达500余户。[⑤]另外，"蒙自、个旧、昭

① 云南省志编纂委员会办公室：《续云南通志长编》（中册），1060页，昆明，云南省科学技术情报研究所印刷厂，1986。

② 云南省历史研究所：《清实录有关云南史料汇编》（卷四），428页，昆明，云南人民出版社，1984。

③ （民国）周钟岳：《新纂云南通志》（卷五十七·交通考二）。

④ 云南省志编纂委员会办公室：《续云南通志长编》（中册），1068页，昆明，云南省科学技术情报研究所印刷厂，1986。

⑤ 谢本书等：《近代昆明城市史》，176页，昆明，云南大学出版社，1997。

通三县，亦经设有市街电话。蒙（自）、个（旧）各有总机一百零五门”①。

晚清至民国时期，云南邮政业务的开展为民众信息传递提供便捷服务，电信业发展，不仅改变了云南传统信息传递方式，更加快了信息传播速度，使云南省内外的信息传递，以及云南与东南亚之间的信息交流加快，从而为云南城市发展与社会变迁提供了便捷的信息通道。

（五）加强城市卫生管理

1934年，国民政府发起“新生活运动”，制定了“整齐、清洁、简单、朴素、迅速、确实”的具体标准。按照国民政府开展新生活运动的相关要求，云南当局成立云南新生活运动促进会，制定《云南省新生活运动促进会组织规程》，各市县成立分会，开展新生活运动。其中，与清洁运动有关的规章制度陆续出台，如《云南省新生活运动促进会清洁运动实施及检查办法》《云南省新生活运动促进会清洁检察队组织及实施办法》《云南省新生活运动促进会清洁运动简章》等十余个规章制度，开展夏令卫生扑灭蝇鼠运动、清洁运动等，清洁运动开展几天后，有关统计表明仅昆明即捕获老鼠19175只。②

民国时期，云南许多城市的环境卫生由当地警察部门管理，雇“清道夫”或遣在押犯人清扫城镇主要街道，城镇的其他街巷则由居民店铺自行清扫门前卫生，清道夫赶着马车、牛车走街串巷收集垃圾运出城外。民国时期，昆明城区环境卫生由昆明市公务局进行管理，下设街道清洁队，有职工200人，负责正义路、三市街、长春路等城区50余条街的清洁卫生，城区建公共厕所44座。③1943年，昆明市成立卫生事务所，下设环境卫生科管理昆明市区环境卫生，城区环境卫生则由市警务处负责。1944年昆明市成立卫生局，负责市区环境卫生工作。1914年蒙自县城公署批准马玉峰、杜溪臣等成立蒙自肥料公司，购牛车4辆雇工8名，收运县城垃圾粪便卖给农民。1938—1949年，县城每年秋夏各搞一次大扫除，同时街道分段清扫。④在国民政府开展的新生活运动中，个旧利用县卫生院、医师公会、《个旧曙光报》等载体，传播卫生知识，1942年改良新建水井、厕所，并对饮水、厕所消毒，甚至规定每户每3日交验死鼠1只，不足限额者处以罚金。至1947年时，规定每年5月15日、

① 云南省志编纂委员会办公室：《续云南通志长编》（中册），1063页，昆明，云南省科学技术情报研究所印刷厂，1986。

② 云南省档案馆：《抗战时期的云南社会》，216页，昆明，云南人民出版社，2005。

③ 《云南省志》（卷三十一·城乡建设志），175—176页，昆明，云南人民出版社，1996。

④ 蒙自县志编纂委员会：《蒙自县志》，911页，北京，中华书局，1995。

12 月 5 日为清洁大扫除日。随后，清洁户门上贴“清洁”字条，不清洁户贴“不清洁”字条。[①] 民国时期，大理、凤仪等县由警察局和卫生运动促进会管理卫生，1946 年大理县开展夏令卫生运动，“进行宣传和全面大扫除，捕鼠灭蝇，整顿公厕，设立垃圾箱，并制订清洁大检查实施办法 27 条”[②]。

可见，晚清至民国时期，云南城市卫生有一定程度改善。

（六）城市园林设施

城市公园影响着市民的生活质量，发挥着美化城市、调节城市小环境、改善城市空气质量、维系城市生态平衡和防灾减灾之生态效应。公园成为一个城市文明和繁荣的标志，作为城市主要公共开放空间，其建设延续着休闲传统，彰显出城市文化，具象地反映出一个城市的政治、经济、文化、风格和精神气质，以及一个城市市民的追求和品位。因此，“城市文化归根到底是人类文化的高级体现”[③]。“云南公园之称，始于民国”[④]，据不完全统计，民国时期云南全省辟建公园 30 余座，基本情况见表 2–5。

表 2–5　民国时期云南辟建公园统计表[⑤]

城市	公园名称	辟建时间	备注
昆明	大观公园	1918	对大观楼修葺辟建
	古幢公园	1923	就地藏寺辟建
	翠湖公园	1924	就翠湖辟建
	圆通公园	1927	就螺峰山辟建
	龙泉公园		今黑龙潭公园
	金殿公园		今金殿景区
	太华寺公园		今为西山公园一个景区
	虚凝公园		昆明市城北虚凝庵（今已毁）

① 个旧市志编纂委员会:《个旧市志》（下），1436 页，昆明，云南人民出版社，1998。

② 大理市史志编纂委员会:《大理市志》，869 页，北京，中华书局，1998。

③ 吴良镛:《建筑·城市·人居环境》，376 页，石家庄，河北教育出版社，2003。

④《云南省志》（卷三十一·城乡建设志），101 页，昆明，云南人民出版社，1996。

⑤《云南省志》（卷三十一·城乡建设志），101—103 页，昆明，云南人民出版社，1996。

续表

城市	公园名称	辟建时间	备注
昆明	金碧公园	1937	后改为建设厅办公地址，今为云南省第一人民医院
	近日公园		原为南门月城，后改为交通环岛
	中央公园		胜利堂庭院
	光华街公园		今云瑞小游园
	武成公园		今武成小学对面
	璧光公园		穿心鼓楼交叉口
	大东门公园		已废
	小西城公园		今大观街东口，已废
	双龙公园		今双龙桥，已废
昭通	蒙泉公园		今大龙洞公园
	志舟公园	1933	今清官亭公园
大理	圣麓公园	1931	大理七里桥，今已废
	天宝公园		今部队营地
保山	保岫公园	1936	太保山东麓
个旧	宝华公园	1940	今宝华寺
曲靖	“五四”公园	1937	今麒麟公园东，已废
楚雄	东山公园	1933	今市商业局
	西山公园	1933	今峨碌公园
	先圣公园	1935	今鹿城小学
蒙自	南湖公园	1933	
通海	普应公园		今河西镇园明寺
澄江	凤山公园	1943	今亦为凤山公园
腾冲	民众图书馆附近公园		
丽江	黄山公园	1932	今丽江广播器材厂
永仁	中山公园	1937	

虽然迟至民国时期云南才出现公园之称，但辟建数十个城镇公园，其影响也是深远的。这些城镇公园成为群众游览场所、文化传播空间，同时也是向群众进行精神文明教育、科学知识普及的园地，政府促进社会和谐、培育城市文化的重要资源。美国景观设计大师奥姆斯特德认为，公园是一件艺术品，随

着岁月的积淀日益被注入文化底蕴。但是，“将城市文化形成特色，发扬光大，可能更为困难，更需要时间”[①]。民国时期，云南城市公园辟建起步晚，且以省会城市昆明辟建的公园居多，但是，无论是省级城市还是县级城市之公园，对于城市功能的发挥与转变，均发挥出积极作用。

二、城市经济功能增强

晚清至民国时期，云南城市在半殖民地半封建化背景下曲折发展，经昆明、蒙自、腾越、思茅等口岸进出口货物种类增多，这些口岸城市在云南率先出现了新兴商业、金融等行业，促使城市经济结构和运作方式变化，被强制卷入世界资本主义经济旋涡。外国列强以开埠城市为据点，将廉价商品倾销到云南城市与乡村，与此同时又疯狂掠夺云南资源，猛烈地冲击了云南耕织结合的自然经济，使城乡农产品商品化趋势增强，传统手工业日趋瓦解，失地农民数量增加。如此则为彼时云南城市经济结构和运作方式，创造了形成商品市场、劳动市场、货币财富积累等之客观条件。如果把这一现象视为云南城市早期现代化进程，那么“这个运动是通过经济要素特别是生产要素（资本与劳力）由乡村向城市转移来实现的……商业革命把社会资金从乡村土地抽到城市的市场中，而工业革命又把过去被拴在土地上的大批劳动者转移到城市的工业部门，经济要素的转移使城市经济功能和结构发生大的转变”[②]。

（一）商业行业增多

据有关资料记载，鸦片战争前夕，昆明的商业划分为丝绸、棉纱等 40 多种行业，这些行业分属京帮、广帮、川帮、赣帮、迤西帮、迤南帮和迤东帮等 10 多个帮口。道光年间，昆明有小商店 2000 余家，旅馆 50 余家，钱庄、汇号 40 余家，当铺 20 余家。[③] 昆明开埠后，进口商品充斥昆明大街小巷，从马市口到德胜桥两旁商店林立，“洋纱、洋布、洋油、洋纸、洋疋头、纸烟、罐头、洋杂货、洋铜铁器具、玩具等，应有尽有，无一不备”[④]。1924 年，昆明仅经营鸦片生意的商号达 53 家，经营皮鞋业的有 58 户。1935 年，经营皮鞋

---

① 吴良镛：《建筑·城市·人居环境》，377 页，石家庄，河北教育出版社，2003。

② 章开沅、罗福惠：《比较中的审视：中国早期现代化研究》，434 页，杭州，浙江人民出版社，1993。

③ 李珪：《云南近代经济史》，17—18 页，昆明，云南民族出版社，1995。

④ 万湘澂：《云南对外贸易概观》，164 页，昆明，新云南丛书社，1946。

业的增加到112户，经营猪鬃业的170户。时人罗养儒在其著作中记载昆明行业："不止七十二行，而有三百五六十行"[①]，并细致罗列了行业名称。1923年，昆明市84个行业、4331个店铺，外商开设的洋行15个。[②] 1935年，昆明各业商号5242家，比1924年增加840多家。[③] 1939年昆明市商会统计全市有绸缎、布匹等99个行业。[④]

随着蒙自开埠，滇东南的蒙自、个旧等城市行业增多，法、英、德、美等国，在蒙自开设了安兴洋行、沙厘耶洋行等24家洋行、酒店。[⑤]"个旧行业齐备，商业、服务业、手工业作坊，莫不服务于大锡生产。"[⑥]清末民国初期，下关商号有180余家、大小商店300余家，抗日战争期间，下关商店增至千余家，"经营着50多种行业"，"成为云南第二大商业市场"。[⑦]腾冲"商业行业齐备"，"商业店铺过数百家"。[⑧] 1913年，思茅有"百货、土杂、副食店24家，中药业11家，旅店客栈16家，饮食业8家，屠宰业20家"[⑨]。地处滇东北的昭通，民国初年，有米行15—16家，盐行11—12家，洋货匹头30余家，纱布店100余家。[⑩] 1920年会泽有商号70—80家，1931年，增加至814家。

辛亥革命前夕，云南本土有名的商号有三盛号、长盛号、云泰丰号、日兴德、兴盛和、福春恒、永昌祥、恒盛公、顺成号等。在激烈的市场竞争中，一些有名的商号资本积累加速，加大投资其所熟悉的商品生产，如福春恒加大了丝纺业的投资，恒盛公、兴盛和等加大茶业的投资，长盛号、云泰丰投资开采和销售石磺等。

总之，晚清至民国时期，在半殖民地半封建社会背景下，云南城市被强制拉入世界资本主义市场体系，其现代化不是以工业化为引导，而是商业化为发端。因而在众多的行业构成中，具有商业性质的行业增加最快，原因就在于资本主义商品经济发展规律决定其必须不断开拓市场，"不断扩大产品销

① （民国）罗养儒：《云南掌故》，99页，昆明，云南民族出版社，1996。

② 谢本书等：《近代昆明城市史》，145页，昆明，云南大学出版社，1997。

③ 张肖梅：《云南经济》，23页，民国国民经济研究所印行，1942。

④ 《云南省志》（卷十四·商业志），455页，昆明，云南人民出版社，1993。

⑤ 蒙自县志编纂委员会：《蒙自县志》，593—595页，北京，中华书局，1995。

⑥ 李珪：《云南近代经济史》，131页，昆明，云南民族出版社，1995。

⑦ 大理市史志编纂委员会：《大理市志》，369页，北京，中华书局，1998。

⑧ 李珪：《云南近代经济史》，133页，昆明，云南民族出版社，1995。

⑨ 李珪：《云南近代经济史》，334页，昆明，云南民族出版社，1995。

⑩ （民国）卢金锡总纂：《昭通县志稿》（卷五·第十三　商务）。

路的需要，驱使资产阶级奔走于全球各地。它必须到处落户，到处创业，到处建立联系”。[①]云南以昆明、蒙自、思茅、腾越等为代表的口岸城市，成为外国列强掠夺云南资源的立足点，这些城市的结构和功能因而发生变化，城市规模不断扩大，辐射力随之增强，城市经济向早期现代化转型过程中，商业贸易起到了重要作用。

（二）城市周边集市密布，搭建商品交易平台

晚清时期，云南全省主要集市据不完全统计有480多个。民国时期，一般县有3—5个主要集市，商业兴盛县达7—8个或是10—20个，再加上小集市，全省当有1000—2000个集市。[②]据《新纂云南通志》记载，昆明有大板桥、小板桥、官渡、小街子、龙头街、马街子、恢湾、普吉等街，分别逢子、午、辰、戌日为街期，交易商品多为农产品、砖瓦、窑器、纱帕、斗笠、竹器等。蒙自“县城有大小街，大街赶鼠、马日，大街后三天为小街。新安所赶猴、虎街，鸡街赶鸡、龙街，倘甸赶羊、虎街，芷村赶龙、狗街。蛮耗、冷泉、草坝、碧色寨、阿山寨等街期间隔五、六、七日不等。”[③]保山县大小集市23个，腾冲县30个，龙陵9个，施甸8个，昌宁2个。大小集市“百货俱陈，四运竞凑”[④]。此外，还有传统的交易盛会，如大理三月街，“盛时百货生易颇大，四方商贾如蜀、赣、粤、浙、湘、桂、秦、黔、藏、缅等地，及本省各州县之云集者殆十万计，马骡、药材、茶、布、丝棉、毛料、木植、磁、铜、锡器诸大宗生理交易之，至少者值亦数万”[⑤]。这些集市保障供给的经济功能显著，“成为农村外销商品贩运贸易的起点，又是农村输入商品贩运贸易的终点”[⑥]。施坚雅也认为，这些市场“满足了农民家庭所有正常的贸易需求……基层市场为这个市场下属区域内生产的商品提供了交易场所，更重要的是，它是农产品和手工业品向上流动进入市场体系中较高范围的起点，也是供农民消费的输入品向下流动的终点”[⑦]。

---

① 《马克思恩格斯选集》（第一卷），254页，北京，人民出版社，1972。

② 李珪：《云南近代经济史》，137页，昆明，云南民族出版社，1995。

③ 蒙自县志编纂委员会：《蒙自县志》，616页，北京，中华书局，1995。

④ 李珪：《云南近代经济史》，137页，昆明，云南民族出版社，1995。

⑤ （民国）张培爵等修，周宗麟等纂：《大理县志稿》（卷六）。

⑥ 方行：《清代前期农村市场的发展》，载《历史研究》，1987（6）。

⑦ ［美］G·W施坚雅著，史建云、徐秀丽译：《中国农村的市场和社会结构》，58页，北京，中国社会科学出版社，1998。

晚清至民国时期的云南集市，缩小了农民之间或是农民与手工业者之间的交换范围，商人在商品交换市场上的作用不断放大。这是因为普通民众被迫将自身给养必需品的一部分或大部分投入市场销售，推动了农业经济商品化低层次扩散。先是将留给自己的生活必需品投入流通换取货币偿还债务，随后再高价从市场买回生活必需品，以维持贫困化生计。晚清至民国时期，中国“无论农作还是家庭手工业都没有什么剩余，通常只能勉强满足糊口和缴纳租税。两者均不可能提供积累和投资，它们主要是维持小农家庭基本生活的手段”①。这是因为“小农经济地位愈低下，愈需要把更多农产品投入市场，而其所获又大多用于维持家计”②。“小农考虑的只是扣除原料、工具的生产成本后的毛收入。只要毛收入超过生产成本，即使附加的活十分艰辛、收益又低，迫于生存压力的小农也会将其成员的劳动力投进去。”③维持贫困化生计为出发点的农业经济，使农业经济商品化处于低层次扩散状态。杜赞奇认为这是一种“赢利型经纪”体制，④它的存在借助扩张的市场网络，不断索取财富，市场越大可获取的财富越多，甚至借助改善交通通信条件不断拓展市场网络，为该区域商品化低层次扩散提供平台的同时，使赢利型经纪体制得以保存。

云南经济较为发达地区的集市上，还出现了生产要素市场，为农业、手工业、商业的扩大再生产提供生产要素。破产的农民和无业游民等增多，民国政府曾经组织力量对滇越铁路沿线区域土地占有情况进行调查，发现“半自耕农一年不如一年趋入穷途了”，“中农是在逐渐地破产，小农更因破产而没落”。⑤以劳动力密集型为基础的传统家庭手工业受冲击，游离出一部分劳动力转向更为艰苦的行业，充当廉价劳动力。他们为生计所迫，在生产要素市场成为廉价劳动力，供给商品生产的劳动力要素，为区域低层次的商品扩大再生产提供了可能。

总之，晚清至民国时期，云南集市密布，预示着市场体系得以拓展，表面上看为商品经济发展搭建了平台，但是在半殖民地半封建社会化背景下，集市贸易仍是低层次的商品扩散，不管是普通农业生产者，还是手工业者均难以获

---

① ［美］黄宗智：《长江三角洲小农家庭与乡村发展》，87页，北京，中华书局，1992。

② 陈庆德：《商品经济与中国近代民族经济进程》，69页，北京，人民出版社，2010。

③ 陈庆德：《商品经济与中国近代民族经济进程》，85页，北京，人民出版社，2010。

④ ［美］杜赞奇著，王福明译：《文化、权力与国家——1900—1942的华北农村》，37页，南京，江苏人民出版社，1996。

⑤ 李珪：《云南近代经济史》，259页，昆明，云南民族出版社，1995。

得扩大再生产的资本积累，商人集市贸易中的作用被放大，农民之间或是农民与手工业者之间的联系被削弱。市场虚假繁荣，未能成为云南城乡经济社会发展的真正活力，从而造成城市对农村的拉力不足，乡村对城市的推力也不足的局面。

（三）金融市场三重资本结构，资本角逐加剧

晚清至民国年间，云南城市金融机构增多，除传统的当铺、票号运营外，还有官办或官商合办银行、外国银行等，形成民间资本、政府资本和外国资本三重结构。

清朝末年，云南城市均有典当，分为典当和押号两种，其业务分为典、当、质、押四种，规模大的当铺设管事，管事之下又设内缺（勤）、外缺（勤），管理当铺业务。昆明市内有名的当铺有兴文、聚华、兴顺、悦来、长春、顺庆、天顺、永裕、瑞丰、长美、同盛、聚宝、协盛、元顺等10余家。辛亥革命前夕，兴文当成为云南最有名的当铺，其创办宗旨：以质当利息收入，支持贫苦学生求学深造，故命名“兴文当”。清末民国时期，大理、下关的当铺在10家以上，其中有名的有五福当、利济当、全美当、福盛当、庆丰当等。[①] 1932年，个旧有大小押号80余家，有兴文分当、裕和当、联盛当、聚丰当、协合当、利记当、潘筱亭当等7家当铺。[②] 抗日战争爆发前夕，蒙自县城有10余家私当和公当，但资本规模小，最小者如荣兴押号仅有2000元（滇币），一般也就5000元（滇币）规模。

近代云南票号以1865年成立的同庆丰最有名，被称为“南帮票号中的杰出者”。同庆丰票号先后在省内的大理、保山、思茅、蒙自、个旧、东川、昭通、曲靖等地设立分号，仍以同庆丰号命名。在省外北京、上海、成都、重庆、贵阳、汉口、南京、常州、广州等地设立分号，以天顺祥号命名。同庆丰票号业务兴盛，“以各省调剂云南饷及省宪缴朝廷款项为大宗，年在数百万两之巨”[③]。

清末民国时期，为了在激烈的市场竞争中谋求发展，拓展业务，云南的一些商号同时兼营汇兑业务。蒙自开埠后，广帮商人设于蒙自的裕泰、裕昌、大仁昌、棉安等商号兼营票号。其收汇的资金多用于购销个旧大锡，其次为经

① 大理市史志编纂委员会：《大理市志》，467页，北京，中华书局，1988。

② 个旧市志编纂委员会：《个旧市志》（下），822页，昆明，云南人民出版社，1998。

③ 李珪：《云南近代经济史》，187页，昆明，云南民族出版社，1995。

营棉纱、百货，再次为经营外币、金银、鸦片等。1930年，蒙自又有祥云盛、云泰、兴丰利、福安等10余家商号兼营票号。大票号在个旧、昆明、上海、香港等地开设联号或设立代理人。民国末期，蒙自票号先后停业。同一时期，个旧商号兼营汇兑业务的有宣和公司、普益公司、景泰祥、宝丰、宝源盛、鸿祥等，汇号收汇款主要用于收购锡矿，民国时期个旧汇号停业。

清末民国初期，云南城市钱庄数量亦不少，仅昆明一地以存、放、兑换的钱庄，从南门至马市口一带就有数十家，据统计，昆明的钱庄加上换钱铺子有142户。①

晚清至民国时期，云南进出口贸易一度兴盛，农业经济商品化低层扩散，市场体系拓展，当铺、票号已不能完全满足需求，金融业随之发生巨大变化，民间资本、政府资本、外国资本相互角逐的资本市场形成。

民国时期外国银行也在云南设立分支机构。1914年，法国东方汇理银行蒙自支行成立，外国资本进入云南市场，它借助不平等的政治强权获得资本自由流动，极大地满足了资本内在本质要求，释放出超强的经济竞争力，在区域市场上成为一种压迫性力量。东方汇理银行蒙自支行一成立，就搜运银元出境、发行越南纸币、承办大锡跟单押汇甚至投机倒把等。其“营业用的资金，并非由法国本国或其他殖民地输出，而是在云南就地取得，用云南人资金赚云南人的钱”②。外国列强“不但在商品竞争上压倒了中国的民族资本主义，而且在金融上、财政上扼住了中国的咽喉。”③另外，在政治上的影响也显而易见，“金融资本是一种在一切经济关系和国际关系中的巨大力量，可以说起决定作用的力量，它甚至能够支配而且在实际上已经支配了一些政治上完全独立的国家”④。显然，外国资本进入蒙自市场，成为外国列强掠夺云南资源、财富的重要手段，形成了超强的经济竞争力。

1909年，大清银行在云南开设分行，办理汇兑、存放业务，揭开了云南现代金融业的序幕。至抗日战争爆发前，富滇银行、富滇新银行、实业银行、劝业银行、殖边银行云南分行、个碧石铁路银行等先后成立。富滇银行和富滇新银行为云南省官办银行，旨在调剂本省金融、振兴实业，并发行纸币、管理

① 李珪：《云南近代经济史》，189页，昆明，云南民族出版社，1995。

② 万湘澂：《法国东方汇理银行蒙自支行情况概述》，见政协云南省蒙自县委员会：《云南省蒙自县文史资料选辑》（第一辑），38页，1996。

③《毛泽东选集》（第二卷），623页，北京，人民出版社，1960。

④《列宁选集》（第二卷），802页，北京，人民出版社，1975。

外汇。抗日战争爆发后，云南成为建设西南地区金融网络的重点省份之一，内地迁往昆明的金融机构增多，1942 年，仅昆明就有银行 28 家，其中，中央系统银行 6 家、省外银行 15 家、本省地方银行 6 家、外商银行 1 家。

1945 年 8 月，云南省金融机构达到 217 个，排名在全国后方 19 个省区中的第二。仅昆明市区的银行、金库等达 48 个，其中官办银行 13 个，商业银行 35 个。抗日战争胜利后，全国性银行设在云南的分支机构、商业银行分支机构均急剧减少，云南金融业走向衰落。

1913 年富滇银行在蒙自设立分行，但是由于资金不足，经营不善，反而受制于东方汇理银行蒙自支行，1929 年 9 月倒闭。后来，中法实业银行、个碧铁路银行、殖边银行、中央银行、农民银行、矿业银行、兴文银行等，先后在蒙自设立分支机构。“蕞尔一县，金融机构如此庞杂，而且在一定时间内控制了云南的金融市场，实属罕见。”① 政府资本在蒙自的资本市场上展开了与外国资本的角逐，但是彼时的政府资本随着政治势力变化而变化，资本内在本质的发展要求不能得到充分满足，这就决定了政府资本在蒙自资本市场上得不到长足发展。

云南城市金融市场上的三重结构，相互之间角逐，导致国内外银元、纸币纷纷流入云南城市。以蒙自为例，云南发行的银元、纸币也充斥市场，货币市场混乱。在市场流通的银元就有安南银元、鹰洋（墨西哥银元）、站洋（英国银元）、美国贸易银元、龙洋、袁大头、孙头等。纸币则有大清地钞、滇币、法纸（越南币）、中国银行兑换券、个碧铁路银行兑换券、殖边银行纸币、个旧锡务公司储蓄票（证）、法币、关金券、金圆券等。不难看出，每一种货币进入蒙自市场，都是政治强权和超经济手段较量的结果，混乱的货币市场干扰了蒙自正常的经济发展环境。

在半殖民地半封建社会化背景下，民国时期云南城市金融市场上出现三重资本结构，分属不同利益群体，在资本内部形成相互对抗的利益群体，因而注定了它不能成为促动云南城市社会经济健康发展的力量，却成为外国列强、政府官僚、商人、地主、高利贷者牟取暴利的工具。以利润高低引导其经济行为，不关注社会经济协调发展，其结果也只能导致地方经济畸形发展。

（四）商会、行业协会

晚清至民国时期，为了适应市场竞争所需，商会在云南部分城市出现。

① 蒙自县志编纂委员会：《蒙自县志》，725 页，北京，中华书局，1995。

1906年，在昆明成立云南商务总会，1911年，云南商务总会改称云南省商务总局，随后又改称云南商务总会，全省37个县的3132个商号加入商务总会。1917年，云南商务总会在昆明召开会议，有100余行帮入会，县级商会60余个。到1942年，全省已有98个县设立县级会。商会以联系工商感情、巩固商情、协调工商争议、维持市面治安为宗旨。

省级、县级商会下设诸多同业公会，1920年，建水商会下属同业公会16个。[①] 1922年，通海商会下属同业公会15个。[②] 1931年，昆明市商会下属同业公会80个。[③] 1933年，个旧商会下属同业公会16个。[④] 1940年，石屏县商会下属同业公会10个。[⑤] 1942年，开远商会下属同业公会10个。[⑥] 1945年，大理商会下属31个同业公会，有会员626人。[⑦] 1949年，昆明市商会同业公会117个。[⑧]

民国时期云南商会及同业公会，在参政议政、出版商业报刊、开展商务活动、进行市场管理、捐资办学培育人才等方面发挥了积极作用。[⑨]

① 建水县志编纂委员会:《建水县志》，174页，北京，中华书局，1994。
② 通海县史志工作委员会:《通海县志》，373页，昆明，云南人民出版社，1992。
③《云南省志》(卷十四·商业志)，47页，昆明，云南人民出版社，1993。
④ 个旧市志编纂委员会:《个旧市志》(下)，1044页，昆明，云南人民出版社，1998。
⑤ 石屏县志编纂委员会:《石屏县志》，284页，昆明，云南人民出版社，1990。
⑥ 开远市志编纂委员会:《开远市志》，534页，昆明，云南人民出版社，1996。
⑦ 大理市史志编纂委员会:《大理市志》，648页，北京，中华书局，1998。
⑧《云南省志》(卷十四·商业志)，46页，昆明，云南人民出版社，1993。
⑨ 王明东:《民国时期滇越铁路沿线乡村社会变迁研究》，170—173页，昆明，云南大学出版社，2014。

第三章　云南城市人口和社会阶层的变迁

第一节　云南交通建设与城市联通

一、云南公路建设

城市是交通的中枢，交通则是城市发展的动力。从某种程度上说，近代云南城市的发展和变迁，始终伴随着交通的规划和进步。或者说，近代云南城市的发展和近代云南交通的拓展实际上是一个同一的过程。一方面，交通的进步为人口、商品和资本的流动提供了便利；另一方面，人口、商品和资本的相对集中，为城市人口的职业和阶层的分化提供动力，并随之产生了近代工商业者、产业工人、买办和掮客等新兴阶层。不过，我们也要看到，除滇南部分地区外，近代云南交通主要以公路为主，且路况各异，通行能力有限。

历史上，进入云南的主要交通线路，滇东南、东北有三条：一为东路，由湖南溯沅江而上，经贵阳越安顺入云南，再经曲靖而达昆明；二为南路，由广东溯西江而上，经苍梧过百色而至云南文山，再由蒙自而达昆明；三为西路，由宜宾穿永宁（古蔺）毕节入云南，再由沾益寻甸而至昆明。滇西北、西南主要有：一是大理腾越道，为中国入缅孔道，由昆明经大理腾冲出缅甸，直抵缅甸八莫；二是大理丽江道，为云南入川西孔道；三为宁洱车里道，为滇西南主干道，由昆明经玉溪渡红河而达思茅，再渡澜沧江抵车里（景洪）而入缅甸。这些线路在近代之前虽为繁忙商道，但只能通行骡马，所以有些又被称为“驮道”。

进入近代之后，云南的交通线路一度存在“载量小，速率低，行程缓，运输能力薄弱”[①]的现象。自昆明到宣威一线，“大都是旧有的驿道，其阔度自三

① 中央调查统计局特种经济调查处：《云南省之交通》，9页，1942。

丈至一丈，因年久失修，道途高低不平，雨天泥泞更甚，行旅极苦。所以经过的地方，除较繁盛的几个地方外，其余大都闭塞没有一点进步，交通不便，运输困难，是最大的原因啊!”① 无论对于政府的行政管理，还是对于工商业的持续繁荣，落后的交通现状都难以满足需求，再加上云南本身特殊的地形地貌，交通线路就成为亟待解决的重大问题。不论是唐继尧还是龙云都认识到公路对于云南的重大意义，唐继尧时期设立了云南公路行政机关公路总局，后来龙云亦兼任公路总局督办。

云南近代公路的修筑，始于民国初年，但直至 1927 年，“通车路线不过三四十公里”。② 龙云主政云南后，设公路总局，统一筹划全省公路建设计划为所谓“四干道八分区”，以滇东、滇东北、滇西和蒙（自）剥（隘）四大干道“为经，县道为纬，使县与县之间贯通联络，成一公路网”。1930 年，公路总局归并建设厅，另设经费委员会，专司公路建设经费之管理。这一宏大的公路修筑计划虽然“极周详，惟以政府公路经费既属有限，地方负担又属奇重，同时修筑，兼顾为难，旷日持久，不免财力虚耗，无所成就”。到 1935 年初，为谋公路事权统一，又恢复设置公路总局，总揽公路建设事宜，由龙云兼任督办。于是重新修订计划，“分全省公路为省道、县道、村道三种，以赶修省道，择修县道为主旨”，因而云南省公路建设遂有大进。③

按照时任公路总局会办杨文清所言，自 1928 年至 1936 年，云南公路建设可分为三期。第一期为 1928 年至 1932 年，“此一时期，完成通车线路，虽不甚多，而测堪路线，及修成的土路，则进步较速。计南路通车至玉溪，东路通车至曲靖，西路通车至禄丰，共约 300 余公里”。第二期为 1933 年至 1935 年，这三年期间，“曾先后向银行银号息借新币百数十万元，加紧进行，成绩显著。记西路通至楚雄，东路通至宣威、平彝、罗平，东北路通至功山”，此外，昆禄、昆寻公路也均完工。第三期为 1935 年春以后，是时公路总局重新设立，而龙云又兼任督办，故“一切工程进行，颇为顺利。西路进展至大理，东路进展至盘县”，此外其他诸如师宗至罗平、寻甸至会泽、宣威至昭通、安宁至元谋、玉溪至建水、大理至丽江、腾冲至思茅等路也积极赶修。④ 到 1939

① 詹念祖:《云南省一瞥》，29 页，上海，商务印书馆，1931。

② 杨文清:《云南公路概况》，载《云南公路特刊》，1936（1）。

③ 云南省志编纂委员会办公室:《续云南通志长编（中册）》（卷五十四 · 交通一），972—973 页，云南省科学技术情报研究所印刷厂，1986。

④ 杨文清:《云南公路概况》，载《云南公路特刊》，1936（1）。

年，全省“已通车路段，及各名胜路”，计有二十三线：“有路面者，昆畹（昆明至畹町）段，长九五九公里三六〇公尺。昆平（昆明至平彝）段，长二四三公里七〇〇公尺。昆玉（昆明至玉溪）段，长一〇二公里三〇〇公尺。沾宣（沾益至宣威）段，长八三公里二九三公尺。有路面尚未完成者，计有呈罗（呈贡至罗平）段，长二五五公里五一〇公尺。杨会（杨林至会泽）段，长二〇三公里三五二公尺。曲陆（曲靖至陆良）段，长六七公里七〇〇公尺。尚无路面者，计有宣宁（宣威至威宁即宣昭段之一段）段，长一七七公里六八二公尺。安元（安宁至武定）段，长八五公里二〇〇公尺。开个（开远至个旧）段，长四五公里八六〇公尺。”此外还有黑海（黑林铺至海源寺）、岔巫（岔街至巫家坝）、交昙（交三桥至昙华寺）等十余条长度三五公里不等的“名胜路”。全省公路“通车里程共二千三百零二公里九百一十七公尺”。[①] 全面抗战爆发之前的云南公路建设，取得了相当的成绩，全省公路网络的基本骨架搭建起来了。

全面抗战爆发之后，云南作为大后方，交通建设更显急迫。由于战时物资调运困难、经费筹措亦不到位，再加上因战争需要而优先修筑滇缅铁路及史迪威公路，致使云南省其他公路建设计划受阻。滇缅公路筑成后与京滇公路连通，更是成为贯通滇东北到滇西南的经济大动脉。到 1942 年，云南具备常年通车条件的公路总计 3400 余公里。[②]

表 3–1　云南通车公路一览表（截至 1942 年）

线路名称	起止地点	长度（公里）	经过地点
滇缅公路	昆明至畹町	959	禄丰、楚雄、下关、保山
滇黔公路	昆明至平彝（富源）	256	为京滇公路云南段，经马龙、曲靖、沾益
川滇东路	昆明至杉木箐	335	马龙、曲靖、沾益、宣威
滇越公路	昆明至弥勒竹园	203	呈贡、宜良、路南、弥勒
昆玉公路	昆明至玉溪	100	呈贡、晋宁、昆阳
昆会公路	昆明至会泽	253	杨林、嵩明、功山
昆明兴仁路	昆明至贵州兴仁	264	宜良、师宗、罗平
曲陆公路	曲靖至陆良	68	—

① 杨文清：《本省公路情形》，载《云南公路特刊》，1939（3）。

② 中央调查统计局特种经济调查处：《云南省之交通》，29—30 页，1942。

续表

线路名称	起止地点	长度（公里）	经过地点
威昭公路	贵州威宁至昭通	125	—
安武公路	武定至安丰营	95	—
西祥公路	祥云下庄街至金沙江	289	为川滇西路云南段，经太姚、永仁
下丽公路	下关至丽江	202	大理、邓川、洱源、剑川
保云公路	宝山至云县	210	昌宁、顺宁
保腾公路	保山至腾冲	—	—
畹垒公路	畹町至垒允	59	瑞丽

抗战胜利后，云南省制定了庞大的公路修筑计划。据云南省公路总局统计，该筑路计划包括已通车路段和计划修筑路段，总计达 12810 余公里。其中“干线”近 6600 公里，“支线”6000 余公里，“省名胜公路”近 160 公里。这一公路网几乎将云南省所有县级以上城镇悉数纳入。截至 1947 年 6 月，云南省公路通车总里程达到 3533.48 公里，还不包括保（山）云（县）公路、会（泽）昭（通）公路等在内的近 1200 公里所谓“通车复阻路段”。

抗战胜利后云南省规划的干线公路和支线公路详见表 3–2。

干线公路（单位：公里，打▲者为“通车复阻路段”），主要是省际公路和国际通道。①

表 3–2　抗战胜利后云南省规划的干线公路

名称	起止地点	里程	通车已铺路面里程	通车未铺面里程	已动工未通车里程	“以后应修里程”
滇黔南线	昆明—罗平	304.51	—	—	—	—
滇越东线	开远—清水河	352.51	194.51	—	—	158
滇越南线	路南—河口	395.95	207.95	—	188	—
滇暹东线	车里—猛籍	60	—	—	—	60
滇暹南线	呈贡—打洛	939.80	90.60	16.20	—	833
滇暹西线	弥渡—宁洱	702	—	—	52 ▲	650
滇缅南线	昆明—畹町	959.40	—	—	—	—

① 《云南省公路现况表》，载《云南公路特刊》，1948（4）。

续表

名称	起止地点	里程	通车已铺路面里程	通车未铺面里程	已动工未通车里程	“以后应修里程”
滇缅西线	腾冲—八莫	227	—	—	—	227
滇缅北线	保山—?	256	—	—	256	—
滇康西线	下关—德钦	761	13	—	188	560（丽德）
滇康北线	镇南—永仁	318	243	—	75 ▲	—
滇康东线	昆明—龙街	244.9	—	37.9	111.11 ▲	95.89
滇川北线	杨林—筠连	670.35	67.70	135.65	207 ▲	260
滇黔北线	沾益—宣威	153.72	153.72	—	—	—
滇黔东线	昆明—平彝	253.10	253.10	—	—	—
总计		6598.24	2487.49	189.75	1077.11	2843.89

支线（单位：公里，打▲者为“通车复阻路段”），主要是省内县道[①]。

表 3–3　抗战胜利后云南省规划的支线公路

线路	起止地点	线路长度	通车已铺路面	通车未铺路面	已修未通车路段	“以后应修路段”
师弥段	师宗—弥勒	72	—	72	—	—
师砚段	师宗—砚山	200	—	—	—	200
砚广段	砚山—广南	186.9	—	—	186.9	—
砚剥段	砚山—剥隘	376	—	—	—	376
砚西段	砚山—西畴	60	—	—	—	60
平文段	平远街—文山	78.4	—	—	78.4	—
文马段	文山—马关	80	—	—	—	80
蒙芷段	蒙自—芷村	20.62	—	—	20.62	—
呈通段	呈贡—通海	144	24	—	120	—
晋江段	晋宁—江川	43.2	—	—	43.2	—
华杨段	华宁—杨广街	23	—	—	23	—
玉建段	玉溪—建水	127.5	—	39.2	88.3	—

① 《云南省公路现况表》，载《云南公路特刊》，1948（4）。

续表

线路	起止地点	线路长度	通车已铺路面	通车未铺路面	已修未通车路段	"以后应修路段"
鸡建段	鸡街—建水	58.24	—	—	58.24	—
鸡个段	鸡街—个旧	21.18	21.18	—	—	—
建元段	建水—元江	165	—	—	—	165
安易段	禄裱—易门	43	—	43	—	—
双玉段	双柏—玉溪	160	—	—	—	160
楚景段	楚雄—景东	143	—	—	—	143
关蒙段	下关—蒙化南涧	100	—	—	100	—
南吴段	南涧—（云县）吴家寨	244	—	—	198 ▲	46
保云段	保山—云县	219	—	—	219 ▲	—
云佛段	云县—佛海	628	—	—	—	628
保镇段	保山—镇康	273	—	—	—	273
潞猛段	潞西—猛坂	20	—	—	—	20
腾龙段	腾冲—龙陵	90	—	90	—	—
盈章段	盈江—（陇川）章凤街	181	—	—	—	181
陇川铁段	陇川—铁壁街	30	—	—	30	—
叠畹段	叠？—畹町	80	—	80	—	—
功剑段	（云龙）功果桥—剑川	242	—	—	—	242
祥华段	祥云—华坪	393	—	50.1	11.8 ▲	331.1
宾丽段	宾川—丽江	212	—	—	32 ▲	180
姚盐段	大姚—盐丰	58	—	—	58	—
广八段	广通—八屯	13	—	—	13 ▲	—
一牟楚段	一平浪—牟定—楚雄	153.17	21.17	—	55.94	76.06
元永段	元谋—永仁	48	—	—	—	48
安武段	安丰营—武定	76.4	76.4	—	—	—
武禄段	武定—禄劝	8	—	8	—	—

续表

线路	起止地点	线路长度	通车已铺路面	通车未铺路面	已修未通车路段	“以后应修路段”
长灵段	长坡—灵源牧场	7	7	—	—	—
嵩富段	嵩明—富民	86	—	—	—	86
昆嵩段	昆明—嵩明	62	—	—	62	—
会巧段	会泽—巧家	130	—	—	—	130
昭永段	昭通—永善	104	—	—	—	104
永绥段	永善—绥江	300	—	—	—	300
镇毕段	镇雄—贵州毕节	65	—	—	—	65
威昭段	威宁—昭通	122	122	—	—	—
曲陆段	曲靖—陆良	67.2	67.2	—	—	—
嵩宜段	嵩明—宜良	45.28	—	—	45.28	—
石林段		2	2	—	—	—
合计		6061.29	341.15	382.3	1443.68	3894.16

表 3–4　各年度通车里程表①

年度	通车里程	阻塞里程	通车里程累计
1927	47.87	—	47.87
1928	18.65	—	66.52
1929	—	—	66.52
1930	2	—	68.52
1931	54	—	122.52
1932	242.28	—	364.8
1933	80.6	—	445.4
1934	76.70	—	522.1
1935	388.1	—	910.2
1936	83.12	—	993.32
1937	185.89	—	1179.21
1938	1038.78	—	2217.99

① 《本省历年通车及完成之公路里程统计表》，载《云南公路特刊》，1948（4）。

续表

年度	通车里程	阻塞里程	通车里程累计
1939	65.10	31	2314.09
1940	411.78	—	2725.87
1941	470.87	294	3490.74
1942	174.2	—	3364.94
1943	127.9	—	3792.84
1944	64.4	111.11	3968.35
1945	—	506	4474.35
1946	—	43.4	4517.75
1947	1.14	207	4725.89
合计	—	—	4725.89

云南近代的公路建设，是近代云南交通建设中取得最大成绩的领域。由于战争、资金和技术限制，这一庞大的公路建设计划并没有得以完全实施。但值得注意的是，因国防和战事需要，原本艰苦卓绝的全面抗战时期，反而是云南公路建设的黄金年代。这一时期云南新建公路的通车里程达 2300 余公里，几乎是全面抗战爆发前通车里程的两倍。而抗战胜利后，云南省的公路建设反而处于停滞状态，从 1945 年到 1948 年，几乎没有什么建树。甚至连抗战期间为防止日军利用而破坏的公路（如宝云公路）也长时间没有恢复通车，并且在通车路线中，路况也不好。比如 1939 年 9 月，顾颉刚离开昆明到成都齐鲁大学（抗战时西迁成都）任教，乘车绕道贵阳先至重庆，1180 余公路的路程，整整走了六天。顾颉刚在日记中写道："汽车颠簸太甚，所带液体油汁俱倾出，热水瓶亦打破一个……开出箱来，衣上满是黄土。西道真不易行也。"① 顾氏当时所走的，乃是国内的主干道京滇公路滇黔段，其路况尚且如此，其他可想而知。有旅行者也描述道："云南的长途汽车，在管理及营业上，似乎都有点欠佳。公路局只管收养路费，谁交养路费，谁就可以开汽车营业。一条不到三百公里的公路上，竟有十几家公司的汽车来往，车价不一律，开车又没有确定的时间。至于养路，谁都不负这个责任，天下雨了，大家都等候天晴路干才开车，桥断了，大家等候公路局来修复。所以云南的长途汽车，人都称它为打摆子（滇语痢疾

① 顾颉刚：《顾颉刚日记·卷四》（1939 年 9 月 7 号），280 页，北京，中华书局，2011。

病）的汽车。”①

二、云南铁路修建联通城市

近代云南的铁路建设，始于晚清由法国人主导修建的滇越铁路。1910年滇越铁路通车后，法侵略者曾经多次派人到个旧一带秘密调查，试图修建支线以达控制个旧锡矿之目的。个旧矿主有鉴于此，由朱瑜卿、李文山二人牵头召开厂商大会，筹备筑路计划。当然，修建个碧石铁路，除了防止法国人侵略之外，还有当地的现实因素。因为个旧本地土地贫瘠，所产远远不能满足数万矿工日常生活需求，其生活物品，几乎全靠外面供给，而运输所用工具，只有迟缓的牛马。“一条铁道的需要，已经人人觉到了。再加上外来的刺激，更促成他们修路的决心。”②于是由滇蜀铁路公司和厂商各出100万两，成立个碧铁路股份有限公司。1917年，滇蜀铁路公司呈请云南省政府，称修个碧铁路无利可图，请求归还该公司股本。省政府同意，自此该铁路由官商合办转为商办。个碧铁路原计划用米轨，以便和滇越铁路接轨。但主持修路的法国工程师认为，以该铁路的预计运量，铺设六公寸轨道即可，且可节省修筑成本40%，经多次协商，遂决定用寸轨。1921年，个旧到碧色寨段通车，长近73公里，至1936年，个碧石铁路全线通车。个碧石铁路除为个旧锡矿开采带来极大便利之外，也便利附近物产运销，“不但滇省的木材和铁矿可以借此开发，思茅、普洱的茶叶、山货和药材也可不经滇越的此段而直接由碧色寨运输出口。此外黑井等处的食盐，可以运销到开化广南等边远的地方，以抵制外来的私盐”③。

除此之外，民国时期云南大规模的铁路修筑计划，主要有滇缅铁路和叙昆铁路。滇缅路计划自昆明引出，经楚雄、姚安、弥渡，越澜沧江而达云县，再经孟定到达苏达，线路规划全长880公里。线路自1938年分段动工，该线路起初被当作是滇缅公路之后的又一条国际大通道。但1942年日本占领缅甸后，又入侵滇西地区。于是线路建设虽然土石方、桥梁等建设已经过半，但仍然不得已停工。至1942年，仅昆明到安宁间36公里具备通车条件。

全面抗战爆发后，西南已成为抗战后方大本营，“为求争取最后胜利，首

① 薛绍铭：《黔滇川旅行记》，95页，上海，中华书局，1937。

② 任扶善：《个碧石铁路的概况调查》，载《西南导报》，1939（4）。

③ 任扶善：《个碧石铁路的概况调查》，载《西南导报》，1939（4）。

先应求军事与交通之配合，故有兴建川滇铁路之议”①。叙昆线路则计划建设成为云南与内地之间的一条主干道。其线路规划，自昆明引出，经曲靖、沾益、宣威，再经贵州而达四川宜宾。线路计划全长860公里。线路自1938年10月动工，但因战事吃紧，加之工程材料运输困难，到1943年相继停工。云南境内仅昆明至沾益间170余公里具备通车条件。

虽然民国时期云南的交通建设取得了较大成绩，也为繁荣经济、贸易做出了相当大的贡献，但交通网络建设的进步与运输方式的改进并不一定是同步的。或者说，交通建设是一回事，但运输方式又是一回事。事实上，在整个民国时期，由于运输成本、运输工具数量及路况等原因，即便在省内公路主干道上，传统的人力、畜力运输方式仍然占重要地位，在整个运输体系中的占比可能并不低。比如，曾在云南调查近一年的郭垣说：“云南现在虽然也有铁路，而公路的里程也并不少，但和云南整个面积相比较，那还是太少了”。大部分运输“还是靠县道驿路，而滑竿驮马还是主要的交通工具。其次公路的运输在价轻量大的货物，有时并不较用人力畜力运输便宜，反而还要贵些，所以在云南不通公路的地方，固然靠人力和畜力运输，就是通公路的地方，也可看到驮马成队地运输着。”并且，有的两地虽然已经通公路，但传统的运输路线仍然还是重要的运输通道。比如1939年，昆明到四川的公路已经开通——不过要绕道贵阳，但传统的叙昆路（从昆明到宜宾的所谓“西路”）的“机能还是存在，而唯一的交通工具，也还是人伕驮马，四川西南部的出入口货大多借这条路，用人力畜力来运输。……据我们的观察，在叙昆铁路没有完成前，这条由昆明经寻甸、会泽、鲁甸、昭通、盐津而达宜宾的大道，究不失为川滇间一个交通要道和一条主要的国际贸易线路”②。1940年川滇路通车后，据当时官方的统计，川滇路虽“已通车，但以新路未臻坚实，正在逐步改善，故普通车辆尚难畅旺通行，继以汽车燃料进口涩滞，车辆行驶之数不能逐月增多”③。这也从当时的通车数量可以看出来。据川滇公路管理处的统计，1940年2月至6月来往途经（并非起止）昆明至威宁段车辆及旅客人数如下。④

---

① 云南省志编纂委员会办公室：《续云南通志长编（中册）》（卷五十四），1023页，云南省科学技术情报研究所印刷厂，1986。

② 郭垣：《云南省经济问题》，262页，南京，正中书局，1939。

③ 交通部川滇公路管理处：《交通部川滇公路管理处成立周年纪念刊》，17页，1940。

④ 交通部川滇公路管理处：《交通部川滇公路管理处成立周年纪念刊》，22—26页，1940。

表 3–5　昆明至威宁段车辆及旅客人数统计

时间	通行车辆总数（辆）	货车（辆）	客车（辆）	客车通行人数（人）	货车运载重量（吨）
1940 年 2 月	432	398	34	425	1063.5
1940 年 3 月	989	935	54	879	2263.5
1940 年 4 月	1098	1056	42	586	2609
1940 年 5 月	949	918	31	639	2318
1940 年 6 月	1407	1366	41	649	3391.5

从表 3–5 可以看出，作为交通主干道的川滇公路，平均每天通行车辆不过二三十辆，平均每天运送旅客也就二十来人。而早在 20 世纪 20 年代末期的“人挑马驮”时代，每年进出宣威的大宗货物计有：“每年运进，洋纱约九千股（每股约七斤半），盐约六十余万斤，广布四百余匹，红糖三万余斤。由川省运入分销省内各县者，有烟叶，平均千余驮（每驮一百二十斤），药材百余驮，猪二万余，牛千余，酒药千余斤。运出货物，有火肘五十余万斤，罐头火腿十余万盒，猪毛万余斤，碗花六千余斤。”[①] 同样在 20 世纪 20 年代末，据铁道部财务司调查科“根据商人刘惠泉所言并经未部调查队考证属实（按：原文如此，‘未’疑在‘经’前）”，叙昆驿路“每日约过人数”为 120 人，“每日约过马数”为 60 匹。[②] 可见，川滇公路虽然运量有限，且相对筑路的庞大支出来说，经济效益亦不显著，但比起传统的运输方式来说，还是有显著进步。再如抗战时期的腾冲，因公路运输的地位亦日显重要，其商业地位已有所下降：“昔时腾八与腾莫二驮道之商运，占腾冲海关贸易总额百分之九十五，今因公路及其他驮路关系，已降至百分之三十八。”而“龙陵畹町一线之贸易，则突增至百分之五十以上，已超过正关之贸易数量”，以至于“近来在腾之较大商号，多有移往龙陵者”[③]。

分析民国时期云南的交通建设，可以看出：第一，整个交通网络系以昆明为中心，以全省各地区中心城市为节点而向全省辐射，全省所有重要的城市均在这一交通网内；第二，民国时期云南的公路建设似乎有意地避开滇南，这主要是因为滇南一带有铁路，人员和货物流通比公路更为便捷和迅速；第三，这一时期云南的公路建设确实取得了巨大的进步且主要完成于抗战胜利之前，由

① 铁道部财务司调查科：《湘滇线云贵段附近各县经济调查》，29 页，1930。

② 铁道部财务司调查科：《粤滇湘滇两线昆明县市经济调查报告书》，35 页，1930。

③ 张印堂：《滇西经济地理》，130 页，国立云南大学西南文化研究室，1943。

于时局、资金物资匮乏和工程技术等方面的原因，铁路建设则差强人意。交通的发展为运输带来了便利，为城市的商业繁荣提供了保证，同时也为城市人口的增加带来动力。

第二节　近代云南城市人口的变化

一、昆明人口变化

人口的增加是城市发展的第一推动力。然而，对近代云南城市人口的变化情形，却少有详细的记载。除昆明有各个时期相对精确的人口调查数据外，其他城市的人口变化并没有详细的统计。在民国时期编纂的各县县志中，绝大多数只是笼统地说到全县总人口数量，而没有区分县城所在地和广大乡村的人口分布。这为我们了解这一时期城市人口的变化增加了额外的难度。有的县志虽有人口分布的记载，然各县行政区划不明（如开远县将全县分为“九区”，其中“第一区”人口多少之类），笔者根据相关记载，对这一时期的城市人口变化做出尽可能合理的推测。

关于近代昆明的人口变化情形，虽然不同时期有相关的调查数据，但也有一些问题。第一，调查手段和标准问题。如昆明县的人口调查，依靠乡镇保长群体的力量组织进行，而昆明市人口调查，则多用学校教员和学生。时人就说：“关于昆明县市户口调查，历年调查机关各异，调查方法各异，调查所得之数目亦各异。”第二，县市人口划分问题。这主要是因为1922年昆明市县分治及县市行政区划调整而给人口调查带来的混乱。“县市界限未显……县境户口数目，系与市境户口数目混合计算”，尤其是担心人口统计和税收挂钩，所以“县境人民，智识浅薄，囿于积习，妄报隐匿，在所难免”。[①] 第三，民国时期昆明的户口统计，未能全面统计流动人口。比如《昆明市志》所统计的就是“普通住户”“船民住户”和“寺庙僧道”，但没有提及流动人口。而流动人口的数量与变化，却是反映经济和商业活动的一个重要参考。况且，这些户口调查是否将进入城市的失地农民和无业游民统计在内，也是一个问题。当

① 铁道部财务司调查科：《粤滇湘滇两线昆明县市经济调查报告书》，72页，1930。

时对外侨人口的统计标准是“居留较久而有一定住所可稽查者”。[①]且按照国民政府颁布的《中华民国户籍法》，户口调查登记的主要是所谓“本籍”和“寄籍”。“本籍”是指“在一县或一市区域内有住所三年以上，而在他县市内无本籍者，以该县或市为本籍。……一人不得同时有两本籍”；“寄籍”是指“已有本籍，而在他县市内有住所或居所，满六个月者，以该县或市为寄籍。一人不得同时有两寄籍”。[②]而昆明市的人口调查，很多数据并没有明说是否包括流动人口，但种种迹象表明，当时昆明市人口调查，针对的只是本籍和寄籍。其一，《昆明市志》的调查明确说是“市内住户”。其二，当时也有人说道：“昆明市人口据民国二十五年春季的调查，本籍男女共十三万一千七百九十七人，寄籍男女共一万零七百二十二人，外侨三百二十三人。”[③]从这个数字来看，昆明市所统计的昆明市人口，主要是本籍和寄籍，而大部分无业游民和行商等流动人口并没有被统计在内。

近代昆明市人口，清光绪二十七年（1901 年）《昆明县志》并没有明确统计。而据 1924 年《昆明市志》，1918—1922 年昆明市（不包括昆明县）人口的变化情形如下表：[④]

表 3–6　1918—1922 年昆明市人口变化统计表（单位：人）

年份	男	女	合计
1918	60230	52901	113131
1919	61421	53571	114882
1920	62684	54613	117297
1921	63376	53964	117340

从表 3–6 可以看出，20 世纪 10 年代末至 20 世纪 20 年代初，昆明市人口呈现缓慢的增长状态。这种增长主要来自“滇越铁路通后，商务渐臻繁盛，外省及外县之商人多接踵而至，故人口总数逐年皆有增加”。也即是说，这一时期昆明人口增加的主因是外来人口的拥入。因此，本地人口“虽近年不时发生时疫，死

① 云南昆明市政公所总务课：《昆明市志》，43 页，1924。

② 文公直：《中华民国现行六法全书》，523 页，教育书店，1935。

③ 甘汝棠：《昆明向导》，3 页，昆明，云岭书店，1940。

④ 云南昆明市政公所总务课：《昆明市志》，43 页，1924。

亡较多”，但总人口不降反升。[①]这也可以从同一时期外侨人口的变化得到证明。

表 3–7　1918—1922 年昆明外侨人口统计表[②]

年份	男	女	合计
1918	103	56	159
1919	122	58	180
1920	142	72	214
1921	173	94	267
1922	168	124	292

而据 1923 年云南省教育会所编《旅滇指南》所载“最近调查”之《云南昆明市调查户口总数表》，昆明市人口情形如表 3–8 所示。[③]

表 3–8　1922 年昆明市人口统计表

户别	户数	男	女	合计
普通户口	24955	62530	53212	115742
船户户口	460	841	732	1573
寺庙僧道	106	202	186	388
公共处所		14961	2816	17777
总计			135480	

表 3–8 所列数据估计为 1922 年左右数字，其中通常户口为普通户口、船户户口和寺庙僧道户口，总计为 117703 人，与《昆明市志》所载 1921—1922 年人口差别不大。但本表中的“公共处所”人口，从其男女数量的巨大差异来看，应该主要是驻扎在昆明市内的军队和非本籍学生人数。

1923 年以后，昆明市人口亦处于稳健增长的过程中。据昆明市政公所统计，1923 年至 1928 年昆明市人口变化情形如表 3–9 所示。[④]

① 云南昆明市政公所总务课：《昆明市志》，41 页，1924。

② 云南昆明市政公所总务课：《昆明市志》，43—44 页，1924。

③ 云南省教育会：《旅滇指南・地理》，5 页，昆明，云南崇文印书馆，1923。

④ 铁道部财务司调查科：《粤滇湘滇两线昆明县市经济调查报告书》，74 页，1930。

表 3-9　1923—1928 年昆明人口变化统计表

年份	户数	男	女	合计
1923	24698	60884	53413	114297
1924	25415	63371	53944	117315
1925	26901	63530	54718	118248
1926	28214	66192	58295	124487
1927	29113	68298	58823	127121
1928	30707	75249	69839	145088

该调查数据，以下三类人未计入：第一，中等以上各学校学生；第二，因驻地军队可能随时开拔而未计入；第三，外国人因调查不详备而不计入。此外，因船户只将市区范围内之西门船一处计入，其他地方因不属于昆明市户籍而未计入。

《昆明市志》所载昆明市人口呈逐年增加之势，昆明市政公所调查亦然。但是两者在交接年份出现较大的差异，即 1922 年至 1923 年，两相比较，1923 年比 1922 年减少达 4564 人。这一反常的变化，不大可能是昆明市人口真的减少，更有可能是因为调查手段和调查标准的差异而带来的。

昆明市 1932 年度至 1934 年度户口总数如下表（本表人口包括驻地军队、学生和行商）①。

表 3-10　1932—1934 年度昆明市户口总数表

年度	户数	男	女	总人口
1932	38055	103853	96822	200675
1933	38506	110575	94624	205199
1934	39106	111170	97229	208399

不过，国民政府内政部据云南省政府呈送的数据，1932 年昆明市人口数量为男 76663 人、女 67037 人，合计 143700 人。② 另胡焕庸据“云南省民政厅调查”，所得昆明市人口亦为 143700 人。③ 又根据申报年鉴社“直接调查各城

① 何必明：《两年来之昆明市政·社会》，2 页，昆明市政府，1935。

② 内政部年鉴编纂委员会：《内政年鉴》，(C) 451 页，上海，商务印书馆，1936。

③ 胡焕庸：《中国人口之分布（附全国各县人口统计及分布密度图）》，31 页，钟山书局，1935。

市当局并参照报载而成”之统计，1932 年昆明市人口为男 76653 人、女 68737 人，合计 145390 人。[①] 另据昆明市公安局 1934 年统计，该年度昆明市人口总数为 147225 人。[②] 与上表 1932 年差距均超过 5 万人。昆明市政府调查所多出的这 5 万多人，可能就是昆明当地驻军、学生和行商及其他流动人口。而根据 1923 年云南教育会所做调查，很可能是军队和非本籍学生的“公共处所”人口为 15000 左右，我们可以推测，昆明市当时行商人数保守估计应该在万人以上。

关于 20 世纪 30 年代中期昆明人口的变化情形，昆明市政府有 1934 年 11 月昆明人口变动统计表，我们可从中推测是时昆明人口的增加情况。[③]

表 3–11　1934 年 11 月昆明人口变动统计表

事别 区别		第一区	第二区	第三区	第四区	第五区	第六区	合计
迁入人数	男	7	96	51		31	27	212
	女	9	111	58		16	20	214
徙去人数	男		31	12		1	19	63
	女		31	13		2	21	67
出生人数	男		2	6	1		20	29
	女		2		2		11	15
死亡人数	男	3	4	5		1	16	29
	女	1	9	6		2	13	31

从表 3–11 可以看出，1934 年 11 月，昆明市人口增加 280 人，按照这个速度，20 世纪 30 年代初中期昆明市年平均增加人口可能有 2000 人。但是人口的自然增长甚至为负数，而人口迁入是昆明市人口增加的最主要因素。不过，按照当时户口登记规则，人口迁入或迁出、出生或死亡系以户主申报为主，多数无业游民和非长期行商可能并没有被纳入人口统计数据之内，因而实际增加人数可能不止此数。

全面抗战时期，由于多所大学及大量内地民众为避战而迁入，昆明人口一度呈现膨胀的态势。当时报纸就报道：“抗战以来，云南人口激增。仅就昆明市

① 申报年鉴社:《民国廿五年申报年鉴》，B96 页，申报馆，1936。

② 编辑者不详:《云南省会公安局第三周年工作纪要》，76 页，昆明，云南崇文印书局，1934。

③ 何必明:《两年来之昆明市政·社会》，11 页，昆明市政府，1935。

而言，据市府警察局调查结果，较去年之同期，几增一倍。”[①]人口激增对政府管理、市政设施、公共财政以及粮食供应等，都带来了巨大压力。再加上为避免日机轰炸而导致的大量人口伤亡，云南省政府曾考虑向昆明周边疏散人口。1939年7月，“省政府当局已令市中妇孺及非必要之人，悉数退出昆明。如不遵办，将强迫实行。该令规定留市者必须向省府领取居住许可证。据最近数字，昆明人口已由战前十五万人增至目前二十余万人”[②]。同年10月6日，《申报》报道：“云南省政府将于本周开始调查户口，俾疏散昆明之大部分人口，仅发给特别许可证者，始准留市。今将备就公共汽车若干辆，以供疏散时运用。”[③]不过，从表3–12可以看出，当时省政府的疏散人口措施对于人口的控制并没有起到什么作用。

表3–12　1936—1948年昆明市人口统计表

年份	户数	男	女	总人口
1936[④]				142545
1939[⑤]	36451	112667	84331	196998
1942[⑥]		95541	78483	174024
1943[⑦]	45840	139119	129436	268555
1945[⑧]	45840	127919	127543	255462
1946[⑨]	53523	164911	128709	293620
1947[⑩]	55152	166221	129321	295542
1948[⑪]	55670	159795	141991	301786

① 《昆明市人口骤增》，载《申报》，1938年12月7日第8版。

② 《昆明疏散人口》，载《申报》，1939年7月27日第3版。

③ 《昆明人口预备疏散》，载《申报》，1939年10月6日第3版。

④ 甘汝棠：《昆明向导》，3页，云岭书店，1940。

⑤ 内政部统计处：《全国各省市户口调查表》，62页，1941。

⑥ 云南环湖市县户籍示范实施委员会：《云南省户籍示范工作报告》，184页，国立清华大学国情普查研究所，1944。

⑦ 内政部统计处：《各省市户口统计》，39页，1944。

⑧ 《全国户口统计总表》，53页。编辑出版者不详，出版时间不详，约在1946年。按：数据时间为1945年12月。

⑨ 《昆明全市人口二十九万余》，载《益世报》，1947年1月29日第1版。

⑩ 内政部人口局：《全国户口统计》，63页，1947。

⑪ 内政部人口局：《全国户口统计》，57页，1948。

表 3–12 中 1942 年数据，系国立清华大学国情普查研究所调查所得，按理应该比较可信，但与 1943 年差异过大。不过，按照该研究所的统计，1942 年昆明市本籍人口总数为 74174 人，其中“现住人口”仅为 70236 人，“他住人口”为 3938 人。而“寄居人口”则有 103788 人之多。[①] 该本籍人口数与其他统计数据有巨大差距。该研究所统计数据与其他数据差异如此之大，原因很可能就在于对本籍人口的统计方法和统计标准有异。

另，中国旅行社据“官方调查所得”：“二十五、六两年的统计，均为十四万二千余人，至二十七、八两年，突形增加，计二十七年为二十万五千余人，二十八年为十九万六千余人，三十一年普查结果，计有四万三千一百户，人民十八万二千零一丁。然昆明是交通繁冲之地，人口流动过甚，乃于三十二年三月二十二日复查，即户口为五万二千七百一十四户，男子为十万零三千六百丁，女子为九万八千二百三十口……总计为二十万零二千一百二十五丁口……内本籍二万一千六百二十三户，九万一千七百四十三丁口，寄籍二万二千五百零四户，九万一千六百五十六丁口，暂居八千五百八十三户，一万八千七百二十六丁口。”[②]

从表 3–12 可以看出，全面抗战期间，昆明市人口一直处于高位。抗战胜利后，按理说随着学校和普通民众的复员，昆明人口应该大幅减少，但事实上却是大幅增加。按照当时报纸的说法，这主要是因为抗战胜利后，留昆人员纷纷复员，人口一度衰减。“唯因收复区各地秩序迄未完全恢复，社会不安，物价昂贵，谋生不易，近又重返昆明者甚众。中以眷属、小孩和商人居多。去而复返者人人都说昆明好，气候温和，生活舒适，久居已成习惯。且物价较京、沪、粤、汉为低。据警局调查，全市人口共三十万零五千八百一十七人，较八月份增加一千六百七十六户，七千九百九十七人”[③]。

综上，民国时期昆明市人口情形，大致可得如下结论：20 世纪 10 年代末期至 20 世纪 20 年代初，人口大约在 11 万余人；到 20 世纪 20 年代中期，增加到 12 万余人；抗战爆发前夕，昆明城市人口已至 20 万人左右。全面抗战爆发后，因内地居民涌入，昆明市人口呈现膨胀势头，20 世纪 30 年代末增加到

① 云南环湖市县户籍示范实施委员会：《云南省户籍示范工作报告》，184 页，国立清华大学国情普查研究所，1944。

② 黄丽生、葛墨庵：《昆明导游》，15 页，中国旅行社，1944。

③ 《昆明生活好，人员复增多》，载《大公报》，1946 年 10 月 24 日第 4 版。

20 万人左右；到 1944 年前后，昆明市人口增加到 25 万人左右；抗战胜利后，因昆明市社会秩序相对良好，人口又增加到 30 万人左右。不过，需要说明的是，这些数字不包括无业游民及短期行商等流动人口，因而昆明市民国年间各时期实际人口，可能远不止此数。再者，上述人口数量也没有考虑到近代昆明市和昆明县行政区划调整所带来的影响。

二、其他县域人口变化

民国时期云南省其他城市的人口变化情形，没有像昆明市一样有较清晰的统计数字。下列数表所列近代云南区域中心县域人口，主要系根据云南省政府上报国民政府材料和民国时期各地所编方志而来，如非特别指出，均指各县县域人口，而非县城人口。

县域的选取标准为区域中心县域，主要考虑其在民国时期的政治、交通和经济地位，及对以后的影响。选滇东北区域昭通、宣威和曲靖；滇东南区域文山、蒙自；滇中区域昆明县、玉溪、楚雄、石屏和建水；滇西南区域保山和腾冲；滇西北区域大理和丽江。为行文方便，数据来源一并入表。数据来源未说明调查时间的，年份为估计时间，并打“？”号。

表 3–13　昆明县人口变化数据表

年份	人口	数据来源
1921	158034	云南省教育会：《旅滇指南・地理》，云南崇文印书馆，1923 年，4 页。本数字系昆明县市人口总数减去昆明市人口所得
1925	162787	铁道部财务司调查科：《粤滇湘滇两线昆明县市经济调查报告书》，1930 年，71 页
1928	194267	同上
1932	184552	内政部年鉴编纂委员会：《内政年鉴》，商务印书馆，1936 年，(C) 451 页
1936？	177892	《昆明实验县工作报告书・昆明实验县全县人口统计比较图》，云南崇文印书馆，1937 年
1938	191516	昆明实验县教育局编印：《修订昆明县小学乡土教材》，1939 年，38 页

续表

年份	人口	数据来源
1942	211006	云南环湖市县户籍示范实施委员会：《云南省户籍示范工作报告》，国立清华大学国情普查研究所，1944 年，268 页
1943	175608	内政部统计处：《各省市户口统计》，1944 年，39 页
1945	172821	编辑出版者不详：《全国户口统计总表》，出版时间不详，约在 1946 年，53 页。按：数据时间为 1945 年 12 月
1946	186616	内政部统计处：《各省市乡镇保甲户口统计》，1946 年，58 页。原文标为“毂昌县”。数据时间为 1946 年 7 月
1947	162831	内政部人口局：《全国户口统计》，1947 年，63 页。原文标为“毂昌”
1948	169439	内政部人口局：《全国户口统计》，1948 年，57 页。原文标为“毂昌”

表 3–14　昭通县人口变化数据表

年份	人口	数据来源
1921	180670	杨履乾、包鸣泉：《民国昭通县志稿卷三·户口》，昭通新民书局，1937 年，8 页
1930	165542	同上
1932	206200	内政部年鉴编纂委员会：《内政年鉴》，商务印书馆，1936 年，452 页
1939	187721	内政部统计处：《户口统计》，1940 年，62 页
1943	170148	内政部统计处：《各省市户口统计》，1944 年，39 页
1944	168951	内政部人口局：《全国户口统计》，1947 年，63 页
1946	169165	内政部统计处：《各省市乡镇保甲户口统计》，1946 年，58 页
1948	150485	内政部人口局：《全国户口统计》，1948 年，57 页

表 3–15　曲靖县人口变化数据表

年份	人口	数据来源
1929	77200	铁道部财务司调查科：《湘滇线云贵段经济调查总报告书·湘滇线云贵段沿线各县户口表》，1930 年。原文为插页，无页码
1932	113977	内政部年鉴编纂委员会：《内政年鉴》，商务印书馆，1936 年，452 页
1939	98824	内政部统计处：《户口统计》，1940 年，62 页
1943	151803	内政部统计处：《各省市户口统计》，1944 年，39 页

续表

年份	人口	数据来源
1945	144609	编辑出版者不详：《全国户口统计总表》，出版时间不详，约在 1946 年，53 页。按：数据时间为 1945 年 12 月
1946	85535	内政部统计处：《各省市乡镇保甲户口统计》，1946 年，58 页
1947	101995	内政部人口局：《全国户口统计》，1947 年，63 页
1948	100918	内政部人口局：《全国户口统计》，1948 年，57 页

表 3–16　宣威县人口变化数据表

年份	人口	数据来源
1920？	172960	宁学易：《云南省地志・宣威县》，云南学会，1921 年，17 页。本数据原作者未说明数据依据，且与后来数据差距巨大，可信度存疑
1932	317578	内政部年鉴编纂委员会：《内政年鉴》，商务印书馆，1936 年，452 页
1939	305420	内政部统计处：《户口统计》，1940 年，62 页
1943	309192	内政部统计处：《各省市户口统计》，1944 年，39 页
1945	292549	编辑出版者不详：《全国户口统计总表》，出版时间不详，约在 1946 年，53 页。按：数据时间为 1945 年 12 月
1946	292752	内政部统计处：《各省市乡镇保甲户口统计》，1946 年，58 页
1947	293101	内政部人口局：《全国户口统计》，1947 年，63 页
1948	293104	内政部人口局：《全国户口统计》，1948 年，57 页

表 3–17　文山县人口变化数据表

年份	人口	数据来源
1932	181231	内政部年鉴编纂委员会：《内政年鉴》，商务印书馆，1936 年，453 页
1939	114688	内政部统计处：《户口统计》，1940 年，63 页
1943	82103	内政部统计处：《各省市户口统计》，1944 年，40 页
1947	73762	内政部人口局：《全国户口统计》，1947 年，64 页
1948	77325	内政部人口局：《全国户口统计》，1948 年，58 页

表 3–18　玉溪县人口变化数据表

年份	人口	数据来源
1932	140016	内政部年鉴编纂委员会:《内政年鉴》，商务印书馆，1936 年，452 页
1939	145575	内政部统计处:《户口统计》，1940 年，63 页
1943	139304	内政部统计处:《各省市户口统计》，1944 年，40 页
1945	131779	《全国户口统计总表》，编辑出版者不详，出版时间不详，约在 1946 年，53 页。按：数据时间为 1945 年 12 月
1946	132097	内政部统计处:《各省市乡镇保甲户口统计》，1946 年，58 页
1947	126154	内政部人口局:《全国户口统计》，1947 年，63 页

表 3–19　楚雄县人口变化数据表

年份	人口	数据来源
1932	143414	内政部年鉴编纂委员会:《内政年鉴》，商务印书馆，1936 年，452 页
1939	122506	内政部统计处:《户口统计》，1940 年，63 页
1943	107356	内政部统计处:《各省市户口统计》，1944 年，40 页
1945	103578	《全国户口统计总表》，编辑出版者不详，出版时间不详，约在 1946 年，54 页。按：数据时间为 1945 年 12 月
1947	103770	内政部人口局:《全国户口统计》，1947 年，65 页
1948	103826	内政部人口局:《全国户口统计》，1948 年，59 页

表 3–20　建水县人口变化数据表

年份	人口	数据来源
1932	198165	内政部年鉴编纂委员会:《内政年鉴》，商务印书馆，1936 年，452 页
1939	175895	内政部统计处:《户口统计》，1940 年，62 页
1943	159341	内政部统计处:《各省市户口统计》，1944 年，40 页
1945	156439	《全国户口统计总表》，编辑出版者不详，出版时间不详，约在 1946 年，54 页。按：数据时间为 1945 年 12 月
1947	150826	内政部人口局:《全国户口统计》，1947 年，64 页

表 3–21　石屏县人口变化数据表

年份	人口	资料来源
1932	155969	内政部年鉴编纂委员会：《内政年鉴》，商务印书馆，1936 年，452 页
1939	117408	内政部统计处：《户口统计》，1940 年，62 页
1943	98713	内政部统计处：《各省市户口统计》，1944 年，40 页
1945	92679	《全国户口统计总表》，编辑出版者不详，出版时间不详，约在 1946 年，54 页。按：数据时间为 1945 年 12 月
1947	80650	内政部人口局：《全国户口统计》，1947 年，64 页
1948	81264	内政部人口局：《全国户口统计》，1948 年，58 页

表 3–22　蒙自县人口变化数据表

年份	人口	数据来源
1932	131587	内政部年鉴编纂委员会：《内政年鉴》，商务印书馆，1936 年，452 页
1938	120286	交通银行设计处：《云南省开远蒙自两县调查报告》，1940 年，80 页。本数据系该县保甲委员会于 1938 年 12 月统计
1939	120258	内政部统计处：《户口统计》，1940 年，62 页
1943	99395	内政部统计处：《各省市户口统计》，1944 年，40 页
1945	98538	《全国户口统计总表》，编辑出版者不详，出版时间不详，约在 1946 年，54 页。按：数据时间为 1945 年 12 月
1947	100581	内政部人口局：《全国户口统计》，1947 年，64 页
1948	88920	内政部人口局：《全国户口统计》，1948 年，58 页

表 3–23　保山县人口变化数据表

年份	人口	数据来源
1932	180112	内政部年鉴编纂委员会：《内政年鉴》，商务印书馆，1936 年，453 页
1939	332495	内政部统计处：《户口统计》，1940 年，64 页
1943	305230	内政部统计处：《各省市户口统计》，1944 年，41 页
1945	270987	《全国户口统计总表》，编辑出版者不详，出版时间不详，约在 1946 年，54 页。按：数据时间为 1945 年 12 月
1947	255688	内政部人口局：《全国户口统计》，1947 年，66 页
1948	283309	内政部人口局：《全国户口统计》，1948 年，60 页

表 3–24　腾冲县人口变化数据表

年份	人口	数据来源
1932	139557	内政部年鉴编纂委员会：《内政年鉴》，商务印书馆，1936 年，453 页
1939	205337	内政部统计处：《户口统计》，1940 年，64 页
1945	205337	《全国户口统计总表》，编辑出版者不详，出版时间不详，约在 1946 年，54 页。按：数据时间为 1939 年
1947	155053	内政部人口局：《全国户口统计》，1947 年，66 页
1948	158687	内政部人口局：《全国户口统计》，1948 年，60 页

表 3–25　大理县人口变化数据表

年份	人口	数据来源
1911	99822	张培爵等：《大理县志稿》，1916 年铅印本，206 页
1932	92558	内政部年鉴编纂委员会：《内政年鉴》，商务印书馆，1936 年，453 页
1939	89740	内政部统计处：《户口统计》，1940 年，64 页
1943	91143	内政部统计处：《各省市户口统计》，1944 年，41 页
1945	80495	《全国户口统计总表》，编辑出版者不详，出版时间不详，约在 1946 年，53 页。按：数据时间为 1945 年 12 月
1946	73375	内政部统计处：《各省市乡镇保甲户口统计》，1946 年，59 页
1947	76810	内政部人口局：《全国户口统计》，1947 年，65 页
1948	69295	内政部人口局：《全国户口统计》，1948 年，59 页

表 3–26　丽江县人口变化数据表

年份	人口	数据来源
1932	132582	内政部年鉴编纂委员会：《内政年鉴》，商务印书馆，1936 年，453 页
1939	114423	内政部统计处：《户口统计》，1940 年，65 页
1943	85768	内政部统计处：《各省市户口统计》，1944 年，41 页
1945	85502	《全国户口统计总表》，编辑出版者不详，出版时间不详，约在 1946 年，53 页。按：数据时间为 1945 年 12 月
1947	89764	内政部人口局：《全国户口统计》，1947 年，66 页
1948	90511	内政部人口局：《全国户口统计》，1948 年，60 页

上列数表关于区域中心县域人口数据，主要来自云南省政府向国民政府内政部报送的相关统计，其统计手段、标准与方法应该较为一致，虽然个别县域数据前后差距过大，但尚足采信。有个别县域人口增减剧烈，如腾冲，20世纪30年代初为14万人左右，到抗战时期增加到20万人左右，再到抗战胜利减少为15万余，这应该与抗战时期滇缅公路开通后商业的相对繁荣有关，也与抗战后期滇西战事有关。地方区域人口减少，与云南省总人口的变化趋势是符合的。云南省总人口，1928年调查为13821234人[①]，1932年查报为11767025人[②]，1939年为10853379人[③]，1945年查报为9309412人[④]，1947年查报为9171449人[⑤]，1948年查报为9065921人[⑥]，均呈下降态势。其中1928年数据仅有全省人口总数，而1932年则有全省各市县人口统计，较为可信。从1932年至1948年，云南省总人口减少超过270万人，如果再考虑到全面抗战爆发及抗战胜利后内地民众的拥入，人口减少的幅度实足惊人。况且有的区域，县域人口变化不大，但县城人口有一定幅度的增加，原因就是区域农村人口的减少。比如抗战期间的楚雄，据时人观察："战争的烽火，送来了不少流亡到此的外来客，他们有来自白山黑水间的东北，也有来自湘鄂，也有来自滨海的江浙粤闽，恬静的古城，现在也像死水起了涟沦，无疑地是有着波动了，只看古旧的街道上，穿插着一些披上了美丽绒大衣的妇女，她那高跟鞋和赤足的土人混在一起，显然使你感到一种不调和的空气。"[⑦]

各地方县城人口虽不见精确统计，但根据时人观察，县城人口大约占县域总人口的1/10。如作为"一等县"的楚雄，"境内共二万二千余户，住县城者，仅一千五百余户，近因交通便利，外来机关日多，故县城人口，已增至二千余户"[⑧]。"姚安为二等县，共有人口一万八千一百余户，县城占有一千七百余户。"[⑨]但区域中心的县城人口比例可能超过1/10，比如曲靖及大理。

① 内政部年鉴编纂委员会：《内政年鉴》，（C）405页，上海，商务印书馆，1936。
② 内政部年鉴编纂委员会：《内政年鉴》，（C）455页，上海，商务印书馆，1936。
③ 内政部统计处：《全国各省市户口调查表》，62页，1941。
④ 《全国户口统计总表》，53页，出版时间不详，约在1946年。按：数据时间为1945年12月。
⑤ 内政部人口局：《全国户口统计》，63页，1947。
⑥ 内政部人口局：《全国户口统计》，57页，1948。
⑦ 肇发：《楚雄通讯》，载《大公报》，1940年1月20日第8版。
⑧ 张印堂：《滇西经济地理》，103页，国立云南大学西南文化研究室，1943。
⑨ 张印堂：《滇西经济地理》，109页，国立云南大学西南文化研究室，1943。

三、近代云南城市人口流动原因

关于近代云南城市人口流动的原因，大致有以下三个方面。

1. 传统的采掘业仍然是人口流动的主要因素

1914 年，著名地质学家丁文江到个旧调查锡矿时，当时所有矿工“在两万人以上”。[①]“云南是穷省份，生活程度很低。不但离个旧不远的几县有人在矿做工，就是距厂十站（按：一站即一天步行所能走的路程）的地方，到了农闲的时期，往往有人步行来厂应招。其中尤其以宣威县的人为最多。”[②] 1935 年，有旅行者也说道，“个旧矿厂工人之多，为国内任何工厂任何矿山所不及，工人待遇之非人道，亦为任何地方所未有。……二十三年减至六万余，二十四年尚不足此数。矿工多系十岁至十六岁之童工”，概因矿洞“高仅二三尺”，童工更易操作。“矿工多系由滇东各县募来，当地人则甚少，原因为当地人均深知矿工所过之非人类生活，宁愿饿死也不愿来当沙丁（本地俗称矿工为沙丁）”。[③]

按照苏汝江所记，个旧锡厂历年工人数如表 3–27 所示。[④]

表 3–27　1923—1939 年个旧锡厂工人人数

年份	工人数	附记
1923	37938	炉房、溜口工人除外
1930	22500	林樑成之报告（见《云南日报》二十四年六月廿日）[⑤]
1931	30000	
1932	35000	
1933	36109	
1934	51497	
1939	81709	

① 丁文江：《漫游散记·云南个旧》，载《独立评论》，1932（24）。

② 丁文江：《漫游散记·云南个旧》，载《独立评论》，1932（24）。

③ 薛绍铭：《黔滇川旅行记》，87 页，中华书局，1937。

④ 苏汝江：《云南个旧锡业调查》，59—60 页，国立清华大学国情普查研究所，1942。

⑤ 原文如此，查 1935 年 6 月 20 日《云南日报》，并未有署名林樑成者。

至于矿工之来源，据苏汝江调查，当时个旧第二区金钟镇 1498 名矿工之籍贯如表 3–28 所示。

表 3–28　个旧第二区金钟镇矿工籍贯等统计表

籍贯	矿工人数	百分比	籍贯	矿工人数	百分比
建水	577	38.51	贵州威宁	25	1.67
石屏	241	16.03	曲靖	24	1.60
元江	81	5.40	通海	24	1.60
宣威	65	4.33	弥勒	16	1.07
陆良	58	3.86	龙武	15	1.00
江川	46	3.03	会泽	14	0.93
沾益	39	2.60	个旧	14	0.93
昆阳	37	2.55	泸西	10	0.67
易门	32	2.13	蒙自	9	0.60
昭通	30	2.00	开远	9	0.60
河西	27	1.80	峨山	8	0.53
玉溪	26	1.74	路南	7	0.47
澄江	26	1.74	曲溪	7	0.47
其他	31	2.06			
合计	1498	100			

综合考察其他各矿，“矿工大抵来自迤东，因迤东各县寒苦，居民多为贫农。锡务公司每年又多往迤东一带招募之。建水石屏亦多，由于该二县在个旧办矿者最多，且该二县距个旧甚近，来往便利。此外招募人中之月活头或镶头，积年来多系迤东及建水石屏之人，故每年招募之对象，亦无非其同乡亲戚故旧之流。至尚有河南阳武及贵州威宁水城者，前者或系在个旧有同乡故旧之关系，后者由于二县均接近迤东，复有人招引，故易来厂”[①]。总而言之，个旧锡矿工人绝大多数均来自外地，个旧、开远及蒙自一带本地人，从事挖矿者极少，当时有人说当地人“宁愿饿死也不愿来当沙丁”，当非虚语。

1940 年，昆明县的煤矿业矿主（俗称槽户），“非本地人民，大概皆来自

① 苏汝江：《云南个旧锡业调查》，60—61 页，国立清华大学国情普查研究所，1942。

会泽”[①]。工人有“七八百名，以年龄而别，十四五岁之童工约有二百名，其余均为成年工”，所有工人中，在矿洞内挖掘的“有五百名”，“由槽户带来，来自会泽”，而在矿外“搬运者”，“皆为本地人”。[②]广通元永盐井，1938年，“有工人四百余人，日可出十二万斤盐，今年人工减为一百余人，每日只能出矿三万斤，所有矿内之锤手（矿工）均系来自会理，师徒相传，秘不授人。至于灶户及其他工人，多系当地者”[③]。云南矿业公司工人，“现在（按：指1938年春）仅五百二十名左右，八九月间，约有二千名之多”。工人分木工、石工、铁工及小工数种，其中“木工、石工、铁工均属技术工人，木工、石工在本县及附近各县招募，铁工完全为新机器厂工人，须到省城招募，小工则在附近各县招募”。[④]

另外，云南矿业公司所属开远水电厂“每当九月至翌年工作最忙时，常达二千五百人之多，内小工约占二千人”[⑤]；剑川县盐矿工人总计约二百八十人，云南武禄罗矿务局工人“共有一百五六十名”[⑥]等，调查资料虽然没有明确说明工人籍贯与来源，但应该相差不大，均有相当一部分来自外地。

此外，采掘业人口除流向省内各矿区外，也有流向国外的。据张印堂观察，“滇西外移之人口，为数颇多，每年经得党出滚弄一路至缅甸工作之人数，约在万人以上，多来自祥云、牟定、镇南、保山、昌宁、顺宁等县；均系霜降后去，清明前归……前往之人，多在班海充矿工或任伐木修路及建筑等工作”[⑦]。季节性的人口流动，应该是比较普遍的现象。

采掘业的人口流动虽然多不直接流向城市，但促进了相关行业的发展。比如煤矿业，所产之煤，最后绝大多数均流向大中城镇，这样，采、运、销就成为一个产业链条。如“个旧的街道并不宽阔，交通工具拥挤在路中间的全是驮着黄包（内装锡荒）的骡马和满载锡条的牛车。个旧的商店各色俱全，娱乐场也有电影院、戏院……只是没有旅馆，可见在街上来往的人直接间接莫不与矿

① 陈建棠：《昆明县之煤矿业》，4页，国民经济研究所，1940。

② 陈建棠：《昆明县之煤矿业》，7页，国民经济研究所，1940。

③ 张印堂：《滇西经济地理》，82页，国立云南大学西南文化研究室，1943。

④ 赵德明：《云南矿业公司概况》，5—6页，国民经济研究所，1938。

⑤ 赵德明：《云南矿业公司所属开远水电厂概况》，9页，国民经济研究所，1940。

⑥ 陈锡嘏：《云南武禄罗之矿业》，11页，资源委员会经济研究室，1940。

⑦ 张印堂：《滇西经济地理》，141页，国立云南大学西南文化研究室，1943。

有关”，而“当地的经济势力都在建水、石屏、蒙自人的手中”[①]。关于采掘业中流动人口，大致可以认为，技术性较强的工种（如“锤手”）或采掘过程中较艰苦的工种（如矿道中负责背负者），多来自外地。

2. 商业贸易是人口流动的主要驱动力

商业贸易对于人口流动的影响，因为商人（尤其是小工商业者）流动性大，统计不易，故此我们只能从侧面了解这一时期商业的发展对于城市流动人口的影响。近代云南的商业中心有两个，即蒙自和昆明。其中蒙自因滇越铁路开通而兴起，成为“云南进出口商务中心”，而昆明亦因之受益，“各省之滇之经营者，既日见其众，居民亦多组织企业，工商业之局面，焕然一新”。[②] 20 世纪 20 年代末期，因交通的发展，“凡一切由香港、安南，及两广入口之商品，昔日先集中于蒙自，而后分运至昆明者，今则一反旧观，率先集中于昆明而后分运入蒙自矣”。于是昆明取昔日蒙自之地位而代之，成为云南商业与进出口中心。[③] 而近代云南的商业贸易，其主要从事者，大多非本地人。比如河口“户约一千，人口约五千，两粤人占十之六，安南人占十分三，余则当地滇人”[④]。而会馆作为商人的联络据点，其数量多寡可以反映商业活动中非本籍人口的流动情况。据云南省教育会 1923 年统计，全国各省（地）在昆明设有贵州、江西、两粤等会馆 16 处，全省各地如大理、会泽、江川、保山、通海等在昆明设有会馆 30 处，此外还有纸业、厨业、布行、丝行等 15 个行业会馆。[⑤]

随着交通的进步带来的就是商业的相对繁荣，再加上昆明本地人从事商业者似乎不多，“昆明虽然被人称为小巴黎……（但）滇人经商的本领似乎差劲”[⑥]，遂使各地商业从业人员大量进入昆明。据国民政府铁道部财务司调查科的调查，20 世纪 20 年代末昆明的商业从业者大致如表 3–29 所示。[⑦]

① 胡嘉：《滇越游记》，76—77 页，上海，商务印书馆，1939。

② 云南省教育会：《旅滇指南・工商业》，1 页，昆明，云南崇文印书馆，1923。

③ 铁道部财务司调查科：《粤滇湘滇两线昆明县市经济调查报告书》，127 页，1930。

④ 郑子键：《滇游一月记》，36 页，北京，中华书局，1937。

⑤ 云南省教育会：《旅滇指南・公共事业》，3 页，昆明，云南崇文印书馆，1923。

⑥ 郭垣：《云南省经济问题》，148 页，上海，正中书局，1939。

⑦ 铁道部财务司调查科：《粤滇湘滇两线昆明县市经济调查报告书》，138—141 页，1930。

表 3–29 20 世纪 20 年代末昆明商业从业者

商帮名称	营业概况
两广帮	商号共 45 家，全系两广人所经营者，而尤以广东人为最多，资本多称雄厚，消息尤为灵通。营业量之大，当推为全市商业之冠
川帮	系川人所经营者，共 20 家，以运办川烟、丝辫、绸缎，以及鸦片、药材等商品为大宗，各家资本亦颇不弱
港帮	商号 15 家，专营入口洋纱、匹头、及洋广、杂货等商品，各家资本及营业量皆称不少
申帮	商号 20 家，专以由上海运办江浙绸缎、中外匹头入口，及由本市运办烟叶、药材为主要营业。资本雄厚，营业量亦大，昆申二地皆有商号
江浙帮	共 6 家，系江浙人经营之，专以运办药材出口，及匹头杂货入口为主，间亦兼营上海汇兑
贵州帮	商号共 26 家，大多皆以贩运贵州斗笠入口，再由本市贩运杂货入黔为其主要营业
川申帮	系指住在昆明，而兼营四川、上海二地之贸易者言之也。本帮营业，以由云南运茶出川去沪，再由上海方面贩运匹头回滇，为主要事业。每年营业量，当不下二三千万左右。本帮现有商号约有 40 家
迤西山货帮	皆系运销迤西各地商货于香港或上海者也
腾越帮	以运售川丝出口为主要营业。营业量在昆明市中亦占有重要之位置，市中现有腾越帮商号 20 余家
大理帮	商号大小共有 139 家，多系大理人所经营者。营业范围颇广，出口方面以药材、茶叶，及鸦片为大宗，入口方面则以匹头为最多，再由本市转运迤西一带，分销各县
鹤庆帮	商号大小共 61 家，多系鹤庆人所经营者。营业情形，及所贩商品之种类，多与大理帮相同
东昭帮	商号大小共 40 家，多系东川昭通两属人所经营者，以贩运药材、茶叶出口，及匹头、川烟入口为主业
泸西帮	商号大小共五 52 家，以贩运鸦片为主业，其营业量之大，在市内各项营业中亦占有最前之位置
思普帮	商号大小 65 家，系思茅普洱人所经营者，专以贩售茶叶为主
丽江帮	商号大小共 15 家，专营出口药材及汇兑事业
曲靖帮	共 54 家，专以贩运杂货，分销迤东各县为业

其他还有“江川帮商号二家，玉溪帮商号十一家，弥勒帮商号三家，元谋帮商号一五家，剑川帮商号七家，开化帮商号四家，石屏帮商号四家，陆良帮

商号六家，祥云帮商号五家，永昌帮商号三家，弥渡帮商号四家，蒙化帮商号五家，楚雄帮商号七家，皆系由本市批发杂货，转运各县行销为主要营业者也”。①据时人观察：“云南各项工业，多操安南人及广东人之手。缝纫业，粤人占十之三，安南人占十之七，家具业，粤人占十之一，安南人居十之九。对此两项日用工业，本省人绝无仅有。甚至自来水公司安设水道铁管，非用安南工人，不能成功。”②

20世纪40年代初，昆明的匹头业（即布匹织物业）主要从事者大致分为商号、散客和囤户三种。其中商号又分本地坐号与外来分庄两种，本地坐号有四五十家，其开设者分广东、昆明和通海等三帮，外来分庄则是“平沪等地之疋头商号，至昆明市设立之分号，为推销平沪本号之匹头经理处，有北平与上海商帮”，总共有十五六家。散客“在昆明市无有铺号，来去不定，将货物运到昆明销售后，再购取别种货物运回推销。其到昆明时，皆以堆店为寓所”。散客到昆明后，就在堆店中选一家，“将货物堆存店中”（故名堆店），“向本地或北平之商家，接洽出售”。散客又大致可以分为上海与四川两帮，“上海帮来时运送丝棉匹头，去时运回山货药材等土产，四川帮来时运送川产丝绸夏布或其他货品，去时运回棉纱布匹杂货，凡昆明市进口之川绸夏布，皆由此种川帮散客运来也”。屯户则分“居家户”和“转运公司”，数量较少，“并不多见”，只有三四家。③以上商号，其人数少则数人，多则数十人，但运、销本是一个体系，商号行销人数加上运输人员，总人数并不少，更何况还有数量更为庞大也更难以统计的“散客”。比如仅陈碧笙所见的“回回”马帮，“不但往来滇省各地，且又出入缅甸与暹罗”，“据说有三四百人，大部分来自玉溪建水河西峨山各县”。④这样就构成了以昆明为中心，连通国内国际、辐射全省的一个庞大商业运销网络，其人口流动规模当不在小。

3. 近代工业的发展，也成为人口流动的驱动因素

在全面抗战爆发之前，云南省的工业并没有多大进步。作为全省工商业中心的昆明，也没有多少现代工业。20世纪20年代末期，昆明县的工业还是以家庭小作坊为主，“仅酿酒坊、酱油坊、打油坊、织布坊、缝衣坊、棺材坊、

① 铁道部财务司调查科：《粤滇湘滇两线昆明县市经济调查报告书》，141—142页，1930。

② 谢彬：《云南游记》，95页，上海中华书局，1934。

③ 陈建棠：《昆明市匹头进出口业》，国民经济调查所，1940。

④ 陈碧笙：《滇边散忆》，64—68页，上海，商务印书馆，1941。

米线坊、豆腐坊、塘食坊、造纸坊、木匠坊、铁匠坊等数种，均系个人经营，无大规模之组织，制造纯用旧法，并未加以改良，一切设备均甚简陋，出产量稀少”。而昆明市虽“工业较为发达。然据参观所得，犹未脱手工业时代。使用机械者寥寥，即有机械者，多则十余架，少则数架，强半助于手工，所出货品，尚不足供市内之所需，故一切用品仰赖外货供给者仍居十之七八”。至于工人数量，昆明市区仅“有职工二千至三千人”。① 可以认为，这一时期整个现代工业数量少，规模小，对于人口流动的影响不大。

全面抗战爆发后，随着内地工厂迁入，云南工业乃有长足发展。这种发展不仅表现为工厂的迁入和新建，而且也表现为云南本土企业的发展壮大。据《续云南通志长编》所载，迁入工厂规模较大的有中央电工器材厂、中央无线电器材厂、中央机器厂、昆明永生玻璃厂等；新设资源委员会昆湖电厂(1939 年)、德和机器厂 (1939 年)、振昆实业公司 (1939 年)、大成实业公司 (1940 年)、中大机电制造厂 (1940 年)、裕滇纺织公司 (1940 年)、裕云机器厂 (1943 年)、中原纺织厂 (1943 年) 等。本土企业中较大的昆明市耀龙电灯股份有限公司，1935 年全公司员工共计 235 人，② 到 1938 年，有 307 人，1942 年有 355 人，1945 年有 468 人。③ 而全面抗战期间迁入云南的人员中，除为躲避战乱而来的普通民众外，有相当大的一部分是随迁工人或者其他熟练工人。比如江苏江阴籍内迁人员中，仅《江阴旅滇同乡录》所载的 197 人中，其“现任通讯地址”标注为“大成实业公司”“昆明第五十三兵工厂”“昆明中央电工厂”“中央机器厂”等各工厂的就有 93 人。④ 到了这一时期，工业的发展对于人口增加的驱动作用方才开始显现出来。据时人估计：“自抗战开始以后以迄于今……云南工业成就原来的基础上，成在新的创建上，都有了新的发展，但因为统计调查材料的缺乏，云南工业在近年来发展的全貌尚不能举出具体的数字，大体上说，其规模是超过其原有情况数十倍以上了。”⑤ 近代工业的发展所必需的熟练工人，云南本地的实业教育是不足以供给的，因此内迁人口成为全面抗战时期云南工业发展的最主要人力来源。

但是，就区域分布来说，近代云南工业的发展可以说极度的不平衡，绝

① 铁道部财务司调查科：《粤滇湘滇两线昆明县市经济调查报告书》，115—116 页，1930。

② 云南省志编纂委员会办公室：《续云南通志长编》(下册)，340 页，玉溪，玉溪地区印刷厂，1986。

③ 云南省志编纂委员会办公室：《续云南通志长编》(下册)，350 页，玉溪，玉溪地区印刷厂，1986。

④ 《江阴旅滇同乡录》，出版时间不详，约在 1942 年前后。

⑤ 张肖梅：《云南经济》，15 章 5 页，中国国民经济研究所，1942。

大多数工厂集中于昆明一地，其他城市则少有分布。比如滇东重镇曲靖，全面抗战之前固然不必说，即便在全面抗战爆发后云南工业相对大发展背景下的1940年，曲靖的工业仍然还是旧式手工作坊占支配地位，“食粮精制工业”也只有碾米、磨坊、挂面三种，其中碾米绝大多数情况还是使用石碾来碾，而“烧柴油引擎之碾米厂有三家，共有米机四部”，“每机廿四小时碾米一石”；磨坊“有百余家，多系农村副业”；挂面则只“有手工制面者六家”。其他工业种类中，织布业只有“木机”，共“约四千五百部，每织户约有木机一部，最多者不过两部”，“皆农村副业，工人全系农民”；榨油业“全县油坊约有二百余家，除县城有一家外，余皆在乡间”，每家生产工具不过是“卧式木油榨一部，石碾一个，蒸灶一个，大锅一口，铁圈数十个，铁锤一二把”；手工织席业仅有“五十余户，皆系农家副业”。近代工业仅有云南陶瓷公司所设制瓷工厂一家而已。[①]滇南蒙自“虽曾为滇省最大商埠，然尚未有较大规模之工厂”，直到1939年始有山东人刘某，“在城内早街开设一华丰染织工厂”。[②]工业绝对地集中于昆明一地，事实上形成了一种规模和群集效应，也成为近代昆明人口不断增加，而地方区域人口相对萎缩的重要原因。

第三节　云南城市阶层分化与权力结构重新整合

一、云南城市阶层分化及其身份重构

在中国传统的社会权力架构中，官僚在权力体系中一直处于绝对的支配地位，被称为“父母”，普通百姓则被称为“子民”，而实际上处于一种受监护的状态。社会虽然有阶层分化，但这种分化也是建立在官僚阶层一家独大的基础之上的。商人阶层虽然掌握庞大的社会资源，但其作为一个整体，在社会的权力结构中并没有显著地位。知识界则怀揣“修身、齐家、治国、平天下”的理想，以进入官僚系统作为其终极的目标，在本质上只是官僚阶层的候补。在传统的政治权力架构中，知识界中极少数的精英分子虽然自视为“道统”的继

① 国民经济调查所：《云南省曲靖县经济调查》，16—28页，出版者不详，1940。

② 交通银行设计处：《云南省开远蒙自两县调查报告》，87页，1940。

承者，但知识界作为一个整体，却并没有独立的自我意识。从这个意义上说，中国传统的社会结构具有官僚阶层支配下的某种封闭性。

近代以来，伴随着帝国主义船坚炮利而来的，不但有殖民和剥削，还有资本主义的生产方式、启蒙思想和社会风俗。在近代中国“三千年未有之大变局”的背景下，在外力的直接冲击下，中国传统社会自身的封闭性开始被打破，其社会结构也随之出现了一些变化；主要的表现之一，就是几千年来牢不可破的、以官僚为核心的社会结构开始出现分化：商人和买办阶层日趋活跃，知识阶层逐渐从官僚阶层的附庸地位中解脱出来，逐渐实现了自我觉醒，在社会权力结构和公共事务中的话语权逐渐彰显。商人和买办阶层的崛起，又变相地挤压和分离出平民阶层。中国社会也逐渐形成以官僚、商人和买办以及知识阶层为核心的权力结构。近代云南也不例外。

商业活动作为帝国主义侵略的最主要形式和目的之一，随着通商口岸的开辟，也逐渐深入到中国的腹地。近代云南随着商埠的开放和滇越铁路的开通，以商品倾销和原材料掠夺为主要特征的侵略方式，帝国主义侵略势力逐渐深入腹地。与沿海和东部地区相比，近代云南经济相对落后，再加上特殊的地理环境，以及云南地方政府与中央政府之间的微妙关系，都成为分析近代云南城市阶层分化和权力分配时需要考虑的因素。

总体来说，近代云南城市的阶层，大致可以分为如下几个：一是传统的官僚阶层。虽然这一阶层与封建时代相比，其地位有所下降，但仍然占有绝对的优势。二是商业和买办阶层，这一阶层虽然相对官僚来说处于弱势，但其影响力逐渐在城市治理和城市公共领域得以显现。随着近代政治体制的逐渐形成，商人和买办阶层中的精英分子甚至渗入到城市的核心权力领域。三是知识分子阶层。这一阶层整体觉醒，不再以进入官僚体系作为其存在的价值和意义，而主要以教育和新闻出版为手段，试图在公共领域建立自己的声誉。四是小工商业者和平民阶层。这一阶层虽然人数占大多数，却处于失声的状态，在城市的权力配置中处于底层。当然这几个各阶层之间并不是非此即彼的关系，也并非处于相互隔绝的状态，而是处于有限的流动状态之中。比如有部分知识阶层人士，多曾短期担任县市教育局科长之类职位。

上述的四个阶层形成之后，并不是一成不变。实际上，因为中央和地方之间的微妙关系、帝国主义势力的渗入，以及战争的影响，城市各阶层自其产生，就处于不断的分化之中。毋宁说，上述四个阶层的产生及其分化实际是同一个过程。

近代云南的商人和买办阶层，至少在全面抗战爆发前，其地位是不断强化的。商人和买办阶层地位的提高，首先是表现为商业市场中垄断地位的加强。这主要是因为云南本土工业不发达，绸缎、玻璃、瓷器及洋纱等大宗日用品多依赖进口。据铁道部财务司调查科援引《昆明实业季刊》所载，1925年，昆明出口“合计不上二百万元”，“复出口”（按：指“外货省货之已入口，而复运出转销各县，或外埠者”）价值“一千四五百万元”，两者相加，约一千六七百万元，而昆明一地的进口各种货物价值“合计在四千万元左右”，“每年入口，实超过出口二千二三百万元”。① 再加上云南特殊的交通和地理环境，一般小工商业者并无资本和能力从事大宗商品的采购与销售，因而大宗商品的运销，大工商业者和买办阶层实际上处于垄断地位，甚至有能力操纵某些商品的市场价格。比如云南总商会，就是以“联络工商感情，扩张工商事业，调处工商事议，及维持市面治安为宗旨”。② 所谓“调处工商事议”“维持市面治安”云者，实际上就是控制市场之意。20 世纪 20 年代末期昆明市场上，仅“川申帮”“每年营业量，当不下二三千万左右”，商号资本“最高者为国币 200000 元，最低者 5000 元”，而该帮“共有四十家”，全帮“资本总额约共有国币 5000000 元”；“迤西山货帮”“各家资本皆甚雄厚，最高者有国币 500000 元……全帮共二十家，总计约有资本 2000000 元”；“腾越帮”资本总额“约有 3000000 元”，这还不算“营业量之大，当推为全市商业之冠”的“两广帮”，因该帮各家商号资本“秘不示人”。③

20 世纪 20 年代初期，作为掌控云南金融秩序的富滇银行，其股本不过 500 万元，到 1920 年代末滇币严重超发之后，富滇银行股本也就“一千万元，实收一百五十万元”④。同时期嵩明县“全城商店每年营业量，总计不过九万元”⑤。1928 年，昆明市财政“属于国家收入者约为 352611 元”，“属于地方收入者约为 468347 元”，总计不到 81 万元。⑥ 1931 年前半年，云南省财政收入

① 铁道部财务司调查科：《粤滇湘滇两线昆明县市经济调查报告书》，130—133 页，1930。

② 铁道部财务司调查科：《粤滇湘滇两线昆明县市经济调查报告书》，152 页，1930。

③ 铁道部财务司调查科：《粤滇湘滇两线昆明县市经济调查报告书》，139—140 页，1930。

④ 铁道部财务司调查科：《粤滇湘滇两线昆明县市经济调查报告书》，155 页，1930。

⑤ 铁道部财务司调查科：《粤滇线云贵段经济调查总报告书》，86 页，1930。

⑥ 铁道部财务司调查科：《粤滇湘滇两线昆明县市经济调查报告书》，167 页，1930。

“实收数”为本位币 5028244.43 元，纸币 25141472.17 元，合计 3100 余万元。[①] 从以上数据的对比可以看出，当时昆明市场商人资本之雄厚与活跃。单个商人资本，其数虽不算小，但也不算太大。不过，商人资本通过商会、行业协会和商帮等商人团体的整合协调，对市场影响力之大，亦可以想见。比如时人就观察到，20 世纪 20 年代末，两广帮“最近有一次棉纱之交易，数达 5000000 元之巨。事虽近乎买空卖空之投机，然据此可窥其在昆明市中商业魄力之大矣”[②]。

以金融和洋货进口销售为主的买办资本，对近代云南有很大影响。就金融而言，法国东方汇理银行尤其显著。20 世纪 20 年代末，“该行在昆明，运用资本若干，营业几何，具无由探得实情。惟因滇币对外汇内价格高涨，法纸（币）之价随之上升，更因富滇银行信用亏损，该行之信用，从而益著。商人之计算进出口货，皆舍滇纸而用法纸为本位，私人之存款，皆避免存入滇行，而存入法行。因此之故，该行对于本市之金融，遂握得操纵之全权矣。富滇虽名省银行，对全省金融，负有调剂之责，今则对内对外之汇兑率，亦不能定，全任东方汇理银行从中操纵，任意高低，坐受其挟制而已”[③]。有杂志也说，“云南金融之命脉，完全在其手中。……往来云南安南之商人，富滇银行纸币不可不换汇理银行纸币”[④]，事实上成为云南金融秩序的把控者。正是慑于买办资本对于云南金融安全的威胁，云南省政府于 20 世纪 30 年代初开始整顿金融秩序。

买办资本的另一个广有影响的领域是洋货的进口和销售。据时人所见：“云南之商场，殆触目皆见外国货。其中法国之商品云南上流阶级乐于使用。云南竞尚奢侈，法货贩卖有惊人之扩张。例如洋货蔡锷督云南时，输入额尚不多，唐继尧主政时，年有增加。最近据税关之报告，每月有二十余万元之输入，近来昆明及蒙自法商营业日益发展。”[⑤] 20 世纪 20 年代末期昆明民族资本控制的“洋广杂货业”，“每年营业量可达千余万元”，“近年来人民生活日趋奢侈，无论大小物品，悉以实用洋货为好尚，即以国货可以代用者，亦多舍而不用，城市居民，此风尤盛……一般杂货商家，更得藉以高抬市价，操奇计

① 行政院农村复兴委员会：《云南省农村调查》，26 页，上海，商务印书馆，1935。

② 铁道部财务司调查科：《粤滇湘滇两线昆明县市经济调查报告书》，138 页，1930。

③ 铁道部财务司调查科：《粤滇湘滇两线昆明县市经济调查报告书》，156—157 页，1930。

④ 邱怀瑾：《法帝国主义在云南》，载《边事研究》，1935（1）。

⑤ 邱怀瑾：《法帝国主义在云南》，载《边事研究》，1935（1）。

赢，是故洋广杂货业，近来非常发达”。[①]由外国和买办资本控制的“洋行”，规模更为庞大，其有代表性者，详见表 3–30 所示。[②]

表 3–30　20 世纪 20 年代昆明开办的洋行一览表

洋行名称	开办者	资本额	营业范围
兴洋行	法商合资	2500 万佛郎（法郎）	各国洋货
府上洋行	日商	30000 元	日本杂货
哥胪士洋行	希腊商人	500000 元	机械、食物、酒品、杂货
若利玛洋行	希腊商人	150000 元	各式洋货
帮沙为利公司续沙厘爷洋行	法商	1000 万佛郎	铁杂匹头
普利洋行	法商合资，顺成号代理	1000 万佛郎	洋纱
宝多洋行	法商	2000 万佛郎	毛货匹头
广聚街	不详	1000 万佛郎	不详
福利洋行	法国商人	200 万佛郎	各式杂货

到 20 世纪 20 年代末，上述洋行中，有的资本扩张很快。比如福利洋行，其资本额已由 200 万法郎增加为 2000 万法郎。

在半殖民地半封建社会化背景下，西方的物质文化与精神文化，首先在云南的开埠城市着陆。由于城市本身有聚集性和兼容性，城市成为中西方文化聚集、沟通与融合的媒介和桥梁，吸纳西方文化，使西方文化能够在城市存在、展示和发展。云南城市民众，对日益变化的物质文化变迁的耳濡目染或是感同身受，加之城市精英将日益变化的城市文化，以游记、报刊、画报等媒介传播至更为广阔的区域社会。同时，我们还应关注到，寓居在城市的官僚阶层、知识分子阶层以及商人阶层，由于其身份的复杂性，亦即官僚、知识分子、商人三位一体的复杂身份，其在城市的生活方式、休闲娱乐等有别于乡村。

在自然经济向商品经济转型的过程中，云南广大的乡村社会仍是社会经济发展的主体和重心。民国年间，云南农业人口的比重占 90% 以上，资料显示：

① 铁道部财务司调查科：《粤滇湘滇两线昆明县市经济调查报告书》，145—146 页，1930。

② 云南昆明市政公所总务课：《昆明市志》，123—126 页，1924。

“在全省人口总数中，除昆明市及个旧、建水、河西、石屏等数县外，因特殊情形农民人数比例较少外，其余各县，大抵均占90%以上；而边区各县局，竟占99%。全省平均占85%，可见云南全省系一农业社会也。”[①]官僚、乡绅、商人等，购置田产地业作为财富保值、增值的有效途径，一部分积累的财富、资本流向乡村，加剧乡村土地兼并。以蒙自为例，“多数农地皆集中于少数地主手中”[②]。但是，“土地所有者，大都不在农村而住在城内，土地所有权与土地使用权成为分离现象”[③]。民国时期，由于沉重的租税负担，无论是土地所有者还是土地使用者，被迫流入城市寻求新的生计方式。史料记载：“为数不少的人口投入商业城市，其中不仅有弃农经商的地主，也有失去土地的农民。”[④]可见，民国时期，云南城市为附着在土地上的部分民众提供了谋求新生计方式的平台，改变了其以经营土地为主的生计方式。这为乡村文化在城市延续与发展创造了条件，城市文化接纳了乡村文化，城市民众的饮食、节庆、宗教信仰等仍有着乡村文化气息。

在农耕文明固有的安土重迁、慎终追远的传统文化观念影响下，寓居城市的官僚、地主、商人，只是将城市看作人生旅途的中转站，故土才是最终的精神家园和心灵故乡。乡村文化仍是云南传统文化的根基，“所有文化，多半是从乡村而来的，又为乡村而设，法制、礼俗、工商业莫不如是”[⑤]。

城市居民构成多极化、地域来源多元化、职业结构多样化，以及市民角色多元化等特征显现出来。由城市至乡村社会层面，社会各阶层对西方文化的认识提升，民族意识唤醒，开始理性地将西方文化与传统文化进行比较与选择。从空间层面看，城市文化引领区域治理制度、社会思想、文化潮流变动，出现展示、比较、效法和融合西方文化的新趋向。

二、士商阶层的权力表达

全面抗战爆发后，受战争影响，再加上通货膨胀严重，云南省商业活动有所减少，云南所有商业销售中，省内销售所占比例也较以前有所降低。据

① 张肖梅:《云南经济》，第11章第3页，中国国民经济研究所，1942。

② 李珪:《云南近代经济史》，445页，昆明，云南民族出版社，1995。

③ 李珪:《云南近代经济史》，256页，昆明，云南民族出版社，1995。

④ 昆明市志编纂委员会:《昆明市志资料长编》（卷七），23页，内部资料，1984。

⑤ 梁漱溟:《梁漱溟全集》（第2卷），150页，济南，山东人民出版社，1991。

时人观察："战前本省销售额在百分之八十以上，贵州百分之十四、五，四川百分之五、六，现时本省不上百分之七十，川黔占百分之三四十。"再加上"地方征调社训，抽收捐款，人民之消费力减削，购买力薄弱"，"价格高压，使人民更无力消费"，"后方之军运忙迫，牵制匹头之疏散等"原因，致使一般小工商业者，多趋于破产。[①]而大工商业者虽然销售额减少，及政府统制经济的强化而利润降低，但实际上因市场淘汰，其对市场的垄断地位反而是加强的。

除对于市场的控制外，大工商业者阶层对于全社会关切、攸关民族生存与体面的重大事项，发出了自己的声音。比如关于旅顺、大连租界问题，云南总商会即通电全国：

> 各省省议会、总商会、教育会、工会，并转各团体均鉴：旅顺大连，乃我国之疆土，东省之要地。前经日人租借，曾于一千八百九十八年三月二十七日中俄条约，及一千九百零五年二月二十七日中日条约，均经载明租期二十五年，至民国十二年三月二十六日，业已期满，应即照约收回。前华府会议，列强有保持中国领土完全及归还以前各国所侵占中国土地之决议，事不可缓，亟宜趁此期满时间，一致进行，电请政府向日使严重交涉，照约力争，务达收回自治之目的，以固疆圉，而重国体。谨此电文，伏维鉴察。[②]

1923年临城劫案发生后，帝国主义趁机欲控制相关区域路权，云南总商会也表严重关切："驻京各国公使，有设护路行政局，以外国人为监督，并设外国检察员，外国会计员等条之提议。如果成为事实，则中国铁路范围内之警政、财政，尽握于外人之手，主权尽失，不亡何时。此等侵略主义，对于战败积弱之国，亦尚不可，乃竟横施于我中国，蔑视公理，直若无人，事关国脉，厉害切肤。我国四万万同胞，岂能钳口缄默，而不力争乎？除电达部、院表示否认，据理力争外，谨此电复，伏维察鉴。云南总商会文印。"[③]

这一类的声明或通电，在整个民国时期，为数不少。其最主要的初衷，当

① 张肖梅：《云南经济》，第18章R4页，中国国民经济研究所，1942。

② 《关于旅大问题之云南商会电》，载《申报》，1923年4月1日。

③ 《云南总商会反对护路办法》，载《申报》，1923年10月25日。

然是彰显其爱国情怀，但未始没有显示其自身的存在并提升自身在社会中的话语权之用意。或者说，这一类声明和通电的出现，本身就表明云南工商业阶层已经具有了超越其商人身份的社会影响力。

地方商绅精英人士也对地方事务发出自己的声音。如滇缅铁路筑路之前，腾越社会各界即广泛关注线路走向。先是李根源上书蒋介石，请求滇缅铁路修经保山腾冲，后腾越日报社长李生庄又在《腾越日报》发“告腾保龙三属绅商各界”：“滇缅铁路……自昆明至祥云段，已招标兴工，祥云以下，尚无兴工之议，似路线是否即决定顺镇之线，抑另改由现行之迤西分路线，尚无肯确之决定。此事大则关系抗战之前途，小则关系地方繁荣，政府似既不宜轻易决定，地方尤应供输所见，集思广益，共策百年之大计。吾腾保龙绅商各界民众，对此所负之责任綦重，亟应联合起来，向政府请求，将铁路线另行决定，改向下关，经由保山腾冲，以与缅甸密支那路相接。……我三属民众，应速响应，力争上游，万勿坐视因循，自贻啮脐之悔。本报为边民喉舌，凡对于地方建设与兴革之事，力所能及，愿为唱和。事关重大，唯努力赴之！”① 于是李生庄遂联合腾冲商会主席刘振纲、腾冲教育会常务总干事李家昌、腾冲工会常务总干事谢焜、腾冲农会常务总干事封维德、滇缅界务研究会常务总干事周禾书与李绍和、腾冲“绅耆”刘楚湘、徐宗稚和董友芹等，上书蒋介石与龙云：“军事委员会蒋、云南主席龙钧鉴：报载李印泉先生上委员长书，建议滇缅铁路经由保山腾冲出境事件，此间人士，认为切中需要，一致拥戴其建议，谨电呈鉴核！”而军委会侍从室也回复云：“经批交交通部核办矣，特复！”②

1921 年以后，云南地方政府采用超发滇币来应付军费激增对财政的压力，以致物价暴涨，社会各界怨声载道。以龙云为首的云南地方当局迫于社会舆论压力，遂于 1928 年组织直接向省政府负责的清查富滇银行委员会。该委员会就声称：“迭次兴师，军用浩繁，骤增纸币数千余万元，纸价遂顿行低减。加以行中弊案外泄，信用一落千丈。上年（按：指 1927 年）秋，复由行员李煜君，大扬黑幕，行基遂岌岌有动摇之势矣！彼时省府，特定清查章程，派员清查，日久尚未实行，云南各团体联合会，以富行滥发纸币，达数千万元。以致生活增高，甲于全国，若不设法补救，千七百万民众，均有破产之虞。各团体联合会，既为人民代表之各团体组成，自应另组清查委员会，彻底清查，俾得

① 腾越日报社：《告腾保龙三属绅商各界》，见李生庄：《滇缅交通线问题特辑》，1939。

② 腾冲各团体：《上蒋委员长龙主席电》，见李生庄：《滇缅交通线问题特辑》，1939。

真相，报告民众。”①

清查富滇银行委员会委员共计34人，其中来自工商业界委员就有15人。②

表3-31　清查富滇银行委员会委员名单（工商业界委员）

姓名	委员会职务	履历
邓应春	调查股主任	云南全省商民协会筹备处宣传委员
李家齐	调查股委员	云南商民协会总务部委员
杨淮清	清算股主任	云南总商会会董
杨春帆	清算委员	云南商民协会财务部委员
董万川	清算委员	云南总商会会董
李凤祥	清算委员	市商民协会纱业分会执行委员
严錞	清算委员	省商民协会筹备处常务委员
杨有麟	清算委员	云南总商会会董
廖文元	清算委员	昆明市商民协会盐业分会执行委员
赵德寿	清算委员	商民协会总务部副主任委员
胡光南	清算委员	云南总商会会董
卢鹤祥	清算委员	商民协会总务部主任委员
赵珩	清算委员	商民协会总务部主任委员
沈郁秋	清算委员	和通公司经理
杨溪荣	清算委员	云南商民协会总务部干事

为保证清查行动独立、公正进行，该委员会全体会议还制定了相关准则。如决议“调查方面应征求各界举发，本会特置一投信箱，每日由负责检察委员一人秘密开锁，将函一一取出。对于举发者姓名当严守秘密”。对于清查行动相关人员，如有外逃迹象，则“应呈请政府扣留”等。③此次清查行动，直接导致了1932年以调整富滇银行为核心的金融整顿，可以说是近代云南以工商阶层为代表的新兴阶层参与权力分配的一次直接尝试。

至于知识阶层和工商业者阶层地位提高并参与城乡权力分配的最典型事例，莫过于其积极参与省县参议会。依国民政府1941年8月颁布《县参议会

① 清查富滇银行委员会：《清查富滇银行委员会报告书·序》，1928。

② 清查富滇银行委员会：《清查富滇银行委员会报告书》，1—4页，1928。

③ 清查富滇银行委员会：《清查富滇银行委员会报告书》，5页，1928。

暂行组织条例》，县参议会之职权：“议决未来地方自治各事项；议决县预算审核县决算事项；议决县实行规章事项；议决县税县公债及其他增加县库负担事项；议决县长交议事项；议决县公有财产之经营及处分事项；建议县政兴革事项；听取县政施政报告及向县政府提出询问事项；接受人民请开事项；其他法律赋与之职权。”[①] 名义上县参议会对于县政有立法权、财政权、建议权、听取报告及提出询问权、接受请愿权、审议权和举发权，可以说是具有除人事任免及行政权力之外的所有权力，对县政具有举足轻重的影响。县参议员之选举，依国民政府1941年8月颁布之《县参议员选举条例》，除按人口比例选举出一部分参议员之外，还有部分参议员直接由各职业团体直接推出，即“职业团体之选举，则因团体之性质，及其会员人数之多寡而不同。即在农会、工会、商会、及自由职业团体之选举，采复选制，渔会及教育会之选举，则采直接选举制”[②]。省参议员则在县市参议员基础上遴选。虽然选举条例规定年满25岁即可当选，但实际上，不论是县参议会还是省参议会，参议员大多是当地士商绅名流，也即以新兴的商人和知识阶层为其最主要来源。而省县参议会，也成为商人阶层和知识阶层参与城乡权力分配的最重要载体。

云南省临时参议会共有参议员34人，其中工商界及学界参议员有14人。[③]

表3-32　云南省临时参议会成员（工商界及学界）

姓名	时任或曾任职务
周柏群	曾任个碧铁路公司协理
胡光翰	时任个碧石铁路公司代董事长
严鑑	大理县商会主席
陈德齐	昆明市商会主席
张堉	曾任云南省立美术专门学校校长
杨家麟	曾任汉口道路周刊社编辑委员，重庆大公报职业学校校长
李德和	曾任女子简易师范学校校长
邓孝慈	曾任云南法政学校校长，时任省府经济顾问
曾鲁光	时任个碧石铁路公司总办

① 《县参议会暂行组织条例》，载《云南省参议会第一届第二次大会日刊》，1946年10月第1期。

② 胡次威：《参议会组织实务》，5页，上海，商务印书馆，1946。

③ 云南省临时参议会秘书处：《云南省临时参议会第一次开会记录》，7—8页，1939。

续表

姓名	时任或曾任职务
钱川中	历任本省教育界要职
岭邦珍	现任私立南菁学校校长
阮师竹	历任北平市立第二女子中学校校长，云南大学附属中学教员
范师武	时任云南大学教授
杨秀峰	云南民国日报社社长

1946 年，云南省第一届参议会中，来自工商学界的参议员如表 3–33 所示。①

表 3–33　云南第一届参议会参议员名单（工商学界）

姓名	时任或曾任职务
李觉民	丽江县立中学校长
张正武	省立泸西师范校长、顺宁中学校长
徐继祖	云南大学教育系主任教务长、西南联大教授
张禄光	文山等四县联合中学校长、砚山县立中学校长
任竹安	昆师教务主任、《云南日报》总编辑、《正义报》总编辑，时任《云南民国日报》总编辑
唐声树	广南县商会主席
方国定	云南印刷局经理、云南大学教师、《正义报》社长，时任民意日报社副社长
郭相卿	自由论坛社社长
袁亮熙	云南香港开设光华医院
何少诚	《云南日报》社长
严鑑	大理县商会主席、银行经理
陈炳	历任公私立中学校长教员、时任思茅师范学校校长
曹元春	《民国日报》编辑
顾致中	云南民国日报社主任
黄予衡	永丰银业公司董事长兼总经理、衡裕工程有限公司董事长
李华章	曾任商会会长、风俗改良会会长、县银行董事长

① 云南省参议会秘书处：《云南省参议会第一届第一次大会会议汇报·云南省第一届省参议员名录》，1—9 页，1946。

续表

姓名	时任或曾任职务
王锡睿	曾任云南中等以上各学校教职员十五年
谢某琳	省立曲靖师范中学校长
冯曜	曾任银行经理中学教员
杨秀峰	曾任云南民国日报社社长、重庆云南兴文银行经理
庾恩荣	富滇银行总办顾问
蒋宝祥	耀龙电力公司科长、贵阳兴文银行经理
黄泽膏	商会会长
张鼎新	简易师范学校校长
马熙泽	商会会长
陈纪	小学教员、《民国日报》记者

以参议员身份进入省政和县政权力核心领域，一方面固然是因为政府希望群策群力，但另一方面也说明大工商阶层和知识阶层的社会地位和影响力，已经到了政府所不能忽视甚至足以影响社会稳定的程度。各参议员也根据自身行业所在，试图以国家行政力量，提出维护自身利益的提案。比如在 1939 年云南省临时参议会第一次会议中，昆明市商会主席陈德齐提“拟请于禁止进口货物办法中根据日期先后分别禁放以恤商艰案”，建议在该“办法”实施之前即已订购的进口货物，应该酌情放行，否则“殊非政府体恤之道”。[①] 前个碧铁路公司协理周柏群提“大锡锡价不敷成本应请双方兼顾维持生产治安案”，参议会审查该提案后，说“此案关系增加生产，换取外汇，极为重大，拟请政府于最短期间，派员前往当地调查矿商成本”，“最低限度，应以不亏矿商成本，给予合法利益为原征”。[②]

三、小工商业者、小生产者的困境

小工商业者则因资本薄弱，抵御市场风险能力有限，经营日渐困难。20 世纪 30 年代中期，有旅行者观察到，“昆明商业最繁盛之区，为城内一条南北

① 云南省临时参议会秘书处：《云南省临时参议会第一次会议记录》，43 页，1939。

② 云南省临时参议会秘书处：《云南省临时参议会第一次会议记录》，47 页，1939。

大街，全市商号据商会统计大小共约七千余家。其中资本最大者为一家电气公司（约有资本国币一百六十万元），和十余家鸦片商号（每家资本均约五十万元左右），余则资本多在国币万元以下。不过鸦片商近来因省政府成立鸦片统运处，已不得自由贸易，现已无生意可做，都要歇业，其余洋广杂货布匹等门市商店，近来也都是家家亏本。……商人负担加重，成本加高，而商业日趋破产”①。曾是商业中心之一的蒙自，在旅行者眼中也是一副破败的样子：“想象中的蒙自，是一个近代化的城市，最低限度也是市尘繁盛街市喧闹。至其地乃大失望，近代化根本谈不上，即喧闹繁盛也无从说起，由车站至城内的石铺小道上，来往是疏稀的几个人，车站是空空一无所有，城内冷落得可怜，饭店客栈是半道街找不到一家，所谓最繁盛的西门内外，只可以说和北方普通县城街市差不多。”②而曲靖虽贵为“滇东重镇”，“县城城垣尚好，城内居民亦稠密”，但“市面颇冷落，商店全是小本营业，似无千元以上资本者。城内各机关，除县政府外，因经费无着，现均在闹伙食恐慌”。③

小生产者的处境更加艰难。昆明市之榨油业，民国初期有油坊近三十家，“至民国二十四年减至二十家”，“至二十八年春，油坊只剩十一家，是年夏，又因原料缺乏，工资高昂政府平价种种关系，遂再有五家歇业”，“现在继续生产者只有七家”。④建水织布业，由于棉纱等上游商品价格因大工商业者所控制，20世纪30年代中后期，“各家因近年纱价太高，且经理不善，多数亏本。现在本年产量不过一万一二千匹，前二年则达二万匹”。⑤再如下关织布业，全面抗战爆发后，纱价“每捆十七元五角，战前仅九元”，产品价格，抗战爆发前“每小匹洋布售价十二元，搭连布每小匹十一元”，而“战前洋布每小匹仅售八元左右，搭连布每小匹七元至七元五角之谱”。⑥抗战爆发前后对比，原料价格上涨接近一倍，而产品售价只上涨了50%，利润无疑大为减少。工人工资方面，视工人技术程度，战前为每天三角左右，抗战爆发后同样为三角左右，考虑到1937年到1940年间通货膨胀超过一倍，工人工资购买力减少了一半。

① 薛绍铭：《黔滇川旅行记》，73—74页，上海，中华书局，1937。

② 薛绍铭：《黔滇川旅行记》，92—93页，上海，中华书局，1937。

③ 薛绍铭：《黔滇川旅行记》，97页，上海，中华书局，1937。

④ 曹立瀛、汤佩松、王乃樑：《云南昆明市之榨油业》，3页，出版者不详，1940。

⑤ 赵德民：《云南建水县织布业调查》，1页，国民经济研究所，1940。

⑥ 赵德民：《云南下关织布业调查》，4页，国民经济研究所，1940。

小工商业者中的行商，除要应对市场变化外，还要面对土匪的侵扰。甚至滇中政府控制较强的区域，土匪也不少。如楚雄织布业20世纪30年代后期衰落的重要原因之一，就是“较大织布厂因意外损失，而相继停业者”，所谓“意外损失”，主要就是被土匪抢劫，“李海清布厂（有木机五十部），于去岁（廿七年夏季），由省运纱、布来楚，在禄丰境内，货亦为匪取劫，损失国币七百余元，因亦停织矣”。[①] 尤其滇南边境一带，土匪既多，一般“内地马帮照例不敢下夷方”。久在滇边的陈碧笙，也常假武装商队出行。1937年，陈碧笙“由思茅出发到车里”，因土匪猖獗，“最后找到了回回马帮结伴同行”，“是由六匹马五驮货四个人组成的一个队行商，另外还带有河西土造的步枪三支”。陈碧笙预先“重重恐吓”土匪眼线，声称“一定要请兵来收拾他们”，并在遇到土匪时鸣枪示威之后，一行人才“提心吊胆”过了这一关。但马锅头说起三个月以前，“他们八个人五支枪由夷方回来，走过这里的时候，遇到了十多名土匪，他们互相轰击了一个多钟头，总算把对方打退了，货物牲口完全没有损失，‘不过’死了一个人，伤了两个人”。[②] 土匪除明抢杀人之外，还有官匪勾结压榨行商，甚至官方保商队扮土匪劫杀行商的。1935年，薛绍铭游历滇黔蜀三省，由昆明取道曲靖、宣威、威宁、毕节和遵义入四川。这原是滇、黔、蜀商业要道。途中过威宁后，“同行有小贩苦力数十人”，“遇昨日所见之保商队五六人，现正拦路抽保商税，对我们则以公务人员看待，不收税，小贩苦力则每人收税滇洋六角。其收税之借口，乃系小贩苦力等受他们保护，不遭劫匪，每人皆须纳税以酬其劳”。行十数里后又遇保商队六七人，谓此段多匪，特来保护行旅。当时一帮苦力小贩不下百人，大家结队而行，保商队则在前领路。前行至山腰，路左侧山上，有十余人徐步向山上行走，均荷以枪。我们意以为此十余人大约亦系保商队，谁知保商队几个人却向行路者挥手喊道：“大家快点走，山上是棒老二！”接着保商队几个人又自相说道：“看多么危险，今天我们若不来，老二们就发财啦！”那些小贩苦力们大约都知道他们玩的把戏，仍不慌不忙地向前走。事情也太滑稽了，土匪和保商队相距最多也不过百余步，土匪的人数又倍于保商队，但彼此竟一枪不发，土匪和保商队之间，实在太讲仁义了。这些行路者没被土匪抢劫，当然是保商队保护的功劳，享权利须得尽义务，接着就是须得纳保商税。除我们外，每人是大洋四角。还

① 赵德民：《云南楚雄县之织布业》，2页，国民经济研究所，1940。

② 陈碧笙：《滇边散忆》，62—64页，上海，商务印书馆，1941。

有从北来的背盐巴苦力者，每人也是不能少分文。总计南北两帮人有二百余，这一次保商队的收入真乃不坏。可是苦力小贩们还没走三十里路，保商税差不多已是出了大洋一元。

保商队生财有道。保商是他，抢商也是他，杀商还是他。小商人则保之，货物较值钱者则抢之，货物多而又值钱者，则不唯抢其货物还要杀其人。威宁保商队，大多是如此，不过某土豪的地盘较好一点，这些事做得也更多一点。①

从整体上说，因战争、土匪、捐税、大工商业者和买办的压榨，小工商业者阶层日益陷入困境。而采掘业中矿工的生存状况，则尤为险恶。丁文江即说："采矿原是劳动中最苦最危险的事。中国的土法采矿比任何新式的采矿都要苦几倍。而个旧的锡矿在土法里面又要算是最违背人道的。……工人的住处叫做伙房。是一间土墙的草蓬，几十个人睡在一处。我曾在银洞的伙房里睡过一晚，终夜只听见工人咳嗽的声音，此起彼伏，络绎不绝。我听着这种凄惨的音乐，想着在洞里听见的喘声，一直到天明，不能合眼。"②

1913年，个旧矿工的"工资平均每月不到五元"③；1923年谢彬到云南时，也说"工人每月食费又只有五元"④；1935年，薛绍铭到个旧参观，说到"工人工作分掘、拉、负等工作，掘塃系包工制，负塃者系以重量计算，每月能负二万斤出硐者，可得工资旧滇币一百元（合国币十元余），推拉车之工人系雇工制，每月除伙食费外每工人可得工资国币三元至七元"，"工人负塃，大约每日最多六次，所得工资，最高者合国币三角余，低者则仅角余"。⑤同年，有署名"李二先生"者到个旧考察，说工人"每月工资大多二三十元（滇元）"⑥，以当时新滇币与国币汇率，差不多也就国币十元左右。1937年，胡嘉到云南游历，看到工人"满身赭黄色，背着两口袋塃，手里提着一盏电石灯和一把尖锤，灰白色的脸孔淌满了汗，喘着气，从'窠路'里钻出来，他们每天钻进钻出，大约四五次，每次背出百来斤塃，可以弄到工资一角多"⑦，这

① 薛绍铭：《黔滇川旅行记》，124—127页，上海，中华书局，1937。

② 丁文江：《漫游散记·云南个旧》，载《独立评论》，1932（24）。

③ 丁文江：《漫游散记·云南个旧》，载《独立评论》，1932（24）。

④ 谢彬：《云南游记》，185页，上海，中华书局，1934。按：以当时物价，此"五元"绝不可能是伙食费。

⑤ 薛绍铭：《黔滇川旅行记》，84—87页，上海，中华书局，1937。

⑥ 李二先生：《个旧观光记（续）》，载《云南日报》，1935年6月22日第7版。

⑦ 胡嘉：《滇越游记》，商务印书馆，1939。

样看来，一个月也就十来元工资。20世纪40年代初，清华大学苏汝江到个旧调查锡厂，官商合办的锡务公司工人工资，马拉格矿山规定“每人每月背塃一万三千斤（第四尖现增至一万六千斤）即平均每日须背四三十斤，每月工资国币五元”，其他整塃、看塃、洗塃等作业工人每月六七元不等。私营矿厂工人工资，如“耗子厂双槽门洞尖，其矿工每日负塃三次，洞深三千步，每月工资三元，私塃（按：即每次规定背负重量之外的锡塃）每背一桶，给资三分”。身强力壮者“正塃私塃合计每月可得工（资）六七元”。其他挑塃工、打拔及揉塃工每月均六七元。[①]

从以上可以看出，个旧矿工从民国初到20世纪40年代初，在近三十年时间里，其工资没有什么增长。如果考虑到货币贬值因素，实际上工资是逐渐减少的，尤其是全面抗战爆发后通货膨胀厉害，减少幅度更大。加上个旧锡矿工人都用土法作业，工作环境恶劣到无以复加，时人均称“最违背人道”。而以如此艰辛，在随机调查的一百名矿工中，能“寄款回家者仅占百分之三八”，“未寄款回家者占百分之六二”。有旅行者体验了一个叫“天良”的矿洞：“我们曾匍匐入硐，行约十余丈，因泥滑潮湿，黑暗不辨咫尺，即匆促而返，不知三千尺以下之工人，其生活将何以堪。出硐后，回顾硐内之潮湿黑暗，仰视硐口之天良二字，再看到负塃工人之形状，心里不禁说道：‘天良天良，资本家真乃是有天良！’”[②]

总而言之，近代云南交通事业（尤其是公路建设）有了一定的发展，带动了昆明人口的稳步增长。但以昆明为中心的交通网络的初步形成，对广大地方区域造成了一种虹吸效应，资本、物流、工商业乃至人口向昆明高度集中，使得近代云南城市发展呈现出昆明独大的畸形发展态势。一方面，昆明城市的相对繁荣，让传统的社会结构发生了一些变化，以大工商业者和买办与知识阶层为代表的新兴阶层开始崛起，并在城乡权力结构中发挥了重要的作用。另一方面，处于社会底层的小工商业者、工人和平民阶层，则日益陷入困境，城市社会结构两极分化的趋势亦日渐明显。

---

① 苏汝江：《云南个旧锡业调查》，69—70页，国立清华大学国情普查研究所，1942。

② 薛绍铭：《黔滇川旅行记》，83页，上海，中华书局，1937。

第四章　近代云南的城乡关系

第一节　城市的拉力与乡村的推力

一、近代云南乡村贫困

近代云南乡村的状况和整个中国的现实密切相关。同整个中国一样，近代云南乡村也处于疲敝之中，乡村的凋敝从根本上动摇了各行政当局的统治基础。近代云南乡村，既是政治黑暗、兵灾等人为因素和疫病、自然灾害等自然因素的直接受害区域，又在城乡关系中成为劳动力、生产原料的来源地和商品倾销地，从而在整个城乡关系中处于极度不利的地位。

在民国时期的一些游记或旅行记中，对此有较为真切的描述。如沾益，"这里的人，都很老实，一切都不大说'谎头'，不过穷苦得也真可观！女人还很多缠足的，患大颈症的很多，尤其是女人；乡下苦更甚，几乎连乞丐都不如"①。"师宗穷僻荒凉，城垣高不及丈，城内道路崎岖，商店无一家，仅有零摊三五，出卖食盐火柴等物。"连县政府"两旁房屋亦多倒塌，院内满是荒草。""师宗的穷苦，在滇省中可列为甲等……丁粮全年为新滇洋三千元，合国币仅一千六百元。……境内土地，硗瘠异常，农产物仅有苞谷，但此丰年亦不足食。"② 师宗"县城并无正式商店，与村镇的杂货摊差不多。街道以石板铺成，年久失修，坎坷凸凹，泥秽满街。两面房屋，破旧不整。县府俨如旧庙。城市有两大特点：妇女十九裹小脚，年轻者亦不免；不少民房，在中堂囤一未葬的棺材"③。

---

① 李霖灿：《黔滇道上》，50页，大公报馆出版部，1940。

② 薛绍铭：《黔滇川旅行记》，60—62页，上海，中华书局，1937。

③ 向尚等：《西南旅行杂写》，180页，上海，中华书局，1937。

1939年，有调查者在宣威河东营调查，自耕农或半自耕农田地平均每人不到两亩，“而每亩田地的生产量甚微，大约的估计，田每亩可得稻子四斗，（米每升重十三市斤）地每亩平均可得杂粮二斗”，每人每年所得的粮食不过两三百公斤。“在这工业品与农产品不等价交换的情形下，他们的生活怎能不痛苦呢？赋税、油、盐、衣服、家具、医药等等的消费，即以每人三亩计算，又怎不负债呢？何况还有意外的支出，——婚、丧等，就非债台高筑不可了。”手工业是“本没有什么手工业，有的，不过是一些极粗简的一些农具罢了”，副业“他们也没有什么，也不会什么”。这还是自耕农或半自耕农，佃农的生活就更为严峻了。在马绍房和傅玉声所调查的宣威河东营，“不欠债的只有一二家”，债主“不是高利贷者，就是富农”，还有商人以农产品为利息放贷的，每元每年的利息是大米5公斤左右，“还要上等者”。①

双江茶农的境况也同样堪虞。就双江经营茶叶生意的农民而论，每年进款也不算少，而他们的生活仍是很贫苦的。本来，在土地的分配上，“拥有四五十块茶地坐收茶租的大小地主并不多，十之七八都是有四五块茶地的自耕农。然而因他们多系就地拆卖，得价较低，再加以善于盘剥的茶商，用高利贷的手段，于十冬月间放贷，二十余元的本，到二三月间就要来收价值四十余元的一担茶，故以茶为副业的农民倒还吃亏不大，而专门望靠种茶生活的，则茶叶还未离树，早因吃米穿布向人指抵了，终年碌碌，结果还是两手空空的”②。

自耕农或半自耕农的生存状况已经比较严峻了，佃农和雇农的生存状况则只能用险恶来形容。20世纪20年代末，昆明县“不问丰年与否，每年每亩地主净收白米一百五十斤，（按每年每亩上发约出米谷三斗，可制成白米一斗五升，约有一百七十斤，今地主净得一百五十斤，约占百分之八八，佃农仅得百分之一二），其余下发出产品概归佃农所有，地主不得分享”。不过，在云南一年两熟的情况下的所谓“下发”，只是附带性质，“上发”才是主产。也即地主所得占整年收成的一半以上，因上发粮食比下发粮食产量和品质要好得多。佃农租田，须得向地主缴纳“保证金滇币五十元于地主（约田价十分之一），甚有上发所出之米全归地主，佃农仅收下发之农产物者”。除地租外，佃农还须承担田赋，数额分田、地分别计算，从四升五合到二升四合不等，约占总产出的十分之一强。这类佃农若没有天灾人祸，尚可度日，但一遇灾祸，只得向

① 马绍房、傅玉声：《宣威河东营调查记》，载《西南边疆》，1940（8）。

② 彭桂萼：《双江的茶业》，载《西南边疆》，1939（5）。

地主借债，“利息每月每百元约为四五元，乃至六七元，可谓暴利已极”。若是无力缴纳保证金的失地农民，则只能出卖劳力，工资每年不过滇币一百元。①

到20世纪30年代中期，昆明县“租田耕种的农民占全体中百分之七十以上”，至于田地，“自耕农均在十亩以下，半自耕农均在五亩以下”，“租额很高，不论上中下各等农田，大都超出，因此农村中贫苦状况，十分显著，半自耕农、佃农、雇农的负债率在百分之五十以上”。其余禄丰、玉溪、马龙等县，情况与昆明差不多。

总而言之，即便是当时官方调查也承认，第一，“地权之继续向地主方面集中”；第二，“自耕农在逐渐没落中”；第三，“土地所有与土地使用之分离的矛盾现象，在云南是十分严重”。②以上官方调查，主要是滇中区域。但滇西南区域也不乐观。陈碧笙即观察到，“滇西土司地之经济状况，概括的言之，实已经步入动摇崩溃之境。其现象之最显著者厥为固有土地制度之破坏，土司榨取压迫手段之强化，贫富阶级之对立，人口之大量逃亡，耕地之日就荒芜，外币之流通，物价之飞涨，捐税之林立等”③。可以想象，全省各区域应差别不大，边远地区的情况甚或更严重。

二、近代云南乡村贫困的原因

近代云南乡村凋敝的原因，可以从以下几个方面来说明。

（一）政府的腐败和压榨

在近代云南的行政体系中，县其实具有相当大的自主权力。一县之中，除县长为省政府任命外，其余官员要么是由县长委任，要么县长具有提名权，这在实行所谓“自治”以后尤其如此。这就容易导致两个极端：强势的县长往往能够做到一手遮天，而弱势的县长因在当地政治生态中缺乏足够的影响力，致使县长命令“不出县衙”，从而事实上被架空。再加上交通不便、资讯传递方式落后等原因，省级政府和检察机关也不大容易掌握各地实际情况，最后导致的结果就是贪腐盛行。

① 铁道部财务司调查科：《粤滇湘滇两线昆明县市经济调查报告书》，87页，1930。按：云南方言把农作物出产次数叫做“发”，一年两熟就是“一年两发”或“上发下发”，文中所说“上发”指第一熟，“下发”第二熟。

② 行政院农村复兴委员会：《云南省农村调查》，上海，商务印书馆，1935。

③ 陈碧笙：《滇西边地经济之危机及其救济之对策》，载《新动向》，1939（1）。

有旅行者就看到，云南各县“在行政上每县都是划分为七八区以上，区长是由县长直接委任，区长又可委任乡镇长。区及乡镇公所，均无确定经费，却是有不少的人挤破头争着要干。曲靖前县长某任内，一个区长领到县长的委任状，普通都要运动费，但三个月后大半撤职。该县计分八区，县长每三月内委任区长，区长领到委任状后，又可委任大批乡镇长，一个乡镇长由区长手里领到委任状后，也要运动费，每区普通分为十个乡镇，如此区长获利约可对本。乡镇长当然不是傻子，他们的本钱和利息，自然是有人偿还。这不仅一个曲靖县，滇黔边境各县，大都是如此。在交通愈不便的地方，贪官土豪是越要厉害一点”①。不言而喻，这些“运动费”最后都要落到普通百姓头上。而个旧县长则为“特等肥缺。云南有‘个旧县长当一月，半辈衣食可不缺，个旧县长当一年，半辈不缺大洋钱’的话，其缺之肥可知。个旧县长之发财办法，多因矿地犬牙相错，矿商纠纷时起，有纠纷必成诉讼，诉讼一起便是县长发财的机会到了。……故个旧县长任期亦甚短，普通多为一年，因为这个特等肥缺不能让一人久享，但一年县长所得已可使终身衣食无虑了”②。

富县固然官官趋之若鹜，穷县竟然也是肥缺。比如师宗的穷苦是“甲等”，当地流传一首民谣：“小小师宗县，衙门像猪圈。拍拍惊堂木，四门都听见。”所以“大凡到本县做县长的……及至中途听到那首歌谣，就好像当头浇了一勺冷水。但还半信半疑，或以为不是事实。孰知进了县城，已证实了一半，走进县府接事，又证实了一半，于是兴冲冲而来，终至痛哭自己的官运不通”。然而“师宗县府虽是简陋，民众虽是穷苦，却有健讼的风气。一件口角细事，也要扭到县府评个曲直，甚至穷年累月，诉讼不止，结果倾家荡产者不知几多！我们亲听到一桩抢案，盗赃俱在，而官司却打了三年。又据我们住的一家客寓的主人说他利用自己的地基盖造房屋，劣绅认为有伤风水，硬是不许动工建筑，至今官司还没了结。此种风气，大多是县长勾结土豪劣绅，利用健讼的风气，榨取人民的膏血。所以不旋踵囊橐已满。等到免职或调任令下，不免又恋恋不舍，而又长吁短叹，自嗟官运不佳”。所以，“在云南全省，师宗县的苦是闻名的，上峰督促因之稍宽。老于官道的既知此种内幕，钻营时反以

① 薛绍铭：《黔滇川旅行记》，98页，上海，中华书局，1937。

② 薛绍铭：《黔滇川旅行记》，91—92页，上海，中华书局，1937。

得到师宗县职为美差”。[①]

师宗县官以民风健讼而肥，宣威人民却是“冤死不告状”的。宣威“各机关均无固定经费，其经费来源乃系用一种‘富户捐’名义摊派于人民。但所谓富户捐，又漫无标准。如某区摊款若干，由区公所分配于所属之乡镇，乡镇长指定某人为富户，他就须得经常担任机关经费之富户捐。有很多经乡镇长指为富户，而担任富户捐的人，却是三五个月连盐都没有尝过的人”。普通乡民“对于乡镇长尤不敢作声，因为作声反对，或申冤告状，一定也不会有什么好结果，徒开罪了阎王爷，一切惟有一忍了之”。[②]除摊派钱款外，还有摊派力役牲畜的。1938 年秋，曾昭抡游历滇西一带，从丽江到鹤庆，因为行程匆忙，没有雇到马匹，“结果还是利用县政府的势力，封了九匹马去鹤庆。为着应付公事上的需要，封百姓的马当差，在滇省的西北部，是一种通行的惯例”。而且这种“封”，“不是到百姓家里去，令他出马，而是到街子上去封”，“封的方法，是见马就拉”。这一次曾昭抡他们“封”马之后，马主大为惊慌，“一天来了十几次，哀求我们将马放走”，纵然向马主解释不是白骑，要给钱，也是无效。曾昭抡后来才知道，原来“军队封马，常常将人和马一齐拉去，一个钱也不给，所以至今百姓中间，还是‘谈虎色变’”。[③]

在《云南省政府公报》和《云南民政月刊》等官方文献以及当时报刊中，也记载了一些乡民因县区长和乡镇长鱼肉乡民而向省里告状的情由。如 1933 年，宣威县民陈时铨提告该县卸任县长杨自珍，说杨有十五大罪状：“盗献国土，以媚恩主”“借名催款，派出数十无赖亲友，到处骚扰”“借名清乡，实则择肥而噬”“动辄派队绑人，以便勒赎”“施强暴胁迫手段于赵鸿魁”、“受贿纵匪，敲诈同官之财”“诱人犯法，从中没收”“违法压制，不准上诉”“私设刑具，较前清尤甚”“不尊部章，私造状纸”“加收讼费”“增设检察局卡”“横征特货驼捐”“违法征收牲税”“捏词电禀，意图逮捕、侮辱缙绅”。官司打到省高等法院，高等法院在调查后认为，所指控的罪状虽大多是“诬告”，但也承认，杨自珍对于部属许鼎铭等，“奉令催款，滋扰人民，事前监督不严，事后毫无觉察，及动支罚金，修理衙署，并不先行呈准部分，实属擅专溺

① 向尚等：《西南旅行杂写》，178—179 页，上海，中华书局，1937。也有旅行者说到，民谣为“进了师宗县，衙门是猪圈，大堂打屁股，全城都听见”。见薛绍铭：《黔滇川旅行记》，62 页，上海，中华书局，1937。

② 薛绍铭：《黔滇川旅行记》，100—101 页，上海，中华书局，1937。

③ 曾昭抡：《西康日记·第十五编　由丽江返昆明》，载《大公报》，1941 年 4 月 15 日第 5 版。

职”，至于“收支罚金数目，是否相符，有无浮冒侵蚀”，“拟仍由该法院继续严查”。其他各项指控，“或事出有因，系属误会，或已由各主管机关另案办理”，对于杨自珍也“酌予停委处分，以示惩戒”。[①]以县长职权之大，乡民提告县长，乃是非同小可之事，不论该案系由官绅矛盾，抑或由于县长真的贪赃枉法一手遮天而起，种种指控纵有不实情节，也不可能全为捕风捉影之语。1944年，平彝县吉克乡民众代表胡绍荣等告该乡乡长“狼狈为奸鱼肉乡里等情具诉该管乡长高朝贤”[②]；保山县民吴家珍等“以贪污违法陷害等情具诉第六区行政督察专员公署视察朱东屏”[③]。此类案件官方记载不少，可以想见，没有记载或乡民根本不敢上告者，恐怕才是主流。

此外，修路、丈田、抓夫抽丁等，也存在滥用民力的情况。曲靖沾益一带流行的民歌，就将修路、丈田抓夫抽丁对当地农民的压榨直白地咏出来：

> 正月里来是新年，政府起意丈粮田。九分就要量一亩，一亩就要八毫钱。八毫还是做正款，又要三仙印花钱。细账不可来打算，哪县不要几万钱。
>
> 二月里来是春分，政府起意修路程。各州府县下命令，抽了多少老百姓。好田好地通直过，不管房产并祖茔。若有哪个不应允，官处王法不容情。
>
> 三月里来是清明，老小农民动工程。挑的挑来挖的挖，处处修得一样平。高山头上挖成槽，河沟修成大桥行。又出钱来又出米，坑死多少百姓们。
>
> 四月里来正栽秧，田上地下一齐荒。工程师来先传令，人民大家听端详。田地荒了是小事，公路耽误事难当。若有哪个违误了，区乡闾邻又遭殃。
>
> 五月里来是端阳，人民催在公路上。富的做工不要紧，穷的做工哪个不心慌。不料天气遭大旱，长流河水也不淌。山中树木自落叶，五谷杂粮尽吃光。

① 《卸宣威县长杨自珍被控贪污凶狠案报告书》，载《云南民政月刊》吏治专号，1934（11）。

② 《据呈以狼狈为奸鱼肉乡里等情具诉该管乡长高朝贤等一案批示知照》，载《云南省政府公报》，1944（22）。

③ 《据保山县民吴家珍等呈以贪污违法陷害等情具诉第六区行政督察专员公署视察朱东屏等一案批示知照》，载《云南省政府公报》，1944（14）。

六月里来大半年，只筑工程不卖钱。离开家乡几百里，害得百姓不团圆。哪个人民不受苦，又出夫来又出钱。人民想来真伤惨，日日夜夜泪涟涟。

七月里来正立秋，催去人民挑石头。白日挑的不算账，夜间又要铺石头。城外百姓胆子小，挨死挨活哭到头。城区百姓会打算，把路包给军队修。

八月里来八月八，人民想了难挣扎。白日做的从不计，夜间不做就要罚。只要许他几块钱，闭了眼睛不管他。指导若是不得钱，又要骂来又要打。

九月里来是重阳，人民催在公路上。又修公路又领照，人民敲的改模样。曲靖有个康县长，未使人民遭殃。民众大家将恩报，送了德政转故乡。

十月里来十月到，政府主义打得高。再把洋烟来断定，断了洋烟卖公膏。公膏每月加一次，敲得人民好悲悽。哪个不叫苦中苦，哪个人民不再吸。

冬月里来冬月冬，催了人民去做工。白天一天苦到晚，夜间还做三点钟。哪个人民不受苦，哪家屋子不敲空。人民直喊苦中苦，周览团来又加工。

腊月里来正一年，人民不得去过年。公路修了不成事，哪个手中有文钱。香烛纸蜡无半点，哪个夫妻得团圆。有人得志又得钱，苦了天下庄稼汉。①

省府对各县实际情况不明，县长对于所辖县境情形也不一定明了，或者纵然知晓也无可奈何。这在滇西、滇南一带土司势力较大之地尤为突出。比如20世纪30年代中期，方国瑜曾游走滇西南一带，发现双江县县长就是被架空的：

我走到双江县属的班外寨，居民三十余户，寨下水田栉比，这数十家人的衣食，应该是很余裕的。可是进寨子一看，尽是些破落户，不论男女褴褛得非常可怜。问起他们每年的收获是很丰富的，但因交

① 刘兆吉：《西南采风录》，169—172页，上海，商务印书馆，1946。

通不便，粮食便宜，而征收门户钱的师爷，每年不知要来若干次，甚至一个月里要来两次，每次每户数元至数十元，以贫富论，尽其所有而与之，才把师爷打发走。不然，他要住下来坐索，逐日斩猪杀鸡的招待，分摊下来的数目更支不著了。……后来，我走到那赛，双江县政府在此，李竹君县长到任才数日，问起收门户税的存案，据说，每户四元，令我大吃一惊，因为我调查的七八十个寨子，最穷户，没有比四十元少的，还有多至两三百元的，县政府所收与人民所纳，相差至数十倍。当我调查时，也再三问过：师爷开给你们的收据？可是他们都不知道收据是什么东西，真是黑天冤枉呢。①

江应樑曾到车里任县长，也是“不征兵，不征粮，土司掌权，县长无事做，每年由土司按户征收行政费七元半开交县长”②。

（二）自然灾害

自然灾害也是近代云南农村所要面对的主要问题。因为生产落后，导致农民应对自然灾害的能力严重不足，再加上当时政府对于灾害预防救助能力有限，致使水灾、旱灾、冰雹、地震等灾害往往造成重大人员伤亡与财产损失。据云南全省赈务处所记，1925 年地震、霜灾、雹灾等全省灾害“摧折豆麦一百三十余万亩，灾民五十六万六千余户，共计丁口三百一十四万四千五百余人，死亡二十四万四千六百余十人，实近百年来未有之奇灾也”③。滇西地震损失惨重，滇东地区三月遭特大霜灾，到五月“其惨况不亚于震灾”，“自迤东之马龙起至昭通，方圆千里，……无或幸免”，“宣威来函云：……一般农民，老弱者跳河坠井，以求速死，或沿门乞食，卖儿鬻女，苟延残喘。至于强壮者则散之四方，铤而走险。……今则宣威县城中，酿成抢米风潮，几致全城罢市。一般饥民，蜂拥县城，见米即抢，以至运米者亦不敢运；沾益函云，沾益当民国八年旱灾，即已饿死多人。自是而后，连年旱潦无常，去岁冬春无雨，豆麦歉收，春夏阴雨连绵，既受水患，又遭蝗虫，伤害禾稼殆尽，人民多吃树叶及观音泥……今年三月二十三日，天降大霜，小春完全伤害……往年水

① 方国瑜：《救济云南西南边地经济私议》，载《新动向》，1939（4）。

② 江应樑：《江应樑自述》，见高增德、丁东：《世纪学人自述》（第三卷），315 页，北京，北京十月文艺出版社，2000。

③ 云南全省赈务处：《云南三迤各县荒灾报告》，1 页，1925。

旱为灾，尚有树叶可食，今年大霜，木叶尽脱，每日饿死者不下三五十人。迭据警署报告，四乡食人肉者，时有所闻”。[①] 1933 年，滇省建设厅接建水县长报告，“该县所属江外府土司所属太和里妈拖大小寨地方”突遭暴雨、泥石流和山体滑坡侵袭，“江水大涨，不惟顺江居民住户被水冲去甚多，即大山亦为之崩倒，惊天动地，实为从古以来罕见之事”，“致将已熟之黄谷及田亩一并冲刷，即人民亦淹毙二百余名，牛马死去无数”。[②] 1935 年中，晋宁水灾，“全境均已波及，不下七八万亩，居全县田地三分之二强，禾苗大都含苞，或已出穗，多被淹没，不但秋收无望，目前生活，均成问题，灾情奇重，前所未有，受灾难民，哀鸿遍野，嗷嗷待哺，见者无不寒心”。[③] 1937 年，祥云遭遇特大旱灾，县长请求免征田赋，省政府派员核查后，“成灾九分以上者”三万五千余亩，“成灾七分以上者”近八万三千亩，“成灾五分以上者”三万五千六百余亩，“实占全年收获总计不及中稔半数”，省政府又向国民政府内政部和财政部发咨文请免田赋。[④] 1938 年秋，“打破纪录的大雨，乃是普及云南全省大部分地方的共同现象。那时候到处闹着水灾，闹着收成无望”。[⑤] 1943 年，昭通“收获不及三十一年五分之一，仅足全县人民三个月的食量。该县官绅目睹灾情重大，特成立昭通赈灾赈济委员会，并派代表晋谒龙主席报告灾情”[⑥]。1946 年，滇西灾害严重，《大公报》专门发“社评”《请注意滇西灾荒！》：

> 滇西正闹着灾荒。其严重的程度比国内任何其他灾区都有过之而无不及。（一）在抗战期间，滇西一角迭经血战，人力物力损失綦重。因兵灾而直接死亡的人口达四万人，牲畜直接死亡近九万头。腾冲、龙陵、保山等十余县，战前人口为一百零四万，因各种灾难至今只剩七十万多人，而死亡率迄未减低。（二）今年雨量过多，山洪暴发，龙江、大盈江、施甸江及东河水位陡涨，淹没稻田逾二十万亩，冲坏桥梁二百多座，房屋人畜损失尚待统计。（三）平时粮食本已不足，加以人力畜力及肥料匮乏，灾情更为可惊。七十多万人中有三十二万

① 《滇西地震续以滇东霜灾，方圆千数百里内无或幸免》，载《益世报》，1925 年 5 月 31 日第 2 张。
② 《滇省灾害多》，载《益世报》，1933 年 3 月 30 日第 2 张。
③ 《滇水灾匪祸严重》，载《益世报》，1935 年 9 月 15 日。
④ 《咨内 / 财政部请蠲免祥云县二十六年旱灾田赋》，载《云南省政府公报》，1938（83）。
⑤ 曾昭抡：《西康日记·第十五编　从丽江返昆明》，载《大公报》，1941 年 5 月 1 日第 5 版。
⑥ 《滇省昭通灾情严重》，载《新华日报》，1944 年 2 月 5 日第 2 版。

以上正嗷嗷待哺。草根树皮在其他灾区是随地可以掘取的“代粮”，在滇西竟有了市价（每萝二千元）。[①]

以上只是媒体，而且是全国性媒体的报道。我们有理由相信，以民国时期云南交通的不便，以及资讯手段的落后，还有更多的规模稍小或偏远地方的灾害没有被官方和舆论界注意到。况且，上述对于灾害的报道，关注也只是大型的、直接造成严重损失的灾害。实际上，有些灾害可能没有造成直接大规模的人员和财产损失，但对农民生计一样造成严重影响，比如因灾害而造成的农作物大规模减产。这种类型的灾害，一般是不会被官方和舆论界注意到的。比如张印堂就看到：楚雄坝子“全部共计七万余市亩，十分之八为水田，余为旱地，除一小部分之农田系藉蓄水塘以资灌溉外，余均恃天雨，雨期稍晚，旱象即呈，若降雨迟至七月以后，则全部不能插秧，只可改种荞麦，然而荞麦畏雨，因时值雨季，故荞麦亦无丰收之望。据闻楚雄旱灾，每二年即发现一次，且有连续数年者，如民十五至二十，连续六年，均被旱灾，致全坝农田有十分之八，不能栽秧，似此干旱频生，影响民生至巨”[②]。

在一些地方县志中，也记载了一些灾害的情况。比如《宣威县志稿》所载民国以来宣威的水旱虫灾。[③]

表 4–1　民国以来宣威的水旱虫灾

时间	灾情	备注
1918 年	夏淫雨连月伤禾稼，秋后大旱	
1919 年	一二月大旱，三四月大霜	斗价骤涨。每米一升二元五六，包谷一升二元左右
1923 年	二官营海水溢，淹坏田庐	
1924 年 4 月 26 日	大风雨，木拔河决，桥坏者三，秋复大水，岁大饥	
1925 年 3 月 24 日	大霜，豆麦枯萎，市者罢粜。饥民结党分富室。	斗价每米一斗价至四十五六元，包谷三十五六元
1928 年 4 月	大雨，雹伤人畜，四方一带瓦屋多毁	

① 《社评：请注意滇西灾荒！》，载《大公报》，1946 年 9 月 11 日第 2 版。

② 张印堂：《滇西经济地理》，101 页，国立云南大学西南文化研究室，1943。

③ （民）王钧图、陈其栋修，缪果章纂：《宣威县志稿・卷五・政治志》，开智印刷公司，1934 年铅印本。

续表

时间	灾情	备注
1930 年	务德一带多狼患，积至现在，噬人达七百以上。四月大雨雹，城西一带灾尤重	
1931 年	一二月亢阳不雨，三四月间，两遭水雹，小春减收八九	
1932 年	栽插后淫雨连绵，秋收大减	

（三）疫病流行

农村缺乏卫生常识，致使疫病流行，这可能是近代云南乡村人口减少、经济疲敝最大的原因。1935 年，“思茅极乏医学人才，在四千人口中，有旧医（中医）四、五人，新医（西医）于民国十四年，有法人曾一度设立医院旋即停闭外，至民国二十四年以前，可谓全无新医。是以虽疾病流行十数年，死亡人数占人口总数三分之二，尚无确实之调查及防治”。自民国八年（1919 年）以后，至（民国）十年间病者更多（即一般人谓瘟疫或症或痧）。其流行之情形，初时每户中可免死亡，但不能免无病。续则每户中可免死绝，但不能免不死。后则每街每段，或可免居民死绝，但不能免无全户死亡者。城区中，如城西南方回子街下段，西城内外及大佛寺窑房脚，城北之小石桥，城东之财神庙、龙王井，南城外之珠市街下段，及朝阳巷等区域，死亡最多，多者全街死绝，少者亦死绝三分之二，或二分之一。至于附近之乡村，更不堪言。如三家村、架龙、乃党、土桥、新寨、虎荒、高家寨、唐家寨、梅兰村、土谷村、新庙街等，则全村死绝者颇多。所余孤儿寡妇，一家哭，一路哭，凄惨万分。[①]

“瘴病是云南人口的最大敌人。”据张凤歧考察，“元江人口较诸十年前是减少百分之四十”；“思普、顺云的疫病是异常猛烈的，它吞吃了每县人口几乎三分之一。普洱的居民告诉我：‘个人可免，全户难免’，这是说每户中至少有一人罹虐而亡的”。仅 1935 年内，“普洱城内死者七百余人，四郊二千余人”。[②] 思茅县，更为凄然：

> 我由普洱去思茅的途中，由三台坡、樱桃塘远眺思茅坝子，但见广袤百里，沃饶可爱。既抵思茅辖境，则又田园荒芜，鸦鸟不居，蓬

① 后晋修：《思茅之疟疾及其流行之初步研究》，载《西南边疆》，1938（3）。

② 张凤歧：《瘴虐与云南人口》，载《西南边疆》，1938（3）。

> 蒿枯径中，均是不毛之田。我游城外南郊，藉窥农村荒芜真相，轻骑所历，枯苇满地，知是数年来渺无人烟。抵一村名水沟寨，颓垣断瓦，门联户封犹存，只是留下一块荒墟。导引者说，这村四五年前尚是人口稠密之镇，约四十余户，今因病疫而成荒墟。我再依马前行，又抵土库村，仍是同一惨象，仅留有户口七家，而每户人口约二三人，均有病容。以彼例此，则不出一二年内，土库村亦必为一荒邱，不言而喻。思茅的农村是这样一幅惨图，思茅城内更是满目萧条。很美丽的红墙高屋，楼宇深锁，蓬蒿没胫。以迤南商务、政治、文化中心地的思茅，昔日全县人口约二万户，连年惨遭时疫，今仅留其十分之一。这不仅是思茅一县的浩劫，而直是整个滇南的大不幸。[①]

1945年滇西灾祸连接，据当时官方统计，仅保山腾冲因回归热死亡即达“一万七千余人，全家死亡之例亦多，故滇西称为‘鸡窝病’，以其死则一窝也”。伤寒霍乱，“保山一地曾经一次死六〇〇〇〇余人，龙陵曾经一次死一一〇〇〇人”。[②]

（四）土匪侵扰

土匪的侵扰是近代云南乡村发展迟滞的又一个重要的原因。匪患的猖獗在整个民国时期的云南都存在，不但扰乱地方治安，也对地方治理、商业和行旅产生了严重影响。民国时期到云南的旅行者，大多说到过匪患的事情。匪患不但在边远地区多如牛毛，甚至在通衢大道附近也有。比如有旅行者就提到，昆明附近杨林到板桥“也不平靖，长坡一带时常出事。……于是，就派一部分兵士来保路！这样，路是可以走了，然而在易隆就听到这里要‘保险费’很重，每人都得要国币一角！于是便成一种变相的哨钱制度，行人深以为苦”。实际上，当时这一带因为大规模修路，“长坡不再是从前的长坡了——现在，满坡都是工人在修路，既不必担心黑旋风，又没有人勒索哨钱！”可是区公所还是“派枪送我们”。[③]既然派枪，当然要收“保险费”。“白徧虽然附近有矿业，有田地，应该相当繁华，但是因为常有匪患，至今还是这种可怜的状况。最近鹤庆、剑川等县，加紧剿匪，匪曾窜到此处附近一带，因此情形更形紧张。……

① 张凤岐：《瘴虐与云南人口》，载《西南边疆》，1938（3）。

② 行政院善后救济总署滇西办事处：《滇西灾区救济工作报告及业务计划》，8页，1946。

③ 李霖灿：《黔滇道上》，58页，大公报馆出版部，1940。

区长已经带着自卫队，随军队出发剿匪”，因此曾昭抡等希望白衙地方派枪护送他们到邓川，地方只能表示“所有武装自卫队，都已随区长出发剿匪，剩下来的虽然还有几名，可是一杆枪也没有，因此无法可以护送”。[①] 1939 年，有记者注意到“平彝到曲靖这一带，时常闹事。我们一路都是这样一路走过的，不过真也有点担心。担心的是，云南的土匪太‘胆小’——先打死人，然后才敢抢东西！”[②]

一般土匪还只是拦路抢劫，有些大股土匪则是打家劫舍的。1921 年，威信县行政委员会向云南省政府报告，“匪已发三四百名……由清水河直入天蓬寨，寻进威信街内，肆行烧抢……兵来则退川境，兵去复返老巢，实难抵御”。通海县知事亦报告省府，“大新村山后，（距城十五里）突被外来盗匪百余人明火执械，直入大新村内肆行劫掠”，杀村民一人，伤数人，“行劫村民廿余户，捆去村人十余名”。[③] 1922 年《元江志稿》也隐晦地提到，说在 1918 年，“时值萑符（案：即盗贼土匪）满目，冬防吃紧，以地方辽阔，团保不敷分配”。[④] 20 世纪 30 年代初中期，边城缅宁为防土匪，“县城的紥路营，顾龙及各区要隘均陆续修建碉堡，各村寨并各筑围栅，遇风声吃紧，即昼夜输换防巡。因近十年来匪患如蜂，居民都成了惊弓之鸟。枪械民间私有者约千余支……合计全县公枪约有二百多支左右，弹数万发。……但他方面因土匪遍地，十多年来愈演愈厉害，故于常备队之外，四五十或七八十的剿匪队，是每年都要组织一二次的，尤其是民国二十年，竟一起组设到三大队之多。然而土匪不仅不会肃清，县内的匪首固层出不穷，而临封猛麻、猛戛、改心一带的更常常窜入，如杨五、杨六、邱七、邱八、黄发清、杨再兴、查士良、杨发……就是近十年内使缅宁一带的兵民疲于奔命，横遭蹂躏的祸害了”。[⑤] 缅宁情况如此，其他附近各县亦可想而知。20 世纪 20 年代的宣威，因“护靖两役，大兵屡动，土匪乘间窃发，于是有游击队之成立”，然而“游击队”即常备大队“流品杂成绩少，而土匪之猖獗亦日甚一日”。为维持治安和剿匪，宣威在 1924 年练“乡兵三中队，每中队额百人”；1928 年，“为肃清土匪，当时团队办足六中队”。除县常备大队外，各区还有“团保民”或保卫团（1929 年后），

① 曾昭抡：《西康日记·第十五编　从丽江返昆明》，载《大公报》，1941 年 4 月 26 日第 5 版。

② 李霖灿：《黔滇道上》，39 页，大公报馆出版部，1940。

③ 《滇南土匪焚掠录》，载《民国日报》，1921 年 10 月 30 日第 6 版。

④ （民）黄元直修，刘达武纂：《元江志稿·卷六·自治志三·团保》，开智印刷有限公司，1922。

⑤ 彭桂萼：《西南边城缅宁》，137—138 页，出版者不详，1937。

“养团兵三十名”。[①] 也即仅宣威一县，其武装力量最多时竟达千人之众，然则其匪患之猖獗也就可想而知了。抗战胜利以后，江应樑想到滇西南一带做学术考察，“事实上有两重困难”，其一即“交通不便，马站要走二十多天才能到车里，而且沿路盗匪如毛”。[②]

对于匪患的猖獗，官方文献多语焉不详，但在一些半官方文献中有所反映。1939 年组织的云南省临时参议会和 1946 年组织的云南省参议会，在历届会议提案中，都有关于清除匪患的提案。如 1939 年云南省临时参议会第一次会议，参议员李某等提“拟咨请省府通饬各县认真清除盗匪以维地方治安案”，说“目前各地盗匪充斥，閰里不安，不仅影响商旅之往来，甚至兵役及其他要政之推行，亦多感受障碍”；参议员李法先等提“拟请明定赏罚厉行剿匪以靖地方案”；参议员马鉴等提“拟请转咨政府速饬驻地军队清剿大理附近各县以安閰里案”，说“窃查大理附近各县，于民国十一二年至十六七年间，盗匪蜂起，烧杀抢劫”。后经整顿，匪势有所减弱，“及抗战军兴以后，正式军除开动开拔，或注重训练”，致使匪势“又成燎原之势”，“如近来剑川鹤庆邓川洱源华坪云龙漾濞等县，村寨被围烧杀抢劫，捆人勒赎之事，层见叠出，人民风餐露宿，一夕数惊”。[③] 1940 年，云南省临时参议会第三次会议，参议员由云龙提“请省府严饬各县长认真编组保甲消弥盗源并注意缉办盗匪维持地方治安保卫过往商旅勿得视为具文敷衍塞责案”，也说“一二年来，因开往前线军队几达二十万之多，各地驻防兵队减少，土匪劫盗渐出抢劫。始犹在僻远地方，人数不多，渐至通衢大路，居然大股横行。甚至近郊疏散之区，亦时闻盗匪出没，发生强案，如迤西之禄丰罗次广通楚雄大姚以迄大理蒙化缅宁，迤南则峨山建水晋宁玉溪。昆明（昆明宜良一带似有江淮青红帮窜入尤宜注意）恒有拦路抢劫杀伤人命情事”。[④]

土匪侵扰对于农村的破坏，除了直接烧杀之外，更沉重的负担在于剿匪的开支，是要以捐税的名义摊派的，以至于有人就认为土匪的劫掠是“梳”，剿匪的开支摊派则是“篦”。20 世纪二三十年代，宣威的团保费用，县常备大队粮饷“摊由各区各保分担”，区团保“给养由所辖各保摊派”。“花户均上中下

① （民）王钧图、陈其栋修，缪果章纂：《宣威县志稿·卷五·政治志·团保》，1934 年铅印本。

② 江应樑：《江应樑自述》，见高增德、丁东：《世纪学人自述》（第三卷），315 页，北京，北京十月文艺出版社，2000。

③ 云南省临时参议会秘书处：《云南省临时参议会第一次开会记录》，40—41 页，1939。

④ 云南省临时参议会秘书处：《云南省临时参议会第三次大会会议记录》，19 页，1940。

三等，酌量担负，平均每保约三十元，花户除贫苦者不计外，每户平均出费不过一角”。这个数额本不为多，但“因不肖团保，任意出入，从中渔利，故宣民甚受其困”。1928 年，时驻宣威的侯镇邦曾改革团保费，由按户摊派而改为按财产摊派。即清查田亩等不动产，“科田地为三等，酌定征额……每月收支预算定为现金六千元”。此项改革，本意是想让“有产阶级”承担团保费用，减轻少产无产者的负担，但“富户田土多而佃给平民耕种，应出款项辄令耕者担负，否则更佃他人，故贫者愈困，富者反减轻担负。又，开报时，怯者尽量，强者作奸，以致财富之区出费转少，贫瘠之地拖累匪轻。本善政而得恶果，真非意料所及”。[①] 1930 年，新平县常备大队“分设三中队，每队官长士兵八十人，月需薪饷二千四百元有奇，分配由各甲人民负担，门摊户派，烦扰不堪”。[②] 20 世纪 30 年代缅宁为剿匪和维持治安，“人民每年要出一万三千余元的常备队团捐，要出近万元的区团费，要出好几千元的联团费、剿匪费……结果仍然不得拉伸了脚睡一觉，走十里路也要把脑壳寄在腰杆上，这日子真过法不有啦!”[③] 缅宁作为总人口不到十万的边地小县，仅剿匪和维持治安的税捐就近三万元，以当时收入水平，除去老弱病残，可能要占到总收入的十分之一以上。1938 年，曾昭抡在鹤庆到剑川的路上看到，因为剿匪的关系，“保护交通，凡是通过此处的伕子，无论北上或者南下，每匹征收路捐一元，作为保路经费”。[④]

第二节　云南城乡一体化尝试

所谓城乡一体化，是指将原来城乡之间互相割裂和分离的状况，通过政治、经济和教育文化等方式和手段，逐步整合成为一个有机联系的整体的过程。民国时期的城乡一体化，可以看作是中央当局试图将其政治触手向地方和基层延伸，从而增强对于地方和基层的掌控力，这主要是通过以实行新县制为

① （民）王钧图、陈其栋修，缪果章纂：《宣威县志稿·卷五·政治志·团保》，1934 年铅印本。

② （民）吴永立修，马太元纂：《新平县志·第六民政·团保》，1933 年石印本。

③ 彭桂萼：《西南边城缅宁》，138 页，出版者不详，1937。

④ 曾昭抡：《西康日记·第十五编　从丽江返昆明》，载《大公报》，1941 年 4 月 26 日第 5 版。

核心的县市自治来实行的。

一、县制改革与城乡一体化

县制改革主要是通过自上而下的方式，这虽然有利于统筹全局，但也带来一些弊病。

首先，因传统府县制度向近代行政体制过渡兼具制度因袭和创新等原因，各级政权之间的权限与县政府内部职责难免不明。传统的行政管理体制本质上是以文官为核心，辅以小吏的垂直管理模式，其主要的职能核心是税收征缴。而近代国家体制建立之后，随着社会分工和经济活动的活跃，以及近代城市基础设施的改进，除传统的政务之外，民政事务也开始成为政府管理的重要组成部分。在制度的新旧中西调和之际，各级政权之间的管理权限成为调整重点。各级政府之间和政府内部管理混乱也成为常态。国民政府官方后来也承认："现在各省县间，不仅国家行政权与地方自治权，未有确切之规定，即省与县间之行政权，亦无明白之划分，以至权限混淆，应属于县者，政府及各厅或靳而不与或滥加干涉，不应属于县者，又往往强行使之，偶一不逮，惩罚随之。夫权限不分，斯责任难明，现实各县县长，大都成为有责无权之人，县政府亦成为无事不办而无事能办之机关。"① 县政府内部也是如此："中央各部会，省政府各厅处所筹划进行之事，十有八九，是由县政府执行，号令庞杂，事事物物，责诸县长一人，其实际可为县长辅助者，仅有县政府之一二科长及秘书等三四人，各局局长，名义上虽为受县长之指导监督，而事实上已成尾大不掉之势。"②

其次，县政府无固定经费。县政的基础在于财政，若财政经费无着，则不难想象，县政的运作也必将陷入停顿。甚至国民政府也承认："县之预算制度，不能成立，县之财源，不能确定，每办一事，须临时筹款，或增加田赋附捐，其税目之繁多苛细，尽光怪陆离之能事。"③ 纵然县长纸面上的权力不小，但若无财政支持，则其权力也必将大打折扣。县政府既无财源，遂使县政人员陷于苟安敷衍或贪赃枉法之境地。对于县财政一事，1930 年国民政府修正《县组

① 第二次全国内政会议秘书处：《第二次全国内政会议报告书》，217 页，1932。

② 第二次全国内政会议秘书处：《第二次全国内政会议报告书》，214 页，1932。

③ 第二次全国内政会议秘书处：《第二次全国内政会议报告书》，215 页，1932。

织法》并无专条涉及，但同年公布的《市组织法》却有“市财政”一章。可能有鉴于此，1939 年公布的《县各级组织纲要》，专设“县财政”部分，对于县财源方有系统谋划。而这也可以看作是民国时期城乡一体化在政治方面的显著表现，也即将城市和乡村纳入同一个施政体制之内。

基于以上认知，1930 年国民政府修正公布的《县组织法》，大大加强了县长的权力。第三条云：“县设县政府，于省政府指挥监督之下处理全县行政监督地方自治事务”；第十一条云：“县政府设县长一人，由民政厅提出合格人员二人至三人，经省政府决议任用之。综理县政，监督所属机关及职员”；第十七条云：“县政府各局，各设局长一人，由县长就考试合格人员中遴选，呈请省政府核准委任之”；第二十一、二十二条规定，以县长为主席、秘书及科长以及各局局长为参与者的县政会议，有权议决下列事项：“县预算及结算事项；县公债事项；县公产处分事项；县公共事业之经营管理事项”等。县以下，设区公所及乡镇公所，区长和乡镇长均由区民和乡民选举产生，选举之后，区长由县长任命，乡镇长由区长任命。[①]

从以上规定可以看出，县长对于县政具有决策权，尤其是拥有县域最重要的人事权和财政权，事实上处于独断的地位。如 1929 年 8 月，内政部颁布《区长训练所条例》第十一条规定：“本所学员，由各县政府保送。”[②] 区长及乡镇长对于本区域内事项均有决策权。该法虽规定区长及乡镇长由选举产生，但因交通不便、区民及乡民识字率极低和参政议政意识有限，以及官员欺上瞒下，选举极大可能只是流于形式。受通信、交通等客观条件限制，县长权力又大，故而自治效果如何，与县长有绝大关系。如县长励精图治，则尚有积极效用；但如县长庸政懒政，则自治的结果往往是灾难性的。或许是考虑到上述现实困难，关于区长及乡镇长选举一事，《区自治施行法》规定：“区民大会以到会区公民过半数之同意决定之。”[③] 这里只规定“到会区公民过半数”，而不是应到会公民过半数，也即对选举必须要出席的选民数量和比例没有强制要求，这就为操纵选举结果提供了某种可能。出现这种显而易见的疏漏，不大可能是立法层面出了问题，而更有可能是立法对现实情况的妥协。

1929 年县制的颁布和实行，虽则对于全国的行政体系有重大影响，但也

---

① 广东省政府：《地方自治法令汇编》，1—9 页，1930。

② 广东省政府：《地方自治法令汇编》，113 页，1930。

③ 《区自治施行法》，4 页，内政部编印，云南省民政厅翻印，1929。

有若干不完善之处。云南近代地方自治，肇始于清末，但大规模实施，还是20世纪30年代的事情。1930年，经省府多次会议议定，由民政厅筹设云南省自治筹备委员会，直到1933年方正式成立。自成立之始，该会即注意到城乡发展，该会的主要任务之一，就是关于“乡村建设及改进事项”，“提倡生产奖励合作，为当今救济农村之唯一良法”。① 在该会历次筹备会议中，也有议案涉及以自治作为发展地方措施。如戴绍祖提“请函民厅通令各县政府，转饬自治各团体，对于农业生产方面，积极举办，以裕民生，并引起民众对于自治组织之兴味案”，具体办法有“筹设仔种交换合作社”“兴修水利”“提倡副业”“设置苗圃”“推广改进固有事业”以及“斟酌地方情形筹设农会及各种合作社”等。②

在自治筹备委员会的统一督导下，1930—1934年，自治主要的工作，主要有以下一些：一是“厘定自治系统”，主要是在原撤销之道尹及县佐制度的基础上，一律改为县治或设治局。二是“储备自治人才”。在地方行政人员方面，经训政训练讲习所培训地方行政和公安人员两期四班共461人；在地方自治人员方面，先后招考自治人员如训政讲习所，及招选全省区长入区长训练所，先后办理三期十五班，共计培训区长1117人。又在各县设所训练乡镇长，总计训练不下3000人。三是“确定自治经费”。四是“肃清匪患”。五是“整顿警政”。六是“调查户口”。七是“完成县市组织”。至1933年，完成自治组织者，仅有一市五县。八是“训练人民”，主要是开展识字运动。九是“初期清丈土地”。十是“举办救济事业”。③ 可以看出，自治的核心，实际上是县制改革，其主要的目的，是以自治的名义，将政治触角向基层和乡村延伸。也即在自治过程中，通过人事安排、清查户口、清丈田亩和整顿社会治安，将乡村和基层纳入整个政治的架构之中。其中县制人员的“训练”尤其受到重视，亦即试图通过经费和人事的安排，来把控整个政治一体化的走向。

因此，地方自治用意在于还政于民，但用意虽好，实际执行下来却多生弊病。这主要是因为：第一，因经费、当地政治条件等实际条件限制，“自治”在云南并没有完全得到落实。实际上，只到1934年前后，云南省实行自治的

① 云南省自治筹备委员会文书处：《云南省自治筹备委员会第一年工作报告书》，5页，1934。

② 云南省自治筹备委员会文书处：《云南省自治筹备委员会第一年工作报告书》，48—51页，1934。

③《第一次常会朱委员长报告本会之组织概况及云南省推行自治经过情形》，见云南省自治筹备委员会文书处：《云南省自治筹备委员会第一年工作报告书》，1934。

县，对于区长及乡镇长主要还是以委任为主。这主要是因为 1928 年前后，云南先是龙云和唐继尧冲突，后又陷入蒋桂战争，无暇顾及自治事宜。战事既毕，复因经费、交通等原因，自治一直没有全面实行。第二，县长及乡镇长权力过大甚至可以说是一手遮天，“自治”的主要机关比如县参议会等根本无法制衡县长的权力。第三，县长固然系省政府委任，但区长、乡镇长以及其他人员比如县议会主要成员还是以前的绅士阶层和小吏阶层，实际上换汤不换药。比如会泽县“自办理自治以来，其各区乡镇长等多为该地之绅士充任，组织虽有头绪，而工作方面，殊少表现，且各区乡镇长等，不但不能在职务上努力自治事业，且藉区乡镇长之地位，对于地方人民，多方苛敛，舞弊营私情形，重见迭出，如第九区区长朱信宽凭借背景敲诈民众为数不下滇票数百元，故人民认自治机关为苛敛机关，认自治人员为虎狼”①。

政府层面显然已经预见到这种情况，所以在《区自治施行法》中，对区长候选人资格做了限制，区公民年满 25 岁且具有如下资格之一者得为区长候选人：“一、候选公务员考试或高等考试普通考试及格者；二、曾在中国国民党区党部执检委员或上级党部重要职员满一年者；三、曾在国民政府统属之机关任委任官一年或荐任官以上者；四、曾任小学以上教职员或在中学以上毕业者；五、经自治训练及格者；六、曾办地方公益事业著有成绩经县政府呈请省政府核定者；七、曾任乡长副乡长镇长副镇长或乡镇检察委员一年以上者。”②在这一任职资格中，第五点及第六点实际上为旧式乡绅量身定制。参与自治训练者，是由县政府推荐的，也即只要识文断字即可。这可能也是立法对于现实情况的妥协。

而依照 1929 年《区长训练所条例》，则规定了入选条件：“一、在中学以上或与有相同程度之学校毕业者；二、在自治传习所或其他相当性质之学校毕业者；三、中国国民党党员曾办党务一年以上有成绩者；四、曾办地方行政事务三年以上有成绩者；五、在本县富有声望为民众所信任者。”③其中第四、五两点实际上也包括旧式士绅。不过，能否预见是一回事，能否针对性地提出具体应对措施又是一回事。就云南而言，施行新县制和自治，主要的困难有以下几个方面。

---

① 张得善：《云南省地方自治概观》，22—23 页，中国地方自治学会，1935。

② 《区自治施行法》，1—2 页，内政部印，云南省民政厅翻印，1929。

③ 《区长训练所条例》，见郭卫：《中华民国地方自治法规汇编》，120 页，上海会文堂新记书局。

一是相关人才缺乏。在近代云南自治过程中，当政者感到最大的困难就是人才缺乏，说“本省地居边僻，文化落后，各县人材，极形缺乏，虽经训政讲习区长训练，先后毕业及格共计一千四百余名，但除别有职务，及已委各县区长而外，所余已属无多，对于组织乡镇自治，选委乡镇长副，实属不敷甚巨。各县呈报办理困难请求展期文内，多以才财两乏为词”。[①]当时云南有一市、一百余县，及十六设治局，每县局下设若干区，每区又有若干乡镇，区长、副区长职务可能即需要数千，而乡镇长正副职需要人数可能有数万之众，所以虽然参加培训的人员也不算少，但与实际需要相比起来，还有很大的差距。为储备自治人才，云南省也曾将内政部“训练分所”章程适当变通，并饬各县筹设分所。但各县呈报，说因“需款甚巨，地方款项，罗据具穷”，所以各县“先后呈明困难，请祈缓设”。[②]

二是经费筹措困难。实行划一政制的新县制和自治，最主要的困难还是来自财政经费方面。按照当时主事者的说法，1934年前后，云南省自治因经费无着，所以“不曰附收赋税，即曰抽收各种杂捐，或向人民摊派”，但经地方财政委员会核议后，“大都兴取消苛捐杂税之旨”，“未能准予照办，以致各县自治经费，十有八九，尚无着落。不特自治施行法内列举之各项事业，不能逐渐举办，抑且区公所少量之薪工杂费，亦多无所取偿”。[③]对比传统社会，近代云南的地方城镇和乡村在财源方面其实变化不大，但随着近代行政体制的初步建立，教育、团保、公共设施等公共支出却大幅上升，这就造成了行政经费的极度紧张。

三是“党派争持”。因《县组织法》《县组织施行法》等法对于区长、乡镇长有人选有明确规定。各县在训练人员选送上，虽然有很大自主性，但有些县为贯彻上述法律规定，对于区长人选不免以年青者为主。这些人选任区长、乡镇长后，“平日对于地方政务，既无如何经验，一旦充任区长，民众多不信仰……而在主观方面，以为训练及格，为区长唯一合格之选，大有舍我其谁之慨”。这就导致“新官”与“旧吏”之间的矛盾。更有甚者，因作为“新官”

① 《第三次常会戴委员报告本会筹办自治经过及困难情形》，见云南省自治筹备委员会文书处：《云南省自治筹备委员会第一年工作报告书》，附录，8页，1934。

② 《第三次常会戴委员报告本会筹办自治经过及困难情形》，见云南省自治筹备委员会文书处：《云南省自治筹备委员会第一年工作报告书》，附录，9页，1934。

③ 《第三次常会戴委员报告本会筹办自治经过及困难情形》，见云南省自治筹备委员会文书处：《云南省自治筹备委员会第一年工作报告书》，附录，10页，1934。

的区长，还兼任区团团保团长，从而形成事实上的一手遮天。“于是扶县长第二，扶同县佐之身份，趁机敛财，为所欲为。”各县人民也“呈控”：“自治区长，除滥收款项，摊派门户，兜揽讼词，蹂躏人民而外，自治法规内事项，未见做过一件。”“新官”所作所为，不免使“新旧之争”更为激烈：“在训练及格人员，以为区长兼区团长职务，业经法令明白规定，已具有唯一合格之保障，辄以土豪劣绅，应在打倒之列竭力诋毁；在旧绅耆团首之眼光中，认青年子弟，资望毫无，仅凭数月之训练即把控地方要政，遂不顾地方政务，事事牵制捣乱。”①

因此，在实行县制改革和自治过程中，实际上造成了一种尴尬的局面。一方面，实行新县制和自治措施，根本目的是在摧毁旧有行政体制而建立新的治理模式。这就要求必须从体制到人事，再到财政进行全面的革新，结果就必然损害到旧有绅耆群体的利益；另一方面，由于教育、经济和交通的不发达、新治理体制的时间尚短，以及新旧矛盾等原因，又不得不在很大程度上依靠旧有的人员进行管理。这就造成了新县制和自治在实行过程中，不可避免地带有旧时代的痕迹。因而，对于新县制和自治制度，在广大乡村地区到底有多大成效，或者说取得多大的成果，恐怕不能一言而定。从这个意义上说，民国时期云南的城乡政治一体化是不完备的，也不全面和不彻底的。

二、土地清丈与城乡一体化

近代云南省级政权对于广大乡村的管理，在很大程度上可以说是不全面的。或者说，由于政争（比如1927年前后唐继尧和龙云的矛盾、1930年前后龙云与唐继麟、卢汉等矛盾）及土司制度残余尚存，不同时期，云南省政府对于乡村的控制是有反复的。对于乡村管理而言，最具有代表性的实际上是以土地清丈为代表的户口和田亩统计。一方面，这是开辟财源，纾解政府财政压力的方式之一；另一方面，这也标志着近代的政府管理体制开始逐渐深入到乡村。

民国初期，云南省田赋征收，大致还是沿用前清旧制，以粮石为征收本位。所差异者，不过将所征由米粮改为银元。田赋征收依据，还是以清季田亩

① 《第三次常会戴委员报告本会筹办自治经过及困难情形》，见云南省自治筹备委员会文书处：《云南省自治筹备委员会第一年工作报告书》，附录，11—12页，1934。

清丈结果为准绳。但民国成立后，二十多年间，随着人口的增加，旧有清丈结果早已不符合实际。再加上“田赋旧制本身缺点过多，如各县税率之悬殊，税目之繁多，征收手续之纷歧”，“致不肖官吏得以因缘为奸，弊端百出。民间有田无粮，有粮无田者有之，肥田薄粮瘠田厚粮者亦有之……大头小尾，带帽穿鞋，种种怪异现象不一而足”。再者，民国以后，云南省屡遭兵祸天灾，“民间旧有管理凭证，大多散佚残缺，且以农村经济窘迫，耕地所有权之变动甚繁”。所以，“为将来实施土地政策计，不能不清丈，为增加国库收入计，不能不清丈，为平均人民负担并保障人民权利记，不能不清丈”。①

近代云南的土地清丈，清季曾进行过一次，但该次清丈，“所得之结果较诸康熙年间所得之亩积，则反形减少，其差额至三千七百二十余顷之多”。“近数十年人口之激增，土地之日辟，而政府岁收田赋仍以清季清丈之亩积数为准，此其影响国库之收入者何可数计”。比如此前昆明县田亩数为 17 万亩，但经清丈后，实为 40 万亩；呈贡则清丈后增加近 20 万亩。按照当时“最低限度”的估计，全省仅仅是清丈后增加的田亩面积，就可使财政每年增收 132 万元。② 为达成清丈目的，云南省可以说是不惜重金。按当时预计，总处经费到 1941 年为新币 42 万余元；各分处经费，“碎部清丈费”全省约需 3500 万元，“图根测量费”约 100 万元；“清丈教育费”约需 60 万元；“购置器械费”约 84 万元。而按预计，等全省清丈完毕，每年的田赋收入约 4425 万元。③ 也即原先预计清丈费用差不多等于全省一年的田赋收入总和。不过，据 1941 年最后统计，全省清丈费用共计 1917 万余元，虽然比预计要少得多，但在当时也是一笔巨款。对比清丈以前，完毕后，云南省新增田赋税额 136 万余元。④

1929 年，云南省财政厅即筹设全省清丈总局，并先后由陆崇仁、朱景暄、卢汉等兼任总办。后因人事经费问题，将原定的全省清丈改为昆明清丈局。1931 年 8 月，在昆明县清丈进行顺利的背景下，复于财政厅内设全省清丈处。清丈处以下，基本上大县或数县合并设立清丈分处，地方较小者则设清丈委员会（如西畴）或清丈办事处（如龙武），自 1931 年 11 月起，清丈工作乃全面展开。

---

① 云南省财政厅：《云南清丈概况》，2 页，1941。

② 云南省财政厅清丈处：《全省清丈推进计划书》，2—3 页，1936。

③ 云南省财政厅清丈处：《全省清丈推进计划书》，12—15 页，1936。

④ 云南省财政厅：《云南清丈概况》，65 页，1941。

按照预定计划，云南清丈分七期，其分期如表 4–2 所示。

表 4–2　近代云南清丈工作一览表

清丈分期	清丈地区
第一期	昆明
第二期	呈贡、晋宁、昆阳、宜良
第三期	安宁、澂江、玉溪、嵩明、易门、富民、西畴（普马两甲）
第四期	路南、江川、华宁、禄劝、通海、河西、禄丰、罗次、寻甸、峨山、广通、双柏、武定、曲溪、弥勒、陆良
第五期	石屏、开远、师宗、泸西、曲靖、马龙、楚雄、镇南、姚安、元谋、永仁、大姚、盐丰、牟定、盐兴、平彝、蒙化、祥云、弥渡、罗平、建水
第六期	蒙自、个旧、文山、砚山、邓川、洱源、大理、凤仪、漾濞、永平、宾川、宣威、丘北、华坪、新平、龙武、鹤庆、马关、广南、剑川、景东、云县、顺宁、元江、保山、河口、沾益、墨江
完成期	昭通、鲁甸、彝良、永善、镇雄、威信、大关、盐津、绥江、宁江、思茅、镇沅、六顺、景谷、西畴、麻栗坡、昌宁、丽江、永胜、宁蒗、兰坪、腾冲、缅宁、云龙、龙陵、富宁、屏边、镇雄、维西、金平、会泽、巧家、澜沧
缓办县属	江城、镇越、中甸、佛海、宁江、陇川、瑞丽、碧江、沧源、莲山、南峤、车里、双江、德钦、贡山、福贡、泸水、盈江、潞西、梁河

所谓“缓办县属”，系因“距省窎远，又率皆设治未久，广漠原野多未垦辟，少有业权之可言”。加之“其中毗连英属缅甸各地，则又有国界问题，如推行清丈，势必阻力环生诸多窒碍，乃决定暂行缓办”。①

从以上推行规划可以看出，清丈工作先从滇中政府控制较强区域开始，逐渐向沿边推进，从 1932 年到 1940 年，方才完全清查完毕。可以看到，这一时期，也正是云南龙云地方政府逐渐全面掌控云南全省局势的时期。或者说，云南地方政府以清丈为标志，将其管理能力逐渐下沉到广大的乡村。这对于近代云南的城乡一体化可以说具有决定性的意义。

除了政治方面，经济一体化也有推进。不过，由于近代云南的工业落后，工业品基本上要靠进口，而出口方面，则主要是皮毛等原材料。20 世纪 20 年代末 30 年代初，云南出口“以桐油牛羊皮药材木材黄丝水银朱砂及锑等天然产

① 云南省财政厅：《云南清丈概况》，13 页，1941。

品为大宗”，而进口则“以棉纱为首位，据一九二八年蒙自海关报告，洋纱输入量为十三万四千五百五十八担，价值六百七十五万五千六百七十五海关量，其次为洋广杂货绸缎等工艺品”。[①] 20 世纪 30 年代末，开远的“出口货物，以木材及米、甘蔗、红糖为大宗，进口货物，以棉纱、匹头、洋货、盐、煤油、南货为大宗”。[②] 就货物进出口而论，云南广大乡村地区，随着近代商业贸易的相对进步，一方面可以说逐渐形成了以昆明为聚散中心的统一市场，另一方面，整个云南也逐渐成为外地工商业的商品倾销地和原料来源地。我们可以以 20 世纪 20 年代末的曲靖商品输入、输出为例，说明这一趋势。[③]

表 4-3　曲靖商品输入及过境商品表（20 世纪 20 年代末）

商品	来源	数量	商品	来源	数量
粗白纸	贵州	100000 斤	曲药	宣威	1000 斤
粗料纸	贵州	60000 斤	直贡呢	外省	500 匹
土料纸	贵州	20000 斤	湖绉华丝葛	外省	300 匹
火腿	宣威	20000 斤	洋缎	外埠	500 匹
红铜器	横山	2000 斤	海菜	外省	2000 斤
粗铁杂	横山	50000 斤	棉花水油	外省	10000 驮
铁条	横山	10000 斤	洋纱	外省	10000 驮
生漆	宣威	10000 斤	茶叶	思茅	1000 驮
白果	贵州	8000 斤	洋纱每驮 18 捆，每捆 8 斤		

表 4-4　曲靖商品输出货物表（以滇洋为标准）（20 世纪 20 年代末）

商品	数量	产值	备注	商品	数量	产值	备注
菜油	40000 斤	40 元	每百斤	骡	60 匹	40 元	每头
牛皮	200000 斤	90 元	每百斤	羊	400 头	6 元	每百斤
生羊皮	200000 斤	106 元	每百斤	索粉	1000 斤	20 元	每百斤
马皮	60000 斤	1 元	每张	柿饼	200000 斤	20 元	每百斤
大猪	1000 只	17 元	每只约百斤	腌肉	70000 斤	30 元	每百斤
小猪	1000 只	1 元	每只七八斤	猪肉	80000 斤	20 元	每百斤

① 铁道部财务司调查科:《湘滇线云贵段经济调查总报告书》，127 页，1930。

② 交通银行设计处:《云南省开远蒙自两县调查报告》，70 页，1940。

③ 铁道部财务司调查科:《湘滇线云贵段经济调查总报告书》，149—152 页，1930。

续表

商品	数量	产值	备注	商品	数量	产值	备注
中猪	1000只	7元	每只三十斤	猪毛	2000斤	200元	每百斤
牛	100头	50元	每头	土炮	5000斤	20元	每百斤
马	500匹	30元	每头	牛油	300斤	30元	每百斤
头发	100斤	30元	每百斤	金银纸	5000斤	180元	每百斤
粗羊毛	1000斤	50元	每百斤	细羊毛	800斤	70元	每百斤
土白大布	80000匹	2元	每匹	土白小布	20000匹	1元2角	每匹
土白中布	60000匹	1元5角	每匹	土药材	30000斤	20元	每百斤

以上两表所示数据，为铁道部财务司调查科据曲靖县厘金局调查所写，从当时曲靖的输入输出商品来看，输入的大部分是工业品或者再加工工业品(如棉纱)，而输出的基本上是原材料。这种畸形的贸易模式，应该在整个云南的乡村都不同程度地存在。它将云南乡村拖入整个市场的同时，也对本地的相关产业带来了毁灭性的打击。比如纺纱业，有人就观察到："洋纱一物，为本市由外输入货品中之最大者，盖因其销行最广，全省各城镇乡村之所需要者，皆仰给于本市之转运分销也。在昔本省尚有手工纺纱，以供织布之用，今则以洋纱之销行，虽村野农民之家庭织布，亦必取用洋纱，手工纺纱，遂尔消灭矣。"①

这种高度依赖型的经济模式，如在相对和平时期，尚能维持生产，但一遇到重大变故，则不免陷入困境甚至绝境。如曲靖农村的织土布业，"在逊清季年至民国二十二年止，为本业最兴盛的时代，当时鸦片流行，农村经济充裕，销路畅旺"，"殆民国二十二年后，禁烟厉行，鸦片不种，农村经济枯竭，销路日渐不振，本业渐入衰落之途。抗战军兴后，棉纱来源不畅，纱价暴涨，织户资本不足，更遭受严重打击，停工者时有所闻。据纱业中熟悉者估计，在兴盛时期，全县织布木机约有万部之谱，现在可存者仅四千部有奇而已，而次数尚时作时停，其衰落可见矣"。②

总而言之，近代云南的城乡一体化，受城市规模较小、工业孱弱、农村经济凋敝，尤其是农村土地制度之限制，云南地方政府虽有意推进城乡一体化，但这种自上而下的一体化模式存在先天的缺陷。从体制上而言，推行一体化最

① 铁道部财务司调查科：《粤滇湘滇两线昆明县市经济调查报告书》，144—145页，1930。

② 叶懋：《云南省曲靖县经济调查》，20—21页，出版者不详，1942。

主要的目的并非造福于民，而是便于政府管理，而土地清丈主要的目的乃在于应付财政压力。城市规模较小，相关产业尤其是工业的不发达，也难以有效调动生产要素，故以城市为龙头的一体化进程，对广大乡村的拉力相当有限。尤其是当时土地私有，使得农民完全束缚在土地上，也不可能激起广大农民的积极性。

第五章　云南城市经济曲折发展

第一节　云南城市经济发展动因

传统的行政中心城市、工矿业城市和工商业城市是传统城市的大体类型。[①]晚清至民国时期，由于时代背景的巨变，开埠通商和新式交通干道的开通成为推动云南城市经济发展的新动力。云南城市发展方式随之改变，新的城市发展类型出现，一批口岸城市、新式交通干线城市开始产生，并成为云南经济发展的引擎和风向标。抗战时期，大批工厂、企业、学校迁滇，作为特殊时期的发展动力，促进了云南的对外开放和城市经济的发展。

一、开埠通商与城市经济发展

（一）云南开埠通商背景

鸦片战争后，中国从政治、经济独立的封建帝国逐渐沦为半殖民地半封建国家。1842 年，第一次鸦片战争结束，清政府战败，被迫与英国签订《中英南京条约》，将香港岛割让给英国，开放广州、厦门、福州、宁波、上海为通商口岸，称为“五口通商”。《中英南京条约》的签订，破坏了中国的主权独立、领土完整。“五口通商”将中国纳入西方资本殖民掠夺、不等价交换的市场体系。《中英南京条约》后，西方帝国主义列强纷纷迫使清政府签订一系列不等平条约，所涉内容从海口通商，到赴内地通商、调查游历、传教及税则、审判、沿海航行、边界等，西方列强得寸进尺，强迫清政府为其殖民掠夺打开一个又一个方便之门，将侵略势力从沿海地区一步步伸入中国内地。中国西南

① 隗瀛涛：《中国近代不同类型城市综合研究》，18 页，成都，四川大学出版社，1998。

边疆云南，是英法亚洲侵略计划中的一个重要部分，成为英、法帝国主义侵略中国的下一个战略部署。英国企图通过占领缅甸达到侵略中国云南、打开中国西南市场的目的，法国则希望以越南为跳板实现这一目标。

云南与越南、老挝、缅甸接壤，是中国西南重要门户。历史上，中国与围绕云南的境外邻邦保持着宗藩关系，中国云南与邻邦之间有着平等互利、互易有无的经济往来传统，朝贡贸易和民间贸易已较发达。但是，这种关系随着英国对缅甸、法国对越南的殖民吞并的完成而结束。1886 年 1 月 1 日，英国宣布缅甸为英属印度一省份。同年，英国胁迫清政府签订《中英缅甸条款》，割断了中国与缅甸在长期历史时期内形成的宗藩关系，缅甸成为英国殖民地。1884 年，法国强迫越南阮氏王朝签订第二次《顺化条约》，越南完全沦为法国殖民地。1885 年，中法签订《中法会订越南条约》(又称“《中法和约》《中法新约》”)，中法战争结束。这一条约不仅割断了越南与中国的历史宗藩关系，而且对日后云南被迫对外开埠通商，以及法国取得滇越铁路修筑权打下基础。1893 年，《法暹条约》签订，暹罗丧失老挝宗主国地位，老挝成为法国殖民地。英法对东南亚各国的武力侵略，既是西方帝国主义列强为平衡其在亚洲的利益而展开的较量，又是他们侵略云南、打开中国西南大门的前奏。至此，中国云南完全失去了周围藩属国的拱卫，彻底暴露在英法殖民势力之下。英法以缅甸、越南为侵略云南的重要基地，将刀口分别从滇西、滇东南切入，企图划向四川，进而连接扬子江航线，最终切割完中国这块亚洲最大的市场。英法两国对云南实施侵略的第一步即借口通商。于是，在中国东部沿海被迫开埠通商约半世纪后，通商口岸开始在中国西南内陆边陲云南出现，并成为云南城市发展的主要类型之一。

近代中国口岸的开放首先是西方帝国主义列强胁迫下所签署的一个又一个丧权辱国条约的产物。根据开埠通商的主动与被动之别，开埠通商城市可分为“约开商埠”和“自开商埠”。“约开商埠”是基于履行不平等条约而被迫开设的通商口岸，始于 1842 年《中英南京条约》下的“五口通商”。自 1842 年以来，至 1922 年，中国被迫开放的通商口岸达 79 个。[①]“自开商埠”为中国政府自行对外开放的通商口岸。自开商埠最初目的是抵制西方列强对中国口岸城市主权的掠夺，在于保权兴利，但也不失为闭关锁国、夜郎自大的清政府开

① 隗瀛涛:《中国近代不同类型城市综合研究》，22 页，成都，四川大学出版社，1998。

始放眼外界、寻求出路、顺应国际国内形势之举，是中国近代化变迁过程中的必然。从晚清到北洋政府时期，中国先后自行开放通商口岸 30 多个。《新纂云南通志》对云南开埠通商有明确说明："云南商埠之开，则自清光绪时始，而商埠又有'约开商埠'与'自辟商埠'之别。鸦片战争以还，国际通商继长发达，基于履行条约被迫而开放者，为约开商埠，如蒙自、思茅、河口、腾越是。人口众多、交通便利、商业繁兴之区，自行开放以杜外人之觊觎者，为自开商埠，如昆明是。"[①] 近代，云南的约开商埠有蒙自、思茅、腾越等，自开商埠有昆明。

（二）约开商埠：蒙自、思茅、腾越

蒙自是云南近代第一个通商口岸城市，为不平等条约的产物。中法战争以清政府的惧战速和而结束，中法于天津签订条约，即《中法和约》。清政府被迫承认法国对越南的权益及法国与越南签订的条约，越南真正沦为法国殖民地。同时，通商、设埠、减税、筑路等各种不合理要求被写入条约之中。该条约第五款明确曰："中国与北圻陆路交界，允准法国商人及法国保护之商人并中国商人运货进出。其贸易应限定若干处，及在何处，俟日后体察两国贸易多寡及往来道路定夺，须照中国内地现有章程酌核办理。总之，通商处所在中国边界者，应指定两处，一在保胜以上，一在谅山以北。法国商人均可在此居住，应得利益，应遵章程，均与通商各口无异。中国应在此设关收税，法国亦得在此设立领事官。其领事官应得权利，与法国在通商各口之领事官无异。"[②] 清政府又被迫和法国相继签订《中法越南边界通商章程》《中法续议界务专条》《中法续议商务专条》等一系列后续条约。《中法续议商务专条》于 1887 年 6 月 26 日在北京签订，条约第 2 条规定："两国指定通商处所广西则开龙州，云南则开蒙自。缘因蛮耗系保胜至蒙自水道必由之路，所以中国允开该处通商，与龙州、蒙自无异。又允法国任派在蒙自法国领事官属下一员，在蛮耗驻扎。"[③] 据此条约，蒙自成为云南的第一个开埠通商城市。因蛮耗为从保胜到蒙自的红河水运之枢纽，而被开辟为口岸。1889 年 8 月 24 日，蒙自海关正式开放。在蒙自县城东门外设立正关，在西门外和河口分别设立查卡，在蛮耗设立分关。1895 年，中法签订《中法续议商务专条附章》，法国将蛮耗分关改设于

① （民国）周钟岳：《新纂云南通志》（卷一四三・商业考一》。

② （民国）周钟岳：《新纂云南通志》（卷一六四・外交考一）。

③ （民国）周钟岳：《新纂云南通志》（卷一四三・商业考一）。

河口。1897 年 7 月 1 日，河口海关正式对外开放，之前的蛮耗改为查卡。

思茅为继蒙自之后的又一个条约开埠口岸。1895 年签订的《中法续议商务专条附章》指明“云南之思茅开为法、越通商处所”，和龙州口岸、蒙自口岸一样，按照通商口岸惯例，法国派设领事官，中国派驻海关人员一名。1897 年 1 月 2 日，思茅海关正式开关。在思茅城东门外和永靖哨设立关卡，在易武、猛烈分别设置分关。思茅约开商埠，法国得了先机，但英国并不甘心。英国在占领印度侵入缅甸时，就已掌握中国西部边区思茅为滇缅贸易集散中心的情况，一直企图“设法开通中华帝国西部陆路贸易，使思茅城辟为内陆商埠，并看情况能订立通商条例或章程”①。1897 年 2 月 4 日，英国迫使清政府签订《中英续议缅甸条约附款》，清政府被迫同意思茅也对英国开放。思茅成为共同向法越、英缅开放的口岸。

腾越口岸的开设是英国迫使的结果。占领印度，入侵缅甸，通过缅甸打开云南，利用缅甸与滇西间的传统商贸通道进入云南，是英国侵略云南、开拓中国西南市场的战略部署和路径选择。“马嘉理事件”后，1876 年 9 月，清政府被迫签订《中英烟台条约》，英国在云南开办通商、派员赴滇调查游历等要求被写进条款。1894 年，中英签订《续议滇缅界务商务条款》，英国获准在蛮允设领事，享受与法国同等进出口减税特权。1897 年 2 月 4 日，中英签订《续议缅甸条约附款》，清政府被迫同意英国将驻蛮允的领事改驻腾越（今腾冲）或顺宁（今凤庆），由英国据其便利任选一处。经过一系列的考察与调查，因为腾越位于溯伊洛瓦底江而上经缅甸八莫到云南大理的必经之道，所以英国选择腾越为新的开埠地点。1899 年，英国在腾越设领事。1902 年 5 月 8 日，腾越正式开埠，在南门外设立正关，在东门外设立查卡；在蛮允、弄璋街、遮放设立分关，在蚌西、蛮线、龙陵设立查卡；不久，移腾越东门外查卡于龙江，降遮放分关为分卡，改龙陵为分关。②

上述口岸的开设，依据皆源于英、法两国胁迫清政府签订的不平等条约及章程、附款，是西方帝国主义殖民入侵的产物。蒙自、思茅、腾越等口岸的开埠，使西方列强成功打开中国边疆的后门。从此，西方资本长驱直入，将云南纳入世界资本主义市场体系。但是，开埠通商也为城市发展创造了新的契机和路径，为城市经济注入活力，并对云南城市的综合发展与社会变迁

① 转引自云南近代史编写组：《云南近代史》，132 页，昆明，云南人民出版社，1993。

② （民国）周钟岳：《新纂云南通志》（卷一四三·商业考一）。

产生巨大影响。

（三）自开商埠：昆明

随着西方列强对泱泱华夏的觊觎与侵略，以及中国与世界联系的与日俱增，对外开放已是近代中国不得不面对的历史发展大趋势。在西方列强控制下被迫开埠通商，造成口岸城市税权的丧失和诸多主权利益的被剥夺。但另一方面，开埠通商能够促进经济贸易的发展和朝廷财政收入的增加，有助于缓解清政府财政经济危机。为此，清朝政府开始主动开放一些城市作为通商口岸。1898 年 4 月，总理衙门奏请开岳州、三都澳、秦皇岛为通商口岸，从而掀起近代中国自开商埠的潮流。1898 年 8 月 10 日，朝廷宣布“广开口岸”。蒙自、思茅、腾越等商埠的开放，为英法对云南进行经济侵略打开大门。昆明作为云南省政治、商业中心，自然是英法觊觎的首要对象，且滇越铁路通车在即，昆明乃起点。是应势而变，主动开放昆明？还是被动开埠，坐以宰割，重蹈约开商埠之覆辙？云南有识士绅积极筹谋昆明主动开埠，以阻止外国对昆明商业主权的掠夺，保护本土商业利益。1905 年，云南绅士翰林院编修陈荣昌、庶吉士罗瑞图、广东补用道王鸿图、四川补用道解秉和等人上书时任云贵总督丁振铎，请求援照山东、湖南等省的成案章程，主动将昆明开辟为商埠。丁振铎即上奏朝廷，请准云南省城自开商埠，得到清廷批准。丁振铎在奏章中极力陈述昆明主动开埠的必要性和紧迫性：“云南地处极边，外来商贾，本属无多。比年以来，蒙自、思茅、腾越先后开关，中外通商贸易渐臻繁荣，滇越铁路转瞬畅行，省会要区，商贾尤为辐辏，自不得不开设商埠以保主权……今昔形势既有不同，亟应援案设立埠头，自开口岸。相应请旨，俯准将云南省城开设商埠，以便通商而扩利源。”[①] 同年，丁振铎设商埠清查局着手开展开埠事宜。1910 年，继任云贵总督李经羲改扩商埠清查局为商埠总局，拟定《云南省城南关外商埠总章》等章程，于昆明南关外勘定界址，“东起重关，西抵三级桥，南起双龙桥，北抵东门外桃源口”“计东西长三里六分，南北长三里五分，周围约十二里有奇，地面平坦居中，附近车栈，即作为商埠”[②]。昆明开埠后，起初是作为蒙自关驻昆明办事处。

清王朝从闭关锁国、自持博大、以自我为中心到被迫对外开放，再到主动对外开放，这种转变实属不易，但扩大开放是大势所趋。昆明开埠，不仅给昆

① （民国）周钟岳：《新纂云南通志》（卷一四三·商业考一）。

② （民国）周钟岳：《新纂云南通志》（卷一四三·商业考一）。

明城市发展带来巨大契机，而且对整个云南影响深广。特别是1910年滇越铁路通车后，昆明与外界的联系更加直接、便捷、广泛，昆明城市发生翻天覆地的变化。

（四）开埠通商对城市经济的影响

晚清时，云南的城市因杜文秀起义、战乱、瘟疫流行等原因而大都凋敝衰败。开埠通商为云南城市的复兴和发展带来新的契机与动力。开埠通商对于城市经济发展的积极影响主要体现于以下方面：

1. 开埠通商促进了对外贸易发展

蒙自、思茅、腾越相继被迫对外开放，虽然让英法列强借此打开中国西南后门，得以对云南实施经济侵略，但同时开放给城市发展注入新鲜血液，使云南对外贸易渐趋活跃。

首先，开埠通商的贸易促进作用表现于口岸城市贸易快速发展。蒙自为从昆明经滇南进越南贸易通道上的重镇，在开埠前商贸已有一定发展。蒙自之所以能够被法国殖民者选中，被开辟为云南第一个通商口岸，原因即在于其作为滇越交通要冲的突出地理区位优势和已有的滇越贸易基础。法国在之前的探路考察中，了解到澜沧江河床落差大，激流险滩多，无法通航，而红河为滇越之间的水运要道，是云南省唯一通往境外的航道。此条航道经蛮耗至河口，下越南老街、安沛、河内最终到达海防，然后转海运，可以至内地、香港等。蒙自离红河航运云南境内重要码头蛮耗仅有七八十公里路程，通过马帮承运蒙自和蛮耗之间物流，进口货物从蛮耗转蒙自，出口货物从蒙自转蛮耗，皆十分便利。历史上，云南对外贸易以滇缅贸易为主，但自1889年8月24日蒙自海关正式开关后，滇越贸易快速增长，蒙自随即发展成为云南省商品进出口集散中心。开埠后，云南很多外贸商号设总号于蒙自，蒙自县城拥有大商号40多家，其中，以八大号实力最为雄厚。八大号分为广帮八大号、滇帮八大号。广帮八大号的实权人物是东方汇理银行的华人买办梁子惠，广帮与洋人的关系比滇帮更为密切，个旧大锡运抵香港后多由广帮商号销售。滇帮八大号分别为泰来祥（在建水、个旧、香港、通海设有分号）、东美和（在建水、个旧、香港、昆明设有分号）、正顺昌（在建水、个旧、香港、昆明、通海设有分号）、朱恒泰（在个旧、香港设有分号）、豫顺隆（在个旧、香港、通海设有分号）、应天号（在个旧、香港、建水设有分号）、万盛昌（在个旧、香港设有分号）、顺成号（在个旧、香港设有分号）。[①] 滇帮八大号出口大锡，进口棉纱、布匹、日用百货等商品，经营汇兑。蒙自口岸进口商品大部分转销于全省各地，昆明、曲靖、东川、澄江、楚雄、文山等地皆为其商品市场。1890 年到 1910 年滇越铁路通车前，是蒙自对外贸易黄金时期，蒙自海关进出口贸易总额增长迅猛。1890 年，蒙自海关进出口货值 927282 关平两，其中，进口货值 466089 关平两，出口货值 461193 关平两；1910 年，蒙自海关进出口货值 11464929 关平两，比 1890 年的总额增长了 11.36 倍，其中，进口货值 5077320 关平两，出口货值 6387609 关平两。[②]

其次，口岸城市对外贸易快速发展带动了口岸城市所辐射或覆盖的其他城市的贸易和经济发展。下关拥有突出地理优势，是古代南方丝绸之路要冲，为滇缅印商道上的商贸重镇。自西方势力进入滇西，腾越开放为通商口岸后，中外商人以腾越为商贸据点，缅甸—腾越—大理—昆明一线商贸日渐兴盛，下关是沿线城市经济发展最快的城市。城内商号林立，来自四川、临安、鹤庆、腾越、昆明、喜洲等地的商人，以及一些本地官吏，纷纷在下关开设商号，形成了四川商帮、临安商帮和由腾冲、鹤庆、喜洲等地商人组成的迤西商帮三大商帮。1900 年前后，下关的商铺从 1875 年以前的七八十家，增加到三百多家，商号增长到一百多家，堆店十八家，迤西商帮从一个商帮扩展为三个帮。[③] 山货药材、茶叶、大理石、丽江酥油、鹤庆火腿、漾濞核桃、香油、邓川乳扇等土货，以及从腾越口岸进来的各种洋货，于此进行交易与集散。每天出入下关的商队马帮络绎不绝。

2. 开埠通商带动了城市商业繁荣

进出口贸易的快速发展促进了其他商业领域的兴盛。蒙自开埠后，云南进出口商品基本在蒙自集散。服务于对外贸易的交通运输业、住宿餐饮业，以及日用品销售、休闲娱乐等各种商品经济业态应需而生，并如雨后春笋般兴盛起来。蒙自开埠后，滇越铁路通车前，蒙自县城的马店、饭店、旅馆、布店、糖店、土杂店等服务业、零售业店铺多达数百家，每天出入的马帮达到五六千匹。法、英等各国也纷纷在蒙自开设洋行、酒店、酒馆、妓院。蒙自洋行达

① 蒙自县志编纂委员会：《蒙自县志》，592 页，北京，中华书局，1995。

② 王明东：《民国时期滇越铁路沿线乡村社会变迁研究》，71 页，昆明，云南大学出版社，2014。

③ 中国科学院民族研究所云南民族调查组、云南民族研究所：《云南省白族社会历史调查报告》（白族调查资料之一），126—127 页，昆明，云南民族研究所，1963。

20家，其中，法商开设的洋行6家，英商开设的洋行5家，德商和希腊商人开设的洋行各3家，意商、日商和美商开设的洋行各1家。希腊商人开设的哥胪士酒店，生意兴隆，还在碧色寨、开远开了分店。法国商人开设的滇越铁路酒吧、福鼎酒店，专门接待外国人、买办、洋行职员。对外贸易和商品经济的繁荣加速了人员流动，蒙自城市发展进入快速发展阶段。1906年，蒙自县城本地人口仅7000多人，但外来人口达到30000多人。

3. 开埠通商促成了新式交通的引进

英法殖民列强通过开埠通商、控制关税等手段初步实现对云南的经济侵略。但是，要更大程度地满足西方列强对云南进行大规模商品输入、资源掠夺的目的，最理想的手段无疑是借助新式交通。铁路是新式交通的代表，在各种新式交通中起着主导作用。铁路承运能力大，运行平稳，速度快，运输成本低，不受天气影响。英法在早年的探路及觊觎活动中就发现，云南资源丰富，但山川阻隔，丛林密布，交通不便问题十分突出。云南传统对外贸易依靠人背马驮，运力小，耗时长，成本高，风险大。从境外修筑进入云南的铁路，将云南与英缅、法越境内的铁路连接起来，进而直接通达出海港口，一直是英法侵略云南的重要战略步骤。在抢夺云南铁路修筑权的博弈中，法国占领越南后，强占地理先机。蒙自开埠通商，中法越贸易的迅猛增长使法国对修筑连接越南和云南铁路的愿望更加迫切，滇越铁路修筑权被法国攫取。1910年，滇越铁路全线通车，起点昆明，从河口出境进入越南老街，终点为越南海防，全程行驶仅需4天，大大缩短了滇越贸易运输耗时。滇越铁路是中国近代史上帝国主义向云南资本输出的最大项目。法国借助滇越铁路不仅实现了向云南大规模倾销商品、肆意掠夺资源的侵略目的，而且通过掌握滇越铁路权属牢牢把控住云南经济命脉，建立起庞大的殖民势力范围。但是，滇越铁路的开通促进了云南与外界的联系，改变了云南封闭滞后的交通状况，对云南城市的转型、经济的发展、社会的变迁，影响深远。

4. 开埠通商孕育了近代工业的萌芽

开埠通商，不仅促进了对外贸易的快速发展，带动了相关行业的兴起和城市商品经济的繁荣，而且培育了云南近代工业。

云南矿产资源丰富，传统工业以矿业为主，但鸦片战争后，滇铜、盐、铁、银、铅等云南传统工矿业已经衰落，锡成为英法等西方列强对我国矿产资源进行掠夺的重要对象。蒙自开埠通商后，锡是蒙自的大宗出口商品，个旧大锡从蛮耗由红河航道运抵越南海防，再通过海运至香港销售，价格可观，从之前的每斤四五十两银子上涨到每斤七八十两银子，刺激了云南锡业迅速崛起。蒙自海关出口的大锡数量1890年约为1338吨，1908年为4629吨，1910年为6195吨，1914—1918年第一次世界大战期间，个旧大锡年均出口量达8080吨。[①]从1919年到1941年，个旧大锡年产量都在5000吨以上，最高时可达11000多吨，年均出产7000—8000吨，输出总值占全省总输出值80%以上，[②]占全国锡出口的90%以上。[③]滇锡不仅在云南对外贸易中举足轻重，而且在全国大锡出口中占有极为重要的地位。由于锡出口贸易、锡矿业的快速发展，来自附近县份石屏、建水的矿工，以及更远地区陆良、曲靖、宣威、平彝、昭通，乃至滇西等各地的工人，集中于个旧，个旧的锡矿工人达五万至十万。[④]个旧成为中国的锡都，不仅是锡矿生产中心，也是商品消费市场，商业繁荣，生活物资、生产物资，从四面八方源源不断销往个旧。锡矿工业的兴旺，不仅使个旧转型为近代工业城市，而且加快了个旧城市化进程。蒙自开埠十年后，到滇越铁路通车时，个旧的城市化水平已很高。1900年，个旧总人口53000人，其中，非农业人口21000人，城市化率为39.62%；1910年，个旧总人口增长到80410人，其中，非农业人口增加到62580人，城市化率高达77.83%。[⑤]

开埠通商在促进城市经济发展的同时，也带来了不利影响：

1. 开埠通商对其他城市经济发展造成冲击

在一些城市因开埠通商而得以发展的同时，另一些原本商贸发达的城镇则因此受到冲击，丧失了原有的地理、交通、贸易区位优势，城市经济发展转入低迷状态。也就是说，开埠通商影响了云南城市传统发展轨道，致使云南城市体系发生变动。如蒙自开埠严重影响到滇桂商贸沿线城市的发展。滇桂线曾是从云南内地滇中昆明通往两广、沿海的重要商贸通道，“以北海为起点，由北海至省会之旅程，计北海至南宁十四日，南宁至百色十七日，百色至剥隘三日，剥隘至广南八日，广南至云南府十三日，共计五十四日，该路进出商业

① 马曜：《云南简史》，186页，昆明，云南人民出版社，2009。

② 马曜：《云南简史》，279页，昆明，云南人民出版社，2009。

③ 李珪：《云南近代经济史》，99页，昆明，云南民族出版社，1995。

④ 王明东：《民国时期滇越铁路沿线乡村社会变迁研究》，74页，昆明，云南大学出版社，2014。

⑤ 何云玲、刘晓芳、张林艳等：《滇越铁路与云南近代主要城镇人口的变化》，载《地域研究与开发》，2010（3）。

频繁”①。滇桂线依靠人力、马帮运输，本来里程就很长，耗时过长，又跨越云南、广西两省，税费较高，所以在蒙自开埠、红河蛮耗水运兴起后，商贩改由蒙自出入，原来的滇桂商贸通道地位明显下降，此线贸易急剧萎缩，沿线城市经济发展受到极大影响，曾经因商贸交通而繁荣起来的文山、广南、剥隘等城镇逐渐衰落。特别是滇越铁路通车后，货物运输从昆明抵河口出越南到海防，再由海防转货轮到北海，便捷迅速，运载量大，成本低，所以滇桂运输线基本上被淘汰，沿线城市更为萧条。可见，蒙自、思茅、腾越、昆明的相继对外开放，滇越铁路的通车，以及后来滇缅公路的开通，造成云南传统城市网络格局的改变。云南城市形成以各个开放口岸为中心辐射相应区域，以两条干线为纽带串联沿线城镇，中心城市与辐射区域城镇，交通干线与沿线城镇，彼此互相呼应、功能分层有序、区域牵引带动的发展模式。

2. 开埠通商严重威胁到传统行业

商品输出是资本主义进行经济侵略的主要方式之一。云南开埠前，广东商人将洋货运来云南贩卖，一年到头都难于售出，洋货在云南根本没有市场。云南开埠通商后，外国商人将大量洋货运到云南倾销。洋货凭借所享有的税率优惠特权，使本土商品无力与之竞争，越来越多的传统农副产品、手工业品因市场的丧失而衰落。如洋布、洋纱涌进云南后，手纺业或减产，或停产，受损严重。洋货大量输入，经营洋货的行业随之出现。1890年，昆明已有经营洋布、哔叽的洋货商铺，产生了百货业（洋杂）、新药业（西药）、五金业、钟表业等新业态，出现了批发商、买办商人等新职业，传统的行商、牙行、零售商店、小商贩和前店后厂的手工作坊等行业因受强烈冲击而走向衰败。②

3. 开埠通商加深了城市经济的半殖民地化，城市经济畸形发展

蒙自、思茅、腾越、昆明的先后开埠，不仅对开埠城市自身发展产生巨大影响，而且将波及整个云南的经济、政治和社会。开埠通商，使云南与国际市场直接接触，云南被纳入世界资本主义市场经济体系。英法强迫清政府开放蒙自、思茅、腾越等城市为通商口岸，取得关税特权，在通商口岸租地建房，设立领事馆，并觊觎矿权、路权。外国资产阶级不仅通过大规模倾销洋货，收购土货，控制云南各大口岸城市的商品市场，影响云南商品经济发展走向，致使许多传统行业遭受市场淘汰。而且更为严重的是，外国资本通过掌控云南的

① 陆韧：《云南对外交通史》，292页，昆明，云南人民出版社、云南大学出版社，2011。

② 李珪：《云南近代经济史》，124—125页，昆明，云南民族出版社，1995。

海关、交通、邮政、电信、金融、保险等部门和行业，牢牢控制住云南的经济命脉，使云南经济受制于世界资本主义市场，发展举步维艰，经济剥削极为严重。晚清至民国时期，云南对外贸易出入超问题十分突出。据统计，从1889年蒙自开关，到1931年，43年里，出超年份仅9年，总计仅1800多万关平两，入超年份达34年，总计8500多万光平两，出超不及入超的1/4。①

总之，城市既可因对外开放而获取新的发展动力，又会因对外贸易中中国与外国权益的不均等、不等价交换而遭受剥削、蒙受耻辱、丧失经济自主权。洋货入侵产生的连锁反应造成对本土传统行业、传统商品经济的冲击。而开埠城市获得的发展机遇，对其他竞争城市而言可能就是原有发展机会的丧失，这些城市的经济由此进入低迷状态。我们还应该注意到，开埠乃来自城市外部的动因。云南开埠通商城市的出现、发展和演变，并非云南传统社会经济的自然发展，而是国际社会变动与外部势力介入的产物。由于是外力影响的结果，所以城市的演变是突变的。同时，因为城市发展对外力的依赖性很强，故而城市的兴盛具有不稳定性，会伴随外力的消失而改变。

二、新式交通与城市经济发展

交通是人类一切活动的基础，如果没有交通道路、交通工具，人类文明将难于远行。“无论何地，城市的存在都有赖于对地域的控制；而对地域的控制又全靠纵横交错的道路、得天独厚的地理位置以及城市为不断适应新情况而实行缓慢或突然的演变……没有市场和道路，也就没有城市。”② 自古以来，云南的重要城镇基本位于各条交通要道上。“吃交通饭”是云南大多数城镇的发展方式，城镇的产生、兴盛或衰落与交通干道密切相关。晚清时，云南形成以迤东、迤西、迤南三条干线为主的交通道路网络格局，大大小小的交通线路如蛛网般交织相连，不仅沟通了滇东、滇中、滇西、滇东北、滇东南、滇南、滇西南、滇西北，也维系着云南与外省及越南、缅甸、老挝、泰国、印度等国的联系。云南近现代著名的城镇都处于各条交通要道上，如昆明、大理、曲靖、蒙自、昭通、思茅、腾冲等，在经济发展上具有突出的地理优势。英法殖民势力

① 云南近代史编写组:《云南近代史》，141页，昆明，云南人民出版社，1993。

② [法]费尔南·布罗代尔著，唐家龙、曾培耿等译，吴模信校:《地中海与菲利普二世时代的地中海世界》(第一卷)，457页，北京，商务印书馆，2013。

介入前，云南的交通以陆路为主，货物运输依靠人力和畜驮。交通运输是帝国主义夺取外国市场的武器，云南落后低效的交通方式根本无法满足英法等国家对云南实施大规模经济扩张、市场拓展的需求。为了垄断更大市场，掠夺更多资源，获取更加可观的财富，开发新式交通路线，引进新式交通工具，提高交通运输管理水平，成为英法殖民云南的迫切前提。近代云南新式交通的出现是英法西方列强殖民势力干预的结果，并对云南城市、经济、社会变迁产生深远影响。

（一）铁路交通与城市经济发展

1. 滇越铁路与城市经济兴盛

云南特殊的国际国内地理位置，使其成为英法竞相争夺的对象。云南犹如一个链环，一边连接着印度洋和长江，另一边连接着北部湾与长江。英国以缅甸为基地，向云南扩张，试图通过占领云南，将势力伸入四川，然后与长江内河航运区域殖民势力相接，最后构建起印度洋、澜沧江流域、长江流域连为一体的殖民势力范围体系。法国则以越南为跳板，图谋通过抓着云南，将势力向四川及中国内地渗透，进而连接起北部湾与长江殖民势力范围。在英法抢夺云南的较量中，法国占得了先机。1885 年签署的《中法和约》为法国获得在云南的筑路权打下基础。1889 年，法国控制的蒙自口岸开埠通商。1895 年签订的《中法续议商务专条附章》进一步规定越南至中国云南界内铁路修筑事宜。1897 年 2 月 13 日，法国公使施阿兰向清政府提出由法国筑造从越南东京至云南府之铁路。总理衙门同意了这一要求，但坚持必须由中国自办筑路。1898 年 4 月，法国驻华公使吕班在给清政府的互换照会中提出修筑滇越铁路中国只负责提供土地，总理衙门被迫应准。[①] 法国终于成功窃取滇越铁路修筑权，而且滇越铁路的所有权、使用权、管理权均属法国。滇越铁路由昆明出发，经河口出境，进越南老街，最终至越南海防港，全长 854 公里，全程耗时仅 4 天。1910 年，滇越铁路全线通车。

滇越铁路是法国对云南殖民统治的吸血管，法国通过对滇越铁路的控制将其侵略势力影响到云南的政治、军事、经济、文化等各个领域，加速了云南的半殖民地化进程。但是，作为云南乃至中国西南唯一的一条出海铁路通道，滇越铁路沟通了云南与越南的联系，为云南与中国东部之间架起一条便捷的新式

① 云南近代史编写组：《云南近代史》，114—115 页，昆明，云南人民出版社，1993。

跨境走廊。从历史长时段视野看，滇越铁路从开始的经济殖民工具逐渐演变成传输开放、发展、国际化的通道。

滇越铁路促进了云南近代工业的兴起。

滇越铁路建成通车，为云南工业的创办和发展提供了必要的交通条件。云南地处偏远，山高水长，交通不便，远离出海口，传统运输主要为驿道，方式是人力行走、畜力驮运，缺乏中长距离的水上通道，虽可依靠北面的长江航运，南面的红河水运，但更多的路程还是得依靠马帮驮运，所以近代工业所需的新式机器要运进云南极为艰难。滇越铁路通车运行成为云南交通史上的转折点，为云南近代工业的创立创造了运输条件，给云南工业发展注入所需动力。

19 世纪 80 年代，云南机器局于昆明创办，此乃云南近代机器工业的发轫。据不完全统计，到 1910 年滇越铁路修通前，云南的工业行业种类及数量分别为军用业 1 家、采矿业 4 家、玻璃业 1 家、造币业 1 家、火柴业 8 家、帽鞋业 2 家、制革业 2 家、纺织业 1 家、卷烟业 2 家、食品业 3 家、公用业 1 家、印刷业 1 家、制茶业 1 家、机具业 1 家；开办形式有官办、商办、官商合办、官督商办；开办地以昆明为主，大约有 20 家，其余少数企业分布于蒙自、个旧、呈贡、建水、东川、昭通、宣威等城镇。① 蒙自、昆明相继对外开放，滇越铁路建成通车，相对于云南的其他地区和城市，滇越铁路沿线区域工业发展获得了更为优越的交通运输、市场联络等条件，因而，云南近代工业主要分布在滇越铁路沿线城镇。云南近代电力工业中的商办云南耀龙电灯公司开设于昆明，商办通明电灯公司开设于开远，大光电灯公司开设于蒙自，汉光电灯公司开设于河口。昆明处于滇越铁路终点，是云南省会，为全省经济、文化中心和中国西南商业贸易重要中转站，故而，云南的工业布局以昆明最为集中，特别是五金机械、化工、卷烟、造纸、印刷等行业主要分布在昆明。滇越铁路全线通车后，1912—1923 年间，昆明兴办行业扩大为 12 个，为机器碾压、火柴、印刷、卷烟、纺织、制革、造纸、玻璃、公用、猪毛加工、肥皂、糖果，厂家计 45 个。② 虽然部分厂家只能达到手工工场的水准，但都不同程度地配备了铜铁机械或木质机械，已向近代工业过渡，这不能不说是一个大的进步。当然，因采矿业的发展须以矿藏为基本前提，所以矿业中的大公司，除个别公司开设于昆明外，还是集中在蒙自、开远、个旧、东川等矿藏原产地。

---

① 云南近代史编写组：《云南近代史》，160—162 页，昆明，云南人民出版社，1993。

② 云南近代史编写组：《云南近代史》，162 页，昆明，云南人民出版社，1993。

滇越铁路带动了沿线城镇商品经济发展。

传统滇越商道以昆明—玉溪—通海—建水—蒙自一线为主，而位置偏东的昆明—宜良—开远—蒙自一线较为荒凉冷清，滇越铁路穿过的区域正是后一片区。铁路建成通车后，进出口贸易改走火车运输，昆明—宜良—开远一线很快热闹起来，铁路所经城镇经济渐趋兴盛，尤其以昆明、宜良、开远、河口及碧色寨经济发展最为显著。

昆明作为云南省会，是全省政治、经济、文化、交通中心，滇越铁路通车后，昆明的商业贸易、交通中心地位又有进一步提升和巩固。一是昆明进出口贸易发展迅猛。1910 年，滇越铁路全线通车，被滇越铁路绕开的蒙自，其对外贸易中心地位下降，以前在蒙自集散的进出口货物改在昆明集散，昆明取代蒙自成为云南省对外贸易集散中心。昆明“当滇越铁路之终端，各汽车路之起点，交通较便利，省货外货，大抵在此分配批发，内对各县，外对安南、香港及上海等地，贸易均极为繁盛”[①]。在蒙自、思茅、腾越三关中，蒙自关进出口贸易总额虽然一直占据最高位置，但自滇越铁路通车后，真正从蒙自口岸进出的货物并不多，蒙自关所统计数额中的大部分货物其实是从昆明分关进出口。棉货是昆明进口量最大的商品，昆明每年进口棉纱四五万件，占云南省棉货进口的 70% 以上。鸦片、皮毛、药材等为昆明出口的大宗商品。西南地区的皮、毛主要在昆明集散。二是昆明商业繁荣。商行急剧增加，集货市场越来越多，国内外客商纷至沓来，城内商号会馆林立，各种店铺数不胜数。1907 年，昆明市区的行业为 59 个，到 1923 年，行业增加到 84 个，店铺 4331 个，商业公司和商行 36 家，洋行 15 家。[②] 虽然商帮、行会等传统商业团体依然活跃，但近代商业团体开始出现。1928 年，昆明市商民协会成立。1931 年，昆明市商会正式成立。1936 年，昆明中国国货公司成立，以“服务社会，推销国货”为宗旨。昆明中国国货公司的成立，标志昆明商业开始走上近代化。

宜良在滇越铁路通车前并不繁荣。滇越贸易之前多从晋宁—玉溪—通海—建水一线到蒙自，较少经宜良、开远一线。宜良物产丰饶，被称为“滇中粮仓”。滇越铁路通车，使昆明与宜良近在咫尺，为物资输入、农副产品输出创造了必要条件，宜良很快发展成省会农副产品供应地和云南省商品物资集散地。铁路通车，起初在宜良县境内设了 5 个车站，到 1948 年，宜良境内的火

① 京滇公路周览筹备会云南分会：《云南概览》，82 页，1937。

② 谢本书等：《近代昆明城市史》，145 页，昆明，云南大学出版社，1997。

车站达9个。在宜良城内，江西客商建起江西会馆，四川客商建起四川会馆，建水商人建起九属同乡会馆。1920年，宜良县城有福兴昌、地宝昌、云福昌等15家米商，永春号、源盛祥等7家盐商，德合号、同庆昌等4家杂货商，兴业公司、永青祥等多家布商。1921年，宜良已形成13个城乡集市，其中，铁路经过的羊街、狗街、汤池等地已是较大的物资集散地。宜良多稻田，盛产稻谷，故政府专门设立谷市进行贸易。1913年，设立羊街谷市。1946年，设立狗街谷市。

开远在民间被称为“火车拉来的城市”，开远的兴起与滇越铁路密切相关。1911年，开远的人口为57675人，到1917年，人口数量达80240人，[①]六年间人口增长了39.1%。开远“工商业均不发达，自滇越铁路修通后，路当要冲，一时舶来品日新月异，工乃渐知改良，商则渐事远贩”[②]。民国时期，开远工商业发展显著。1932年，开远“全县在业23862人，占总人口的24.8%，其中农业18068人，占在业人数的75.7%；工业4127人，占在业人数的17.3%；其余从事商业的866人，公务481人，自由职业320人。非在业者从事人事服务（家事）的17871人，无业者768人，失业者89人”[③]。开远工业在当时已有初步发展，企业开办形式有官办、民办、官绅合办等，但以个体手工业为主。1931年，开远城有工商业户171户，分别为旅店15户、洋货广货12户、省地杂货53户、医药11户、肉店30户、炭木25户、切烟25户。[④]1940年，商户增至230家，共有从业人员640人，以经营饭店、理发店、旅店居多，其次为百货、粮食、土杂等行业，皆属私营。[⑤]

河口是滇越铁路沿线又一个发展迅速的城市。河口位于红河与南溪河交汇处，原来是一个只有几户人家的码头。1889年蒙自开埠，于河口设分卡；1895年，河口取代蛮耗而成为分关。滇越铁路通车后，河口为特等站，很快发展起来。街道宽平，建筑为西式，电报、邮局、电话、电灯一应俱全。两广、香港、海防、河内等国内外客商不断到来。1930年，河口城区人口数为4239人，有85家华商店铺，5家外商分店，小摊、小贩153户。[⑥]

---

① 开远市志编纂委员会：《开远市志》，77页，昆明，云南人民出版社，1996。

② 云南省经济研究所：《云南近代经济史文集》，184页，昆明，经济问题探索杂志社，1988。

③ 开远市志编纂委员会：《开远市志》，84页，昆明，云南人民出版社，1996。

④ 开远市志编纂委员会：《开远市志》，264页，昆明，云南人民出版社，1996。

⑤ 王明东：《民国时期滇越铁路沿线乡村社会变迁研究》，55页，昆明，云南大学出版社，2014。

⑥ 河口瑶族自治县地方志编纂委员会：《河口县志》，325页，北京，生活·读书·新知三联书店，1994。

滇越铁路沿线的一些小村庄也发展成为繁华热闹的商贸城镇。碧色寨是滇越铁路上两个特等站中的一个，距离蒙自城约10公里，是滇越铁路与其支线个碧石铁路的交汇点。滇越铁路通车前，这里是一个只有十多户人家的小村子。1909年，碧色寨车站设立，碧色寨飞速发展起来。这里不仅是客运、货运的中转地，仓储、转运业极为发达，设有海关、邮局，还有餐馆、旅馆、杂货店、酒楼、咖啡馆，商号、货栈林立。聚集了搬运工、职员，还有无数熙来攘往的旅客，以及各色人种的商人、伙计。法国商人开的加波公司、希腊商人开的哥胪士酒店、德国商人开的德士古水火油公司、英国商人开的亚细亚水火油公司等各种洋行洋店，纷纷在碧色寨设立分号。碧色寨每天都如同赶集般热闹，蒙自城里买不到的东西，在这里都能买得到。

但是，滇越铁路在促进沿线城镇经济发展的同时，对曾处于传统滇越商道上的商业城镇却是一种打击，导致这些传统商业城镇经济走向衰落。

关于滇越铁路的路线，法国人最初勘定的是西线，即河口—蒙自鸡街—曲江—馆驿—通海—玉溪—晋宁—呈贡—昆明，称为西线。西线与传统滇越商道走向一致，法国最初的意图是通过铁路将沿途商业繁荣的城镇、人口密集的村庄连接起来，但遭到沿线百姓强烈抗议，最终只能放弃西线，采用东线，即河口—蒙自碧色寨—开远—盘溪—宜良—呈贡—昆明。东线比西线向东偏移了50—100公里，避开了地势平坦的坝区，转为穿过地势险峻的山区，从而带动了原本冷清的东线，但原本工商业繁荣热闹的西线部分城镇由此走向衰落，通海即为其中的代表。

通海曾为滇中南部交通要冲，滇东南较为繁华的城镇集中于玉溪—通海—建水—蒙自这一条商贸通道沿线。滇越铁路通车前，通海境内驿道四通八达，“县城商业鼎盛，遂有‘小云南’‘小昆明’之称。”[①] 南下可经建水、蒙自、河口抵越南，还可经元江、墨江、思茅、车里至老挝、缅甸、泰国；北上由昆明、滇中、滇东北入四川、重庆；西行至大理、保山、腾冲通缅甸、印度。另外，通海境内利用杞麓湖开辟的水路交通也很方便。从通海城北李家营港口坐船，到二街李家嘴下船，翻过桅杆山进江川，经晋宁，即可达昆明。还可以从李家营港口乘船，到杨家嘴登岸，由四街至江川普庙，经玉溪北城到昆明。滇越铁路改线、个碧石铁路通车，商路改道，从滇中往来于建水、个旧、石屏一

① 云南省通海县史志工作委员会编纂：《通海县志》，249页，昆明，云南人民出版社，1992。

带的客商多乘坐火车，不再途经通海。通海丧失了作为滇中南部商道要冲的地理交通区位优势，城市商业贸易发展受到较大影响。

滇越铁路通车，商路改道，曾经盛极一时的蒙自、蛮耗经济一落千丈。

蒙自开关后，凭借蛮耗红河水运，迅速成为云南省商业贸易中心，城市经济得到极大发展。云南的第一个海关，第一个邮政局，第一个电报局，都在蒙自设立。蒙自县城每天进出的马帮络绎不绝，旅店、餐馆、零售商铺林立。还有英、法、美、日、意、德、希腊等国商人开设的洋行、酒店、酒吧，顾客盈门，生意兴隆。蒙自成为云南城市中与国际社会联系最为密切的前沿。滇越铁路通车后，由于铁路线路绕开了蒙自，蒙自的经济发展走向衰落。原来从蒙自进出口的商品改由昆明进出口，在蒙自的商号、洋行纷纷迁往昆明，来往于蒙自与蛮耗的马帮渐渐被淘汰。1940 年，日军占领越南后，中越边境全线封关，沿边一线进入战争设防状态，中国军队与侵越日军对峙，蒙自“城内冷落得可怕”。

滇越铁路未修建前，红河水运繁忙，处于蒙自与红河航运水陆交接处的蛮耗很快发展起来。蒙自开关，于蛮耗设分关（后降为分卡），蛮耗成为云南唯一的对外水陆联运枢纽和滇南货物集散地，有“小香港”美誉。往来于蒙自与蛮耗之间的马帮在山路上跋涉，首尾相接，绵延数十里。红河航道上，大小船只，往来如蚁。中外商贾云集，货物堆积如山，入夜，灯火辉煌，人潮未退。1906 年，往返于蒙自和蛮耗之间的马帮有 295300 匹次；1909 年，因滇越铁路河口至碧色寨一段通车，这段路上的马帮减少到 69974 匹次，只有 1906 年的 23.7%。[①] 1907 年，蛮耗运送出口物资的船只 18431 艘次，货运量 5.74 万吨。[②] 从 1889 年到 1909 年，蛮耗镇本地居民约 4000 余人，外来流动人口则达 10000 余人。[③] 蒙自电报局在蛮耗“永同安”商号内设立电报分局，提供通信服务。1910 年滇越铁路全线通车后，货物运输多改由铁路承运，红河航运急剧冷落，专门跑蒙自和蛮耗之间的马帮也越来越少，到最后基本消失不见了。1940 年，日军占领越南，日机轰炸红河沿岸的码头、港口，红河航运全部瘫痪，蛮耗几乎被炸为平地，从此彻底衰落。

① 李艳林：《重构与变迁——近代云南城市发展研究（1856—1945 年）》，136 页，厦门，厦门大学博士学位论文，2008。

② 个旧市志编纂委员会：《个旧市志》（上），207 页，昆明，云南人民出版社，1998。

③ 马世雯：《清末以来云南蒙自与蔓耗口岸的兴衰》，载《云南民族学院学报》（哲学社会科学版），1998（2）。

2. 个碧石铁路与城市经济发展

个碧石铁路全长 177 公里，轨距 60 厘米，分为三段：个旧到碧色寨段，长近 73 公里，1914 年动工，1921 年 10 月通车；鸡街至临安（建水）段，长近 62 公里，1921 年动工，1929 年通车；临安至石屏段，长 42 公里，1929 年动工，1936 年 10 月通车。个碧石铁路属于滇越铁路支线，为国人自主修建。之所以修建该铁路，一是为阻止法国掠取路权，二是为解决工业城市个旧的生产、生活物资供应和运输问题。

个碧石铁路修通，带动了沿线城镇经济发展。

个旧的发展基于锡业的兴旺，而锡业的兴旺依赖于大量的锡出口贸易和铁路新式交通运输带来的巨大变化。个碧石铁路开通后，个旧锡矿业发展更为迅猛，使个旧在较短时间内转型成为新型工业城市，城市化程度很高，人口增长非常快速。不包括季节性工人、流动客商在内，1918 年，个旧县常住人口 49891 人；1921 年，个旧到碧色寨段通车，1922 年，个旧常住人口增长到 68961 人，比 1918 年增加了 38.2%；1932 年，个旧常住人口 93586 人，是 1918 年的 1.88 倍，比 14 年前增加了 87.6%。[①] 工业的繁荣、交通的便利、人口的增长、市场需求的扩大，吸引大量外地客商前来个旧投资、经商，来自周边地区、外省，甚至香港的生活、生产物资源源不断流入个旧，造就了个旧市场经济的繁荣。民国时期，个旧“繁华状况胜于昆明，乡镇、工矿区街子亦达 14 个”[②]，城区商号林立，会馆颇多，商业网点密集，城乡集市贸易兴盛。抗日战争时期，个旧锡业受到影响，工商业萧条。但抗战结束后，个旧的城市经济又重新兴盛起来。

建水本已是滇南的政治、经济、文化、交通中心，汉文化相当发达，文风兴盛犹如中土。个碧石铁路的通车，使建水城的经济发展如虎添翼。手工业、商业、集市贸易更加活跃。到抗日战争前期，建水县城的商号约有 400 家，建水县商会下的同业公会达 16 个。

石屏也是滇越商道上的重要枢纽。滇越铁路修通时，石屏客商就不再选择过通海的商道上昆明，而是开始转向蒙自碧色寨，借助火车运送商品物资到昆明。1936 年 10 月 10 日，个碧石铁路建水到石屏段通车，利用铁路运送物资更是便捷，促使石屏商业贸易更加活跃。乘坐火车前往石屏的客商越来越多，

① 个旧市志编纂委员会：《个旧市志》（上），107 页，昆明，云南人民出版社，1998。

② 个旧市志编纂委员会：《个旧市志》（上），640 页，昆明，云南人民出版社，1998。

外地商品流入速度加快，本地农副产品得以迅速输出，市场繁荣，集镇贸易兴盛。1924 年，石屏有商业网点 384 个，1936 年增加至 1027 个，1950 年则达 1826 个，商业网点“多集中于县城，少量分布于宝秀、龙朋、龙武、新城等集镇，农村商店寥寥无几”①。

当然，铁路通车在促进交通便捷化、经济发展的同时，也带来了某些负面效应。

个碧石铁路通车后，个旧锡业更加繁荣，冶炼锡矿所需木炭由个旧周边各县提供。铁路运输加大了木炭运量，缩短了运输耗时，但加速了沿线森林遭受破坏的速度，从而引发生态环境危机。个碧石铁路修通后，沿线出产的木炭成为铁路运输的大宗货物。“货运以木炭为大宗，个旧炼锡所需的大量木炭皆由铁路沿线装载火车，以致曲溪、建水两县县长惊呼，沿线青山几成秃岭。”② 为个旧锡业提供木炭的周边各县因砍伐树木烧炭而使青山变秃岭。区域生态环境的破坏造成个旧等城市水资源紧缺、自然灾害频发。“山塃则水源枯竭，冲塃必待雨天，遇旱则矿塃丘积，无法应对，又或水潦之季，山洪爆发无森林为之涵蓄阻挡，争急性冲刷，矿坑厂房，均受其害。”③ 水资源紧缺，基本的卫生条件都无法保障，必然隐藏着疾病爆发等风险。生态环境恶化、自然灾害频发严重阻碍了个旧城市经济的长远发展。个碧石铁路沿线各县森林覆盖率的急剧下滑也制约了沿线城镇和乡村经济的健康持续发展。

（二）公路交通与城市经济发展

公路运输机动灵活，快速便捷，易深入乡村、厂矿，适于短途、中途客运和货运，是新式交通的另一代表。民国时期，云南公路运输建设成为推动云南城镇经济发展的动力之一。

云南于民国初年开始修筑公路，但进展缓慢，到 1927 年，“通车路线不过三四十公里”④。1928 年，龙云地方政府将公路建设作为其四大要政之一，成立全省公路总局，以昆明为中心，提出向东西南北四周辐射的云南省道修筑计划。至抗战前夕，滇西省道已通到下关，滇南省道已通到玉溪，京滇公路（南京至昆明）黔段与滇段于胜景关相接贯通，昆明城先后修建起与郊区相连接的

① 石屏县志编纂委员会:《石屏县志》，261 页，昆明，云南人民出版社，1990。

② 建水县志编纂委员会:《建水县志》，423 页，北京，中华书局，1994。

③ 云南省建设厅林务处:《林务处重要工作报告》，载《云南省建设月刊》，1937 年第 1 卷，第 8、9 期合刊。

④ 杨文清:《云南公路概况》，载《云南公路特刊》，1936（1）。

数条名胜公路。1938 年，仅用 9 个月即完工的滇缅公路通车，滇西下关段一直延伸入缅，被称为“中华民族继长城运河之后的又一大工程”。到 1939 年，全省公路“通车里程共二千三百零二公里九百一十七公尺”[①]，已基本搭建起全省公路建设的大致骨架。全面抗战爆发后，云南作为抗战大后方，交通运输建设更显紧迫。滇缅公路与京滇公路联通，成为从东到西贯通滇东北、滇中、滇西的经济大动脉。到 1942 年，云南具备常年通车条件的公路总计达 3400 多公里，主要省道有滇缅公路（昆明至畹町）、滇黔公路（即京滇公路云南段）、川滇公路（昆明至杉木箐）、滇越公路（昆明至弥勒竹园）、昆玉公路（昆明至玉溪）、昆会公路（昆明至会泽）、昆明至兴仁公路。[②] 抗战胜利后，云南省公路运输呈现萧条景象，公路建设进入停滞状态。伴随着公路交通基础设施的修建，汽车运输业产生，由云南省公路总局负责统管汽车运营。1933 年 2 月，云南省颁布《全省汽车开放章程》，开放汽车运输市场，商人邓和风成立通运汽车行，购买货车 12 辆、客车 1 辆，用以开展客货运输业务，开创了云南汽车运输业先河。1936 年，昆明市政府成立汽车同业公会。[③]

滇缅公路等运输干道的通车，滇缅公路与京滇公路的连接贯通，扩大了物资进出口通道，方便了商品流通，带动了云南主要城市的商业发展，行业增多，商号增加，市场繁荣。

昆明是云南交通枢纽中心，滇越铁路终点，滇缅公路起点。抗战全面爆发后，昆明不仅是内迁人口的避难所，还是战时西南物资集散要地和对外贸易口岸。抗战前期，进出口物资大部分经滇越铁路运输。1940 年，越南被日军占领，滇越铁路运输线中断，滇缅公路成为中国西南唯一的国际交通线和出海通道，承担着绝大部分进出口物资的运输任务。据统计，1940 年在滇缅公路上行驶的军车 3166 辆，公车 2201 辆，商车 2265 辆，共计 7852 辆，占抗战后方总车辆数的一半。[④] 滇缅公路通车，昆明物资运输繁忙，刺激了汽车材料行业的兴起，昆明市汽车材料业达一二百户。[⑤] 滇缅公路通车后，随着抗战军事形势的发展变化，省外资金、技术不断涌进云南，迁入云南的国民党中央和地

---

① 杨文清：《本省公路情形》，载《云南公路特刊》，1939（3）。

② 中央调查统计局特种经济调查处：《云南省之交通》，29—30 页，1942。

③ 云南省档案馆：《建国前后的云南社会》，20 页，昆明，云南人民出版社，2009。

④ 云南省政协文史资料委员会：《云南文史资料选辑》（第三十七辑），52 页，昆明，云南人民出版社，1989。

⑤ 李珪：《云南近代经济史》，507 页，昆明，云南民族出版社，1995。

方工商业机构持续增加，如矿业公司、煤业公司、昆明炼钢厂、中国电力制钢厂、云南钢铁厂、中央机器厂、桐油厂、云南纺织厂等，厂矿工人从抗战前的2000多人发展到抗战后的数万人，昆明市人口从10万人增长为30万人。[①]生产和消费的飞速增长，带来商业贸易、金融市场等其他行业的空前繁荣。昆明城万商云集，进出口业空前发展。

滇缅公路沿线的禄丰、楚雄、南华、下关、永平、保山、芒市、遮放、畹町等城镇，也得到不同程度的发展。

楚雄在滇西省道通车后已有一定发展，滇缅公路贯通后，过往物流、人流更为频繁，省内外商品物资涌入楚雄，商业兴盛。汽车修理业、旅店、饮食服务业生意兴旺。

滇缅公路通车后，下关发展为滇西物资转运枢纽集散中心，商贾云集，市场昌盛，商帮发展迅猛。在抗战期间，鹤庆帮发展起40—50家大商号，如长盛昌、庆顺丰、南裕商行、德泰昌、宝兴元、宝兴祥、文彩号、何盛兴、鸿昌益、鸿昌和等。喜洲帮以永昌祥、锡庆祥等为代表，发展为“四大家”“八中家”“十二小家”。阳春长、鸿兴源等许多中小商号发展也很快。这些大小商号在抗战后的资金比抗战前增长了几倍、几十倍。中小商店也得到了很好的发展机遇，下关有中小商店1500多家，经营内容涉及50多种小行业。[②]

滇缅公路通车，保山与下关、保山与腾冲依靠公路连接起来，极大方便了物资运输、人员流通、信息交流，不管是对内贸易，还是对缅贸易，都得到极大的发展机遇。商品流通扩大，商业、饮食服务业发展快速。保山城内的行业有百货店、布店、米店、盐店、马店、旅店、堆栈、理发、沐浴、照相馆等20多个，有坐贾124户。之前只做省内贩运的行商在滇缅公路通车后来往于缅甸与云南之间，将土特产销往缅甸，从缅甸运回汽油、煤油、机油等物资销往内地。

除滇缅公路外，其他公路交通要道的建成通车也带动了沿线城镇的经济发展。

曲靖、沾益地处京滇公路滇黔段要道，是通往四川、贵州的枢纽。1938年，沾益建飞机场；1941年，从昆明到曲靖、沾益的米轨铁路先后修通；1942年，沾益机场成为驼峰航线上昆明向内地转运物资的重要基地。曲靖、

① 隗瀛涛：《中国近代不同类型城市综合研究》，481—482页，成都，四川大学出版社，1998。

② 李珪：《云南近代经济史》，508页，昆明，云南民族出版社，1995。

沾益的交通地理区位优势更加凸显，大量人流物流的频繁流通迅速带动两个城市的经济发展。1941 年，曲靖成立新市场委员会，于北门外建立新市场，拓宽北关街，为曲靖商业发展提供了便利。沾益也在火车站附近开辟新市场，龙华路北段商店、旅店、餐馆、茶馆林立，十分热闹。

1942 年，昭通—威宁公路通车后，昭通一时之间兴旺起来，各种货物南来北往，商旅来往络绎不绝。据统计，1945 年，昭通有山货店 246 户，纱布店 242 户，杂货店 165 户，百货店 65 户，盐业店 52 户，饮食店 47 户。客马店发展快速，有 178 户，其中，客店 64 户，比 1931 年增加了 7 倍；商业从业人员 3276 人；昭通最大的商号永达号在全国设有分号 20 多个。① 当然，昭通的城市发展既得力于公路新式交通运输方式，也在一定程度上离不开传统马帮和盐津渡至横江的水上航运。

（三）航空运输与城市经济发展

航空运输是最为迅捷的新式交通。云南机场建设始于军用机场的修建，在民国初年唐继尧执政云南时期，昆明巫家坝军营即开建机场，作为空军军官学校训练基地。后来，修建了保山、楚雄、昭通机场。抗日战争时期，一方面对原有机场进行改扩建，另一方面陆续在呈贡、云南驿、蒙自、思茅、杨林、祥云、沾益、宁洱、芒市、玉林、元谋、永仁、弥渡、广南、羊街、瑞丽、泸西、弥勒、文山、建水、丽江、鹤庆、宾川、蒙化、盘溪、华宁等地修建简易军用机场近 40 个，为民用航空业在全省各地县的渗透打下基础。② 云南商业航空始于 20 世纪 30 年代，1935 年 5 月 23 日，中美合资商办中国航空公司的昆渝航线开航，从重庆经停贵阳到昆明，初期只运邮件。1938 年 8 月 1 日，昆渝线客运正式开航。20 世纪 40 年代前后，云南已有 8 条航线，主要为昆渝航线、昆蓉航线、驼峰航线、欧亚航线（昆明经重庆、成都、兰州、哈密到乌鲁木齐后与欧洲联航）、昆明经桂林到香港航线、昆明到河内的滇越航线等，昆明一度成为国际国内航空要站。

驼峰航线的开辟是云南航空史上极其重要的事件。1940 年，日军占领越南，滇越铁路停运。1942 年，日军入侵缅甸，滇缅公路被截断。中国西南两条路上国际通道被日军切断后，中、美、英三国联合开辟中印航线，即驼峰航线，以承担起对日作战的紧急军需物资和人员运输任务。驼峰航线是一条从印

① 李珪：《云南近代经济史》，509 页，昆明，云南民族出版社，1995。

② 陈征平：《云南早期工业化进程研究（1840 年—1949 年）》，123—124 页，北京，民族出版社，2002。

度到云南、四川的国际运输线，西起印度阿萨姆邦，向东飞越喜马拉雅、高黎贡山、萨尔温江、怒江直至昆明、四川等地，因沿途峰峦起伏犹如驼峰而被称为“驼峰航线”。

驼峰航线是中国抗战后期获取国际援助、与国际社会联系的唯一通道。驼峰航线空运任务由中国航空公司和美国空运大队承担。飞越驼峰，没有天气限制，驼峰航线一经开辟即投入紧张繁忙的强运之中。500 多架运输机，天天不分日夜地飞行，从不间断，不仅要战胜恶劣的雨雪冰雹天气，还要应对驻扎于缅甸的日本零式歼击机的拦截。云南的昆明、呈贡、陆良、云南驿、沾益，四川的宜宾、新津、彭山、广汉、泸州、重庆等地，都修建了机场，用以驼峰航线飞机起降。在最繁忙的时候，驼峰航线每 75 秒就有一架飞机起飞。从 1942 年 5 月到 1945 年 8 月抗战胜利，中国航空公司飞机飞越驼峰航线约 8 万架次，从印度运到中国的物资共计 5 万多吨，运送人员 3.3477 万人次。美国空运大队从印度运到中国的物资总计达 65 万吨。①

滇越铁路、滇缅公路、驼峰航线交汇于昆明，路、空国际交通线的相继开辟与繁忙运营，从根本上改善了昆明落后的对外交通状况，昆明成为中国西南交通运输枢纽。昆明进入前所未有的开放状态，从偏居一隅的高原城市转变为处于国际战略前沿的重要城市，这不仅对中国抗战胜利有着至关重要的影响，而且对昆明城市经济和区域发展起着巨大推动作用。突出的交通枢纽优势，特殊的国际国内形势，昆明获得了前所未有的人流、物流、信息流、资金流，快速成为抗战大后方的经济、文化、军事要地。

总之，交通是城市发展的动力之一，交通干道、交通运输对城市经济兴衰起着关键性影响。铁路、公路、航空等新式交通的出现与运用，改变了云南封闭落后的传统交通方式，开拓出云南对外沟通交流的新途径，使物资和人员的流动，信息的转换和传播更加快捷、频繁，云南与外界，云南的城市之间、城乡之间的联系更加紧密。凭借新式交通运输，城市的经济职能、辐射能力、吸引能力不断增强，城市规模越来越大。晚清至民国时期，云南以滇越铁路、滇缅公路、京滇公路为纽带，以蒙自、思茅、腾越等开埠通商口岸为支点，以昆明为中心城市，构建起新的城市体系，形成了滇东、滇东南方向的昭通、曲靖、宜良、开远、蒙自，滇西、滇西南方向的丽江、大理、保山、腾冲、思茅

---

① 李珪：《云南近代经济史》，520 页，昆明，云南民族出版社，1995。

等城市网络，这一城市体系覆盖和影响着全省城乡经济的发展。

三、抗战时期，工厂、学校内迁与城市经济发展

史料记载："云南古代工业，就载籍可考者，大率为日用品之制造。衣、食、住、行所需，自力自给，即妇女亦习于勤劳，家有织机。庶民多能学习技艺，足以自谋生计，盖习已成风，实一方之美俗。至若石屏之乌铜，鹤庆、丽江、腾冲之棉纸，则又为地方之特产，精工之创制，为他省人所称誉者。"[①] 此种状况至近代有较大改观。

抗战全面爆发后，华北、华中、华东、华南广大地区被日寇占领，国民政府被迫迁都重庆，西南成为中国抗日大后方。云南是仅次于重庆、川中的战略基地，又是连接中国与国际社会的交通命脉，还是外省敌占区内迁人员的避难所，内地沦陷区大量的工厂、学校、人口纷纷迁入云南。抗战军兴，迫于军需，国民政府全面调动行政、财政、金融、经济技术等力量，全力开发抗战大后方中国西南，资金、人员、技术，源源不断流入西南，为云南经济、社会、文化发展带来新的契机。"抗战八年，轻重工业，需要日亟，本省由萌芽渐著成效。"[②]

（一）工厂内迁与城市经济发展

民国时期，以昆明为集中分布区，以滇越铁路及其支线区域城镇为主的云南城市工业已有起步，拥有采矿、电力、五金机械、机器纺织、印刷、造纸、制革、烟草、火柴、肥皂、玻璃、食品加工等行业。在一些近代化工业企业里，国外先进的生产设备、动力设备、交通通信设施、经营管理模式有所引进，但总体而言，云南城市近代工业发展程度仍然很低，大多数企业规模小、资金少、技术落后，设施设备简陋，生产力弱，发展慢，所提供就业机会少，难于容纳大量的农村剩余劳动力，城市化程度低。云南城市工业以轻工业为主，重化工业欠缺，对国际市场依附性强，大部分工厂的设施设备、原材料依赖国外进口，半殖民地化突出，严重制约了云南城市自身发展及辐射带动能力。

抗日战争爆发，沿海、华中等地工业企业被迫西迁。国内一批极其重要的

① （民国）周钟岳：《新纂云南通志》（卷一百四十二·工业考）。

② 云南省志编纂委员会办公室：《续云南通志长编》（下册），339页，玉溪，玉溪地区印刷厂，1986。

工厂相继迁入云南，既有军工业，也包括民用工业。如中央垒允飞机制造厂、空军第一飞机制造厂、第22兵工厂、中央无线电器材厂、中央电工器材厂、中央机器厂、中央炼铜厂等。中央垒允飞机制造厂前身是中美合资中央杭州飞机制造厂，于1934年创办，抗战开始时迁往武汉，1938年10月辗转迁至昆明，后因建厂物资运输需要，搬迁至中缅边境垒允设厂。中央垒允飞机制造厂是当时中国设备最先进、技术最强、规模最大的飞机制造厂。

抗战初期，国内一批重要的工厂企业纷纷内迁云南，云南兴起一股兴建工厂企业的潮流。国民政府资源委员会掌管军工及有关工业的部署，中央金融垄断资本机构中央“四行”（中央、中国、交通、农民四大银行）“两局”（中央信托局、邮政储金汇业局）纷纷挟巨资来滇投资，促使中央工业国家垄断资本企业在云南得以快速发展。到1942年前后，中央国家垄断资本在云南的工矿企业近30个，其中，有的是从沿海、内地搬迁入滇，有的是新建，如昆湖电厂、昆明化工材料厂等，有的则是中央国家垄断资本入资云南工矿企业，如明良煤矿、昆华煤铁特种股份公司等。① 这些迁滇企业或新建工厂，技术设备先进，工厂规模多为大、中型，尤其是军工企业的设施、设备、技术全为国外引进，极大充实了云南工业实力，填补了云南重化工业缺乏的状况，云南工业发展进入新的黄金时期。抗战开始后，云南地方国家垄断资本亦抓住机遇，或与中央国家垄断资本合作，或借助迁滇民族资本的资金、技术，加速积累资本，加快投资节奏，发展云南工业。云南地方国家资本在矿冶、纺织、电力、机械、化工、水泥、造纸、印刷、瓷业、药业、烟草、交通等各领域，创办了一批近代工业企业，奠定了云南近代工业发展基础。在矿冶业领域，创办了云南锡业公司、滇西企业局、滇北矿务局、宣明煤矿公司，还有中国电力制钢厂、云南钢铁厂、电气制铜厂等企业；在纺织业领域，创办了云南纺织厂、裕滇纺织公司、云南蚕丝公司；在电力领域，改组耀龙电气公司、昆明电力厂为耀龙电力公司，创办了下关玉龙电力公司、腾冲叠水河水力发电厂工程处、开远电厂；在机械领域，创办了云南五金器具制造厂、裕云机器厂；在化工领域，创办了利滇化工厂、大利造酸厂、云南酒精厂、裕滇磷肥厂、日用化学药品公司；在水泥行业，创办了昆明水泥厂；在造纸行业，创办了云丰造纸厂；在制茶行业，创办了云南茶叶贸易公司，下设顺宁（凤庆）、佛海（勐海）、宜良

① 李珪：《云南近代经济史》，491页，昆明，云南民族出版社，1995。

茶厂，以及昆明复兴茶厂、下关康藏茶厂；在印刷行业，创办了鼎新印刷厂；在瓷器行业，有光大瓷业公司曲靖瓷厂；在制药行业，有新华制药公司；在烟草行业，有云南纸烟制造厂、云南复烤厂；在交通运输行业，设有石佛铁路工程筹备委员会、川滇铁路公司、经委会运输处、云南物资运输处等。①国家垄断资本的主要投资对象是关系国家民生的基础工业和重工业，抗战时期，数云南工业的资本密集程度、技术密集程度最高，云南工业化水平在后方工业中已处领先地位。到 1940 年前后，云南的企业数量已有 300 多家，比战前增长约 10 倍。②云南工业企业以昆明分布最为集中，到 1940 年，昆明的近代新式工矿企业已达 80 余家，并以重工业比重较大，昆明成为战时仅次于重庆和川中的第三大工业区，是大后方的工业支柱产业之一。③

抗战时期，大批工厂的内迁或兴建，云南工业的兴盛，交通业的改善，城市人口的急剧增加，消费市场的快速扩展，带动了云南城市商业、金融业的发展。抗战前，云南省公有银行、银号总计 9 家，到 1945 年，云南的金融机构数量达 217 家，其中，昆明的是 48 家。以昆明为代表的云南主要城市人口一时猛增，百业俱兴，商业空前繁荣。1945 年，昆明经政府登记领有执照的商号近 1 万家，未经政府登记的商号则达 2 万多家，两者合计约为战前 2000 余家的 15 倍。④

（二）学校内迁与城市经济发展

抗战爆发，华北、华东、华南及华中大部分地区相继被日军占领，北平、天津、南京、上海的许多学校纷纷被迫搬迁，进入云南。

云南有滇越铁路与国际沿海相连，便于物资、资料、仪器、设备设施的运输，为办学提供了必要的交通条件。1938 年，国内著名的三所大学北京大学、清华大学、南开大学辗转迁到昆明，组成国立西南联合大学。下设 5 个学院、26 个系、5 个研究所，还有电扇专修班、选修班等。从 1938 年到 1946 年，西南联大在云南办学 8 年，在极其艰苦的条件下，培养出大批杰出人才，包括许多国内外一流科学家。迁入云南的高校还有同济大学、中山大学、中山医学院、华中大学、私立中法大学、唐山工学院、上海医学院、国立艺专、中央

① 李珪：《云南近代经济史》，475—486 页，昆明，云南民族出版社，1995。

② 陈征平：《云南早期工业化进程研究（1840 年—1949 年）》，140 页，北京，民族出版社，2002。

③ 隗瀛涛：《中国近代不同类型城市综合研究》，479 页，成都，四川大学出版社，1998。

④ 隗瀛涛：《中国近代不同类型城市综合研究》，479 页，成都，四川大学出版社，1998。

政治学校（大理分校）、国立体专等多所院校。[①] 1938 年 7 月，云南大学成为国立高等院校。大批高校迁入云南，大量专家、学者、教授、知名人士云集昆明，昆明一时之间人文荟萃，成为抗战后方文化中心和国际前沿城市。

内迁高校和人才，造就了昆明等云南城市的文化教育事业之兴盛，培养了一批批优秀人才，给城市的近代化趋向、城市化发展融入新动力，对云南城市和社会影响深远。

总之，抗战期间，中国西南成为抗战大后方，云南成为沿海和内地沦陷区人员的避难所和迁移地，云南省会昆明一时之间人文荟萃、百业俱兴、空前繁荣，从一个闭塞的边疆高原城市发展成为具有重要交通、经济、文化、战略地位的国际前沿城市。大批工厂、企业、学校迁滇，为云南城市的近代化发展奠定了经济、技术、文化基础；抗战期间迁移入滇的人员，为云南城市化进程提供了人力支持；学校入滇、教育文化事业的繁荣，为云南城市发展提供了智力支持。但是，抗战时期，大批工厂学校迁滇带来的城市人口剧增、人文荟萃、基金和技术聚集，以及工业、商业、交通、金融、教育文化各业态的繁荣，是外部时局促成的暂时现象，而非城市自身发展的成果，所以具有不稳定性。特别是在抗战中后期，国民党在政治上实行一党专政，打压爱国进步力量；在经济上，加大对老百姓的剥削，严重削弱了城市和农村的购买能力，同时，国家垄断资本欲望膨胀，在国民政府的经济统制政策下，民族资本遭受吞并、打击、排挤、扼杀，难于求生，更难于发展。抗战结束后，随着内迁工厂、学校、机关离滇返回原地，有些工厂、企业虽然得以留存，但由于后继的内战、通货膨胀、物价飞涨、失业率剧增等原因而破产倒闭或经营萎缩，走向衰败。到 1949 年解放前夕，云南城市可谓百业凋敝，经济萧条，千疮百孔。

① 云南近代史编写组：《云南近代史》，505 页，昆明，云南人民出版社，1993。

第二节　云南城市经济的发展

清末到民国，是云南城市从传统向近代转型演变发展的时期。在城市近代化的过程中，经济既是城市转型发展的动力因素之一，也是城市发展的重要内容。手工业、工业、商业、金融业、交通业、服务业等行业，是构成城市经济的主要领域。清末至民国时期，开埠通商、对外开放，引进新式交通、发展新式交通运输，以及抗战爆发后，大量工厂与学校迁滇，外省资本流入，这为云南城市的近代化带来动力与契机，促进了云南城市经济发展，但是，在半殖民地半封建社会背景下，云南城市经济发展困难重重，并难于摆脱非均衡性、畸形性和不稳定性。

一、手工业

（一）清末云南手工业

在传统农业社会，生产、生活资料，衣、食、住、行，皆离不开手工业，手工业和农业共同构成国民经济的两大生产部门。清末，云南的手工业有20多种，可大致分为金属制品、纺织和食品、其他日用品三大类。其中，金属制品手工业有铁器、铜器、锡器、金银玉器等；纺织和食品手工业有纺织、制糖、酿酒、榨油、制茶、制烟及其他食品等；其他日用品手工业有制革、服装鞋帽、造纸、印刷、大理石制品、藤草编织、衡器、木器、烧窑、日用杂货及服务等行业。①

1856年，杜文秀起义建立的大理政权鼓励保护商业、发展手工业，在杜文秀政权辖境内的滇西，手工业得到一定发展。但是，起义毕竟伴随着战争，起义军与清政府间的较量历时18年，战乱殃及云南全省，战火中，铜、盐及其他金属矿业大部分停产荒废，各类手工业皆遭到不同程度的损伤。

中法战争后，法、英西方帝国主义势力侵入云南，蒙自、思茅、腾冲相继

① 李珪：《云南近代经济史》，66—78页，昆明，云南民族出版社，1995。

被迫开埠通商，云南被纳入西方帝国主义势力范围，沦为资本主义世界市场体系中的一个部分。英法向云南大量倾销商品，掠夺原材料。他们利用开埠通商带来的关税特权，加重了我国沿海国产货物经越入滇的关税，减少了洋货进口税和云南土特产品出口税，致使国货失去了价格竞争力。建立在小商品生产基础上的手工业首当其冲，或惨遭淘汰，或面临改组、更新，尤以商品替代性较强的手工行业最为突出。如手工棉纺织染业，传统手纺衰落近乎绝迹，手织改为洋纱，染房使用进口燃料。因被涌入的外来近代日用工业产品替代，漆器、明角灯、羊皮金、土针、白铜面盆、乌帕、滇缎等生活用品被逐步淘汰。

（二）民国初期到抗战爆发前的云南手工业

辛亥革命成功后，清王朝覆灭，中国结束了二千多年的封建帝制，但中国半殖民地半封建社会的性质并没有改变。一方面，是帝国主义国家大肆倾销商品、掠夺原料，而滇越铁路的建成通车，以前所未有的速度和数量，加剧了帝国主义对云南的经济侵略。另一方面，是封建军阀连年混战、经济凋敝，云南的手工业在双重压力下挣扎图存，缓慢发展。

这一时期，云南手工业出现新变化：

1. 某些传统手工业行业和品种趋向衰落，甚至被淘汰。如：手工纺纱、滇缎、乌帕、白铜面盆、金箔、漆器等。

2. 一些新的手工业行业和品种出现。新出现的行业有肥皂、火柴、五金、石印、铅印、瓷器等。这些行业起初采用人力手工，后来渐渐使用机械、半机械操作。

3. 引进新工艺、新技术、新设备，对传统手工业进行改组、创新。如在染织业中，使用化学制剂洋靛，在织布业中引入铁木机等，大大提高了生产效率、产品质量。

4. 一些手工行业发展转型为近代工业。随着新行业、新品种的出现，以及对新技术、新设备设施的引进和使用，一些手工行业实现了机械化的运作，规模、技术、资金等不断发展，蜕去了手工作坊的模样，渐渐转型为近代工业企业。

（三）抗战时期到中华人民共和国成立前的云南手工业

抗战爆发后，云南成为大后方、国际大通道。沿海和内地沦陷区的大量工厂、企业、机关、学校纷纷迁滇，军队云集，人口暴增，云南要以一隅荷天下，军需民用，生产生活，市场需求急剧膨胀。而洋货来源匮乏，我国沿海工业品因日寇封锁而无法运入，供需差异拉大，矛盾突出。这为云南手工业生产带来了发展机遇，使云南手工业发展得以到达顶峰。但是，战争期间的生产是不稳定的，日军飞机对云南重要城市、交通道路的空袭，日寇对云南重要交通道路的切断，致使生产间歇停工，原材料、辅料匮乏，制约了手工业发展。1942年5月，日军占领怒江以西，该片区百业停顿。1942年5月4日、5日，日机轰炸怒江以东重镇保山，保山城有一半的人口在此次轰炸中丧生，达1万多人，炸毁房屋4000多间，保山经济从此一蹶不振，直至战后亦无力复苏。

抗战胜利，之前迁滇的外省人员纷纷返回原籍，战时需要下产生的市场需求不复存在。抗日战争结束，内战接踵而至，国民政府经济全面崩塌，货币贬值，物价飞涨，民不聊生，云南手工业跌入低谷，迅速衰落。

总之，清末到民国时期，洋货涌入，民用工业产生，手工业发展受到强烈冲击，一度衰落，一些手工业行业和品种从此被市场淘汰，退出历史舞台。在全新的国际国内形势之下，面对工业化的威胁，传统手工业也在进行改组和创新，寻求新的出路。抗战时期，因云南人口剧增，需求暴涨，而供给乏力，云南手工业发展得以暂时的复兴和发展。抗战胜利后，手工业发展重新跌入谷底。

二、工业

（一）云南近代工业的产生

中国的近代工业，始于19世纪40年代鸦片战争后洋人在沿海开埠通商城市开办的船舶修造业、加工工业、轻工业及公用事业。国人自办工业则发轫于19世纪60年代洋务派创办的军事工业。在洋务运动推动下，19世纪70、80年代，云南近代军事工业出现，标志着云南近代工业的产生。

云南近代工业始于军事工业。1868年“滇督刘岳昭、巡抚岑毓英利用粤省等给的饷银和派来的工匠，开始设局仿造洋炮”，1871年岑毓英在昆明筹办兵工厂。[①] 为镇压回民起义，同治末年，在昆明创办军火局，“迤西事变，总督刘长佑、巡抚岑毓英始创设军火局于三圣宫，制造明火枪炮、叉杆刀茅等，

① 《云南近代兵工史综述》，见云南省国防科学技术工业办公室军事工业史办公室：《云南近代兵工史简编1856—1949》（内部刊行），1991。

以济军用”[①]。19 世纪 80 年代，官办云南机器局创建，当为云南近代机器工业的发端。云南机器局聘请法国技术人员，初期主要生产火炮。经 1890 年前后、1907 年两次扩建，有大小厂房 28 间，工人 200 多人，停制枪支，专造子弹，每月出产子弹 10 多万发。[②]光绪三十四年（1908 年），成立官办云南陆军制革厂，有工人 200 多名，聘用日本人担任经理和技术人员，设制革、皮包、铜器、靴鞋等科，生产主要供应军需，剩余产品列为商品，平价销售。[③]

除军事工业外，清政府于 20 世纪初创办了造币厂、官印局、劝工局。造币厂建于 1905 年，机器从上海定购，有工人 200 多人。1909 年，劝业道刘岑舫将平民习艺所和赈工厂合并改组为劝工局，有技师 2 人，学徒 180 人。1910 年设立的官印局，设备简单，有铅印、石印，工人约 100 人，主要是为政府机关印刷资料，也对外营业。

在矿业领域，1883 年创办的云南矿务招商局，是云南推行官督商办对铜矿进行机械化开采的尝试。[④]该局聘请日本人为工程师，采用机器开采，新法采炼，但因日本工程师技术低劣，无法解决新法采冶的技术问题，加之管理腐败，贪污严重，新法生产失败，处于没落的云南铜政，已经停滞不前。1889 年，蒙自开埠通商，由于国际市场的需求，云南大锡出口快速增长，带动了云南近代锡业的兴起与繁荣。1902 年，针对英法殖民列强对云南矿权的掠夺，云南人民掀起维护矿权的斗争，推动自办近代矿业爱国运动。1905 年，成立个旧厂官商有限公司，后来，该公司在个旧设厂，采用新法炼锡，1909 年，改组为个旧锡务有限公司，计划官商集股 250 万元，向德商礼和洋行采购选矿、冶炼机器设备 70 余件，运矿铁车 150 辆，架设空运索道 8000 米，运矿、选矿、冶炼在部分矿区实现了机械化。[⑤]但由于技术原因，个旧大锡在当时还是达不到国际市场精锡出口标准，只能以粗锡出口。此外，于 1908 年创立官商合办的宝华锑矿有限公司，经营开采开远、文山、广南等地的锑矿，机器设备购自德商禅臣洋行，制炼厂设于蒙自芷村，机械化程度较高，仅次于个旧锡务公司，但正式投入生产时已是民国二年（1913 年）。[⑥]

---

① （民国）周钟岳：《新纂云南通志》（卷一三〇・军制考四）。

② 云南近代史编写组：《云南近代史》，158 页，昆明，云南人民出版社，1993。

③ （民国）周钟岳：《新纂云南通志》（卷一三〇・军制考四）。

④ 云南近代史编写组：《云南近代史》，158 页，昆明，云南人民出版社，1993。

⑤ 云南近代史编写组：《云南近代史》，159 页，昆明，云南人民出版社，1993。

⑥ 李珪：《云南近代经济史》，107—108 页，昆明，云南民族出版社，1995。

清末，云南开始产生电力工业。1910年，商办云南耀龙电灯公司正式成立，德国西门子公司所属礼和洋行承担机器供应及勘测、设计、施工、安装等一系列工程技术工作。1910年7月，中国第一座水电站石龙坝发电厂开工，于1912年4月完工发电。公司开办共用款60多万元，除实收股额外，负债40余万元。耀龙电灯公司是中国最早的一个水电企业，也是云南民族资本最著名的第一个近代工业，为云南电灯之始和云南电气事业的开端。[①]

清末，在昆明地区和个别县份，出现了民族资本主义性质的一些轻工业企业，如火柴业、烟草业、制药业、食品加工业、铜铁器业、制革业、玻璃业等。这些行业在不同程度上已配有铜铁机械或木制机械，处于向近代工业过渡的阶段。但大多规模小、资金少，严格说来更趋向于手工工场或手工作坊。

(二)云南城市工业曲折发展

1. 军事工业

护国战争结束后，唐继尧对外发动军阀战争，对内实施军阀统治，进行封建割据。作为云南近代工业的肇始，云南军工企业在连年军阀混战的特殊历史背景下发展，发挥自身作用。

辛亥革命后，创办于清末的云南机器局先是改名为云南陆军兵工厂，1925年改称“云南兵工厂”。云南兵工厂成为云南地方军阀割据势力的附属，因军阀战争的需要，企业得到进一步发展壮大。1924年，唐继尧因兵工厂产量满足不了其战争扩张需求而筹集100万元，从日本购入新的造弹机器，增加了新式子弹生产线，提高了所生产子弹的品质。1926年，云南省政府增资10万元，添置机器，扩建厂房。1932年，云南省政府主席龙云在兵工厂内开办机械学校，开设机械学、制图学、材料学、金属工艺学等课程，派遣学员赴汉阳兵工厂实习。1937年抗战爆发后，内地兵工厂迁滇，国民政府中央政治势力渗入云南。1945年10月，蒋介石武力改组云南省政府，云南兵工厂被撤销，人员被遣散，兵工署第53兵工厂接收了机器和厂房，云南地方政府主持当地军事工业生产的历史从而结束。[②]

同时，云南还有其他军工企业。如清末创立的云南劝工局，于1912年改为云南实业公司，1934年改为云南五金器具制造厂，属云南省经济委员会统管。该厂职工300多人，除生产民用机械，也生产手枪、步枪、炮架等军用

① 李珪:《云南近代经济史》，109页，昆明，云南民族出版社，1995。

② 陈征平:《云南工业史》，427—429页，昆明，云南大学出版社，2007。

器材。[①]

但云南的军事工业还是以民国中央政府于抗战时期创办的军工企业为主。抗战全面爆发后，沦陷区兵工厂纷纷迁入西南。云南偏居一隅，更易避免日军飞机轰炸，滇越铁路、滇缅公路、驼峰航线等国际交通线，为云南军工企业设施、设备、人员的运输创造了条件。抗日战争时期，中央政府迁入或新建的军工企业众多，如中央垒允飞机制造厂、空军第一飞机制造厂、中央无线电器材厂、中央电工器材厂，还有兵工署第21兵工厂安宁分厂、第22兵工厂、第23兵工厂昆明分厂、第51兵工厂、第52兵工厂、第53兵工厂。各大兵工厂大致情况如下：[②]

第21兵工厂安宁分厂：前身为始建于1863年的金陵兵工厂，1937年11月迁至重庆，更名为第21兵工厂。安宁分厂位于安宁长坡始甸村，1939年筹建，1940年建成开工。员工约1500人，机器从德国购进，主要生产82迫击炮弹、82黄磷弹、4号甲雷，月产炮弹2—3万发，甲雷2000枚。1946年4月底，工厂停止生产，员工遣散调离，机器设备由第53兵工厂接收。

第22兵工厂：1936年9月7日筹建于南京，1937年11月西迁重庆，1938年4月迁至昆明南城外的柳坝，1939年11月1日正式建成，称为“军政部兵工署第22兵工厂”。1940年10月，为避日机轰炸，搬迁至昆明海口，于山洞里建成厂房13座，在山洞厂房中进行生产。1942年1月，第22兵工厂与毗邻的第51兵工厂合并为第53兵工厂。抗战胜利时，员工超过440人。第22兵工厂主要研发与生产军用望远镜和迫击炮瞄准镜，被光学界称为中国光学事业的摇篮、中国光学人才成长的故乡、中国光学产品研制的基地。[③]

第23兵工厂昆明分厂：第23兵工厂设于四川泸州，昆明分厂位于马街石嘴村，1942年筹建，1945年1月建成，有员工177人。该厂的任务是利用昆阳的天然磷矿石生产黄磷，供第21兵工厂安宁分厂和其他兵工厂制造黄磷燃烧弹。抗战胜利后，该厂撤销，员工遣散，设备物资由第53兵工厂保管。

第51兵工厂：1939年4月1日开始筹建，厂址位于昆明海口，主要生产捷克式7.9毫米轻机枪，月均生产量400—500挺，有员工及兵伕2000人。

---

① 陈征平：《云南工业史》，430页，昆明，云南大学出版社，2007。

② 《云南近代兵工史综述》，见云南省国防科学技术工业办公室军事工业史办公室：《云南近代兵工史简编1856—1949》（内部刊行），1991。

③ 霍建明、袁家福：《第二十二兵工厂抗战迁滇记实》，中国人民政治协商会议西南地区文史资料协作会议：《抗战时期内迁西南的工商企业》，134页，昆明，云南人民出版社，1989。

1942年，第51兵工厂与第22兵工厂合并为第53兵工厂。

第52兵工厂：1938年12月1日于昆明设立第52兵工厂筹备处，后选址于宜良县西华乡木希村，1942年10月1日建成投产。主要制造木柄手榴弹，月均产量12万枚，兼生产破坏剪、药包、工兵器材。员工和兵伕1200人。抗战胜利后，该厂被撤销，设备和物资由第53兵工厂接收。

第53兵工厂：1942年1月1日，第22兵工厂、第51兵工厂合并为第53兵工厂，下设光学器材厂，研发和制造望远镜、测远镜、瞄准镜、指南针等军用光学器材；轻机枪厂，生产捷克式轻机枪；机器工具厂，生产、维修、保养专用设备、工具与机器；游动修理总队，为中国远征军修理光学器材、枪炮；贵阳分厂，修理光学器材、枪械，试制光学玻璃。占地4830亩，员工及兵伕达2400多人，有进口机器设备千台。抗战期间，合计生产望远镜13000余台、迫击炮瞄准镜3700余架、指南针27000个、轻机枪15000多挺，为中国远征军修理数以万计的光学器材、军用杂件，以及近千门火炮、27000余支机枪和步枪。第53兵工厂是民国中央政府在云南兴办的规模最大的兵工厂。新中国成立后，仍然将其分为两个厂，经过不断发展扩大，成为我国重要的两个大型军工企业。此外，第53兵工厂的建立，促发了海口的城镇化。海口原来只有石龙坝耀龙电厂，仅有十多户渔民居住。第22、51兵工厂在海口建成开工后，华新水泥厂、云丰造纸厂、火柴原料厂、裕滇纱厂附设机器厂，陆续在海口建厂，曾是荒凉湖滩的海口热闹起来，建起码头、银行、邮局、商铺，人口剧增，商业渐盛，使海口在新中国建立后发展成为云南的重要工业基地。①

与云南地方政府主持的军事工业的惨淡状况相比，中央政府在云南创立的军工企业占有绝对发展优势。这些军工企业不仅数量多，而且规模大、资本雄厚、技术领先、管理先进、生产力强。其设施、设备、技术往往从国外引进，各级管理人员文化水准较高，不少技术人员曾留学欧美，具有现代生产技术和管理知识，甚至某些产品的研制在全国属首创。如第23兵工厂昆明分厂厂长化工专家顾敬心从牛骨中成功提炼黄磷，打破了中国不能制造黄磷的落后状况。国内第一个露天开采磷矿、第一个加工磷矿、第一个电炉法制磷，云南军工业创造了很多的中国第一。民国中央政府主办的这批军事工业，从根本上充实了云南工业实力，填补了云南重化工业缺乏的状况，云南工业

① 霍建明、袁家福：《第二十二兵工厂抗战迁滇记实》，中国人民政治协商会议西南地区文史资料协作会议：《抗战时期内迁西南的工商企业》，146页，昆明，云南人民出版社，1989。

发展迎来黄金时期。同时也为云南带来先进的工业设施设备和科学技术，培养了大量技术工人、专业技术人员和管理人员，对云南城市经济发展、社会进步产生了积极影响。

2. 矿冶工业

云南矿产资源丰富，矿产资源的开采、冶炼、利用，源远流长，矿业在云南经济中占据重要作用。

清末，虽然金、银、铜、铁、锡、铅、锌、盐、煤等关乎国计民生的矿产仍在继续开采，但不同矿产的开发、生产兴衰有异。云南有着“有色金属王国”的美誉，在明代和清初，云南是全国铸币原材料基地，银、铜的产量和质量皆为全国之冠。从乾隆到嘉庆初年，滇铜承担着大半个中国的铸币、器皿制造的原料供应。但是，银的生产，在乾隆后期转入衰退，到咸丰五年（1855年），清代开采的19个银厂中，一下子就封闭了18个，到同治十三年（1874年），银的产量已微乎其微。滇铜的生产在嘉庆以后也急剧衰落，杜文秀起义期间，滇铜停产近20年，虽清政府采用官督商办、官商合办、官办等多种方式，欲图恢复滇铜生产，但滇铜还是一蹶不振。与银、铜衰落相反的是，滇锡崛起，锡业一跃成为云南近代经济发展的命脉。个旧产锡已有2000多年历史，但因需求甚少而一直无发展。1889年，蒙自开关，云南大锡生产与国际市场需求紧密联系起来。1910年，滇越铁路通车，大大缩短了云南大锡生产与国际市场的距离，促成云南锡业迅猛发展。滇锡成为云南最大的出口商品，在全国锡出口中的占比高达90%以上。此外，由于生产生活的需要，到20世纪初，云南各地已有不少小铁厂、小煤窑。云南盐矿储量大，分布广，开采历史悠久，清末到民国初年，盐业有所发展，盐税一直是云南历史上财政收入的重要来源之一。①

民国时期，云南矿冶业发展实现新的突破。

一是地方政府加大对矿冶业的投资和经营。以锡为首的矿冶业是民国时期云南地方财政的支柱产业，故而矿冶业一直是云南地方政府投资的重点。云南矿冶业投资以政府为主，详见表5-1。在唐继尧统治时期，较大的矿产企业有个旧锡务公司（原个旧厂官商公司）、宝华锑矿公司、东川矿业公司等，这些企业设备先进，采用新法生产。龙云执政云南后，云南内部十多年

① 李珪：《云南近代经济史》，90—91页，昆明，云南民族出版社，1995。

的军阀混战结束，社会渐趋安定，政府积极发展地方经济，企业数量和实力皆有显著增长。

表 5-1　20 世纪前半期云南官办、官商合办矿业企业[①]（单位：万元）

企业名称	创办年份	性质	资本总额	官股占比	商股占比
个旧锡务公司	1909	官商合办	176.95	57%	43%
云南炼锡公司	1932	官商合办	50	74%	26%
云南矿业公司	1935	官商合办	16277.59	99.81%	0.19%
东川矿业公司	1913	官商合办	75	13%	87%
滇北矿务局	1939	官办	2100	100%	—
宝华锑矿公司	1908	官商合办	34.87	97%	3%
云南明兴矿业公司	1918	中美合资	100	50%	50%
个旧钨锑公司	1936	官商合办	632.04	97%	3%
滇西企业局	1933	官办	2500	100%	—
平彝钨锑公司	1938	官办	692.5614	100%	—
文山钨锑公司	1943	官办	215	100%	—
银铅锌矿厂管理处	清代	官办	2250.79（1942 年后投资）	100%	—
昆华煤铁特种股份有限公司	1939	官商合办	1500	50%	50%
中国电力制钢厂	1938	官办	60	中央资委会 25%，地方 75%	—
昆明炼铜厂	1939	中央独资	130	100%	—
云南钢铁厂	1939	中央与地方合资	2000	100%	—
宣明煤矿公司	1939	中央与地方合资	700	中央资委会 50%，地方 50%	—
明良煤矿公司	1904	商办（1904 年）官商合办（1939 年后）	不明	不明	不明

① 陈征平：《云南工业史》，394—396 页，昆明，云南大学出版社，2007。

二是引进先进机器设备设施、新式技术，向近代矿冶业转变。矿冶业的近代化主要集中于官办或官商合办的矿产企业，这些企业从国外采购机器设备，引进外国工程师，尝试采用新式冶炼技术。清末光绪、宣统年间，云南矿务招商局、个旧厂官商有限公司、宝华锑矿有限公司等企业已经开始向洋行采购国外先进机器设备，尝试机械化生产。民国时期，官办或官商合办的矿业企业的机械化程度较之前更高。

三是探索生产技术变革。如成立炼锡公司，成功冶炼出精锡，就是云南矿冶业近代技术变革中的典型案例之一。锡业是近代云南经济的命脉，但炼锡一直是一个难于突破的技术难关。因技术原因，以现代机器设备为依托的新法冶炼出的锡质量还没有土法冶炼出的好，成本还更高。但以土法冶炼也只能达到粗锡水准，含锡仅为93.7%—98.4%，且各块成色不一，达不到国际市场标准，不能直接运销国际市场，价格也很低。1931年，时任云南省农矿厅长缪嘉铭聘请原新加坡炼锡公司总工程师英国人亚迟迪克研究新法炼锡，形成报告书。1932年，成立官商合办的炼锡公司，进行试炼。1933年3月，炼制成功，上锡含锡99.75%以上，甲种普通锡含锡99.5%以上，乙种普通锡含锡99.3%以上，达到伦敦、纽约五金交易所标准，可直接向国际市场销售。①

但是，云南矿冶业发展仍然困难重重：

一是国家资本矿业企业先进机器设备沦为摆设，新式技术方法难于实施运用。由于所聘外国工程师技术低劣，缺乏自己的技术人才，经营管理不善，贪污腐败等原因，很多官办或官商合办的矿业企业虽然形式上已是拥有先进设备的近代工业企业，但事实上很难实现机械化生产。如个旧锡务公司，其从德国进口的机器设备早在1913年安装完毕，但直到1921年，“公司亦闲置其机械，而仿效土法生产”“耗去数百万元购获之机械，等于无用之物”②。又如云南矿业公司，虽拥有由欧美引进的先进设备，但并没有发挥作用，未形成现实的生产力。③

二是民族资本矿冶业发展极不成熟。以个旧锡矿为例。据统计，1912年至1936年的25年中，地方国家垄断资本个旧锡务公司年均产量在个旧大锡年均产量中的占比不到10%，而民族资本性质厂尖的年均产量占到年均总额的

① 李珪:《云南近代经济史》，315页，昆明，云南民族出版社，1995。

② 转引自李珪:《云南近代经济史》，305页，昆明，云南民族出版社，1995。

③ 李珪:《云南近代经济史》，314页，昆明，云南民族出版社，1995。

70%。[①] 个旧锡矿的生产以民族资本为主，但是这些民族资本企业内部问题严重。其一，手工劳动，土法生产，生产工具简陋，缺乏机器设备设施；其二，规模小，资金少，资本有机构成低，劳动生产率低下；其三，生产环境极端恶劣，缺乏安全保障，劳动强度大，劳动时间长，劳动报酬低，对工人的压迫剥削残酷，存有浓厚的封建色彩，甚至带有奴隶制残余。这些问题必然严重影响民族资本矿冶业经济的持续发展。

三是在国民党政府的经济统制下，民族资本矿冶业的发展举步维艰。清末以来，个旧大锡出口占云南出口总值的80%以上，个旧锡业主导着云南经济的走向，矿冶业中的民族资本企业大多集中于个旧锡业，民族资本性质企业对个旧大锡产量的贡献率达到70%。1939年11月，国民党政府成立“资源委员会云南出口矿产品运销处”，进行“大锡统制”，强行规定私矿生产大锡须按官价由“资源委员会云南出口矿产品运销处”购进，然后由其销往国际市场。官定锡价过低，甚至低于成本，有些年份的锡价甚至不到生产成本的一半，致使私矿因亏损而纷纷破产倒闭，不出几年，个旧锡业全面凋败，一蹶不振，矿山杂草丛生，满目凄凉。1938年，个旧矿工人数达10万多人，到1943年，只剩2230人。除实施“大锡统制”，国民党政府对其他矿产品同样进行统制，排挤、扼杀矿业民族资本企业和小生产者。在国家垄断资本滇北矿务局的打压下，东川因民矿唯一的资本家熊照发宣布破产。会泽铅锌鑫泰公司拥有12—13座炉子，2000—3000工人，年均产铅200多吨，银几百两，后由于滇北矿务局的并吞、排挤，鑫泰公司最终倒闭。[②]

3. 电力工业

电力既是民用所需，也是生产所需，更是工业发展的动力。1910年，商办耀龙电灯公司成立；1912年4月，中国第一座水电站昆明昆阳海口石龙坝水电站建成发电，云南电气事业自此开始。此后，一批电力企业陆续出现。1914年，商办大光电灯公司在蒙自创建；1916年，商办通明电灯公司在开远创办；1926年，商办汉光电灯公司在河口成立。[③] 1934年，官商合办昭通民众实业公司电力厂，云南地方政府创办昆明纺织动力厂。[④] 1936年2月，云

① 李珪：《云南近代经济史》，319—321页，昆明，云南民族出版社，1995。
② 李珪：《云南近代经济史》，498—502页，昆明，云南民族出版社，1995。
③ 李珪：《云南近代经济史》，326页，昆明，云南民族出版社，1995。
④ 陈征平：《云南工业史》，456页，昆明，云南大学出版社，2007。

南矿业公司成立后，为解决生产需要，筹建开远水电厂。抗日战争时期，中央国家垄断资本进入云南，国民政府资源委员会于 1938 年在昆明创设昆湖电厂，于 1939 年开始供电。1944 年，筹建官商合办下关玉龙水力发电厂；1946 年 2 月，电厂建成发电，装机容量为 200 千瓦。1939 年，官商合办腾冲叠水河水力发电厂，后因腾冲沦陷而项目搁置，抗战胜利后，水电厂才得以复工。①

从分布上而言，云南电力工业主要集中于昆明，以及滇越铁路沿线城市蒙自、开远、个旧、河口。昆明和滇南的电力工业创建时间最早，也相对发达，这与这些城市的工业发展需求相关。滇东北虽有电力工业，但规模甚小，且主要是供民用。滇西地区电力工业产生时间较晚，但规模较大，电力供应促进了滇西交通、商贸、工业重镇下关的经济发展。

从组织形式上而言，在云南近代 10 家电力工业企业中，商办为 3 家（大光电灯公司、通明电灯公司、汉光电灯公司），官商合办为 5 家（耀龙电灯公司、开远水电厂、昭通民众实业公司电力厂、下关玉龙水力发电厂、腾冲叠水河水力发电厂），官办为 2 家（昆明纺织动力厂、昆湖电厂）。在官商合办电力企业中，商股占比基本上超过 50%。云南近代电力工业以商办为主，地方民族资本为云南近代电力工业发展做出重要贡献。

但是，在国家垄断资本的兼并、打压之下，民族资本电力工业发展艰难。如 1910 年创立的商办耀龙电灯公司，建起我国第一座水电站，是我国最早的水电企业，也是云南省第一家近代民族资本工业企业。公司筹建初期，资金严重不足，投入 60 多万元，仅筹得 10 多万元，短缺的 40 多万元只能靠借贷，企业经营利润的大部分要用以还贷和支付利息，企业内部无法积累资本，严重影响到企业的生存和发展。1926 年，扩建第二级电站时，官股渗入，企业性质转变为官商合办。1934 年，公司名称被昆明市政府改为“昆明市耀龙电气股份有限公司”，不再有“商办”二字。1938 年 6 月 1 日，云南省经济委员会将其与官办昆明电力厂合并，改组为官商合办“耀龙电力公司”。②“我国抗战以前最大的水力发电工程”“商办云南耀龙电灯公司”最终被地方国家垄断资本兼并。

① 李珪：《云南近代经济史》，479 页，昆明，云南民族出版社，1995。

② 陈征平：《云南工业史》，452—453 页，昆明，云南大学出版社，2007。

4. 机械制造业

云南机械制造业始于清末官办军事工业云南机器局。民国初期到1920年前后，云南机械制造业有所发展，到20世纪30年代龙云执政云南后，由于公路建设计划的提出和实施，云南公路设施建设初见成效，带动了汽车修理业的出现，机械制造业迎来一次发展小高峰。特别是在抗日战争时期，由于内地大批工厂、企业迁滇，中央国家垄断资本涌入，技术人才流入，机械制造业得以大力发展。到抗战时期，云南的机械制造业规模发展到数十家，创办形式有官办、商办、官商合办等。其中，较为重要的企业有16家：官商合办的五金器具制造厂（前身为清末劝工局）、云南电气制铜厂（1936年创立），地方政府办的市立民生厂（1933年创立）、裕云机器厂（1943年创立），中央资源委员会办的中央电工器材厂（1939年迁滇）、中央机器厂（1938年迁滇），属于学校实习工厂的昆华工业学校实习工厂（1930年创立）、西南联大机械实习厂（1939年迁滇），商办数量居多，有华安工厂（1920年创立）、华兴工厂（1920年创立）、德昌工厂（抗战前创立）、永协隆机器厂（1933年创立）、振亚机械厂（1920年创立）、德和机器厂（1939年创立）、中大机电制造厂（1941年创立），还有建于1943年、但创办形式不明的中南钢铁厂。①

从开办形式来看，民国时期，云南机器制造业在企业数量上以商办居多，官办、官商合办企业数量较少。在上述16家当时较为重要的机器制造企业中，官商合办的有2家，地方政府办的有2家，中央政府办的有2家，学校办的有2家，其余为商办企业。

从企业资本和规模来看，商办企业数量虽多，但投资小。商办机械制造企业的投资往往仅为几千元国币，投资上万的企业少之又少，如华安工厂设立资本为国币5000元，华兴工厂设立资本为国币1000元，永协隆机器厂设立资本为国币7000元，振亚机械厂设立资本为国币6700元，德昌工厂设立资本相对多一些，为国币1万元。在商办机器制造业中，数德和机器厂投资规模大，为国币1800万元，主要生产车床、落地钻床、牛头刨床、九尺龙门刨床、万能铣床等机械产品。②相对于商办机械制造企业的小本经营，官办机械制造企业数量虽寥寥无几，但投资大，生产能力强，某些企业的技术甚至在全国处于领先地位。如：中央资源委员会所属的中央机器厂（昆明机床厂

① 陈征平：《云南工业史》，436—439页，昆明，云南大学出版社，2007。

② 陈征平：《云南工业史》，437—438页，昆明，云南大学出版社，2007。

前身）被视为中国机械工业先导，是一家聚集国内众多优秀工程技术人才的大型机械工厂。1936 年 9 月筹建于湖南湘潭，1938 年迁至昆明北郊茨坝。中央机器厂下设蒸汽透平厂、锅炉厂、煤气厂、发电厂、汽车厂等，是当时抗日后方唯一的全能机器厂。另，中央资源委员会所属的中央电工器材厂，原开设于湖南湘潭，1938 年，一部分迁至桂林，另一部分迁至昆明。1939 年 7 月，中央电工器材厂昆明分厂正式成立，主要生产电子管、氧气、电动机、变压器、开关、电表等。①

随着云南机器制造业从无到有，从有到进一步发展，生产用机器设备实现了从早期完全依赖进口到逐渐部分国产化的转变。产品由早期主要生产农用、日用品加工机械和零配件转为后期以生产工业装备机械为主，说明云南机械制造业生产技术层级已发生变化，生产水平已取得较为显著的提高。但是，生产所需原材料一直难于摆脱对国际市场的依赖，特别是加工精度要求高的原材料，始终得依靠进口。②

5. 纺织工业

纺织工业是云南继矿业、电力后的新式工业。开埠通商后，价格相对低廉的洋纱充斥云南市场，对传统手工纺织业造成巨大冲击，致使越来越多的传统手工纺织业破产。而“衣”乃老百姓的日常生活必需品，市场需求广泛。另一方面，由于贸易逆差和禁烟，云南财政陷入危机，云南省政府当局寻求种植业的新路子。云南近代机器纺织业即产生于此历史背景下，虽然数量不多，但在一定程度上还是起到实业救国的作用。

云南近代较大的纺织工业企业主要有云南纺织厂、裕滇纺织公司、云南蚕丝公司、振昆实业公司、大道生染织厂、云茂纺织厂等。

云南纺织厂创办于 1934 年，1937 年 8 月建成开工。资本原定 120 万国币，地方官商各占 50%，后资本增至国币 2000 万元。有美国制造 5200 锭纺机和英国制造织布机 60 台。开工初始有职工 300 多人，实行一班制。1938 年，职工增到 1000 多人，采用三班制，每月出纱 6892 小包，布 1865 匹。

裕滇纺织厂于 1938 年 12 月创办，收购湖南衡中纺织公司纺纱机 2.5 万锭，1940 年建成投入生产。裕滇纺织厂由云南省经济委员会、中国银行、交通银行共同投资，三方占比分别为 5∶3∶2，资本原定国币 600 万元，1939 年

---

① 李珪：《云南近代经济史》，493 页，昆明，云南民族出版社，1995。

② 陈征平：《云南工业史》，447 页，昆明，云南大学出版社，2007。

增至1200万元，后来因通货膨胀而不断增资，云南省经济委员始终占股一半。

1938年后，我国产丝名区沦陷于日军铁骑之下，生丝出口大幅下降，因云南多地适宜蚕桑，故云南省经济委员会和富滇新银行合资创办云南蚕丝公司。1940年7月建成投产，开始缫丝，原料主要为滇西土产蚕茧、蒙自草坝蚕业新村改良蚕茧。[①]

振昆实业公司，民族资本创办，投入资本原为国币30万元，1944年增资为1000万元。1938年1月创立，1939年4月投入生产。下设织染、漂印、袜子、内衣四厂，以制造衣被物品为主，棉织品有白细布、帆布、卡机布。[②]

大道生染织厂，民族资本企业，1932年创办。有职员80人，工人350人。

云茂纺织厂，民族资本企业，1949年开工。初始为5200锭，后有进口纱锭2万锭。职员70人，工人609人。[③]

6. 化学工业

近代云南化学工业中遗留有酒业、药业、制革、瓷器等传统工业的成分，也有在国外技术推动下产生的新行业，如制酸、水泥、玻璃、磷化工、火柴、肥皂等。在产品用途上，有工业用化学产品、日用化学产品等，大致可分为11类：炼油、橡胶、水泥、酒精、化工材料、制革、洋碱、电池和火柴、瓷器和玻璃、药品、造纸。各类企业生产产品较为丰富，呈现门类渐趋完善的发展势头，如炼油产品可达9个品种，药品生产近70个品种。[④]

近代云南化学工业大都于抗日战争时期创办，或从内地迁来。在抗战以前，云南化学工业企业寥寥无几，仅有云南火柴厂总管理处、均益洋碱公司和云南制革厂（即清末创建的陆军制革厂）。

近代云南化学工业以官办为主，民族资本虽参与投资，但影响甚微。化学工业具有资本投入大的特点，所以私人资本、独资经营较为困难，即使是官商合办，也往往以政府资本投入居多。近代云南化学工业企业中，投资少的也有上百万元，投资多的则达4000万—6000万元。如云南恒通化学工业公司，1943年由恒通、云南制糖厂两厂合并，官商合办，资本总额达国币5000万元。安达炼油厂，1942年10月由地方政府创办，前后投资约4087万元。光

① 李珪：《云南近代经济史》，478页，昆明，云南民族出版社，1995。

② 陈征平：《云南工业史》，495页，昆明，云南大学出版社，2007。

③ 李珪：《云南近代经济史》，504页，昆明，云南民族出版社，1995。

④ 陈征平：《云南工业史》，472页，昆明，云南大学出版社，2007。

大瓷器公司曲靖分厂，官办企业，1936年创办于江西九江，抗战时期迁入云南，截至1946年，总公司资金达5000万元。昆明水泥厂，云南省地方政府与中央资源委员会合办，1939年筹备，前后投资共计4000万元。云丰造纸公司，创建于1940年，前后投资4500万元，官商合办，但商股仅占7%。①

7. 食品加工工业

近代云南的食品加工工业有罐头食品加工业、糖业生产、面粉加工、制茶工业、烟草工业等行业类型。

受外国罐头食品的影响，云南也产生了罐头食品加工业。宣和火腿股份有限公司是云南最早从事罐头食品生产的企业，由“商贾将军”浦在廷于1909年创办，资本规模约国币10万元，机器从广州、香港等地购入，年产猪后腿约200万斤，猪前腿约50万斤。罐头食品工业合作社，由中国工业协会西南区昆明办事处于1939年筹建，设备有切铁、制罐、封口、炼乳、蒸汽等机器，有的机器为国产，有的机器则为进口，已使用电力生产，月产2000—7000听不等。德和罐头公司，由戴永康等人于1948年创办，资本规模为半开银元10多万元，除制罐使用机器，其余均靠手工操作，日产最多200罐。②

近代云南糖业生产仍处于传统手工业生产技术状态，品质较低，品相不好。直到抗日战争时期，云南制糖业才开始向机械化发展。1939年，西南炼糖工业社筹备新法制糖厂。1943年，恒通、云南制糖厂两厂合并为云南恒通化学工业公司，下设酒精厂、昆明糖厂、盘溪糖厂。1944年，昆明糖厂与盘溪糖厂合并，改名为云南制糖厂。属官商合办，采用机械化生产，拥有发电机电力设备，所生产白糖分一、二、三号，另有方糖、冰砂晶糖等产品，最高年产量20万公斤。③

洋面的大量进口诱发了云南近代面粉加工工业。传统制面业均为手工，依靠人力、畜力或水力推磨研磨，采用机器进行大批量生产、销售是近代之事。但至近代，云南面粉加工工业的发展也很缓慢，企业数量少，规模小，产品单一。嘉农面粉厂是见于资料记载的一家机器面粉工业企业，1939年筹备，为大成实业公司下属企业，有磨面机1台、200千伏安变压器3套、碎粉机2台，主产品按质量等级分为四种，特种面粉品质与市面上的洋面一样，1944年面

① 陈征平：《云南工业史》，475页，昆明，云南大学出版社，2007。

② 陈征平：《云南工业史》，512—513页，昆明，云南大学出版社，2007。

③ 云南省志编纂委员会办公室：《续云南通志长编》（下册），396—398页，玉溪，玉溪地区印刷厂，1986。

粉总产量为 8000 袋。[①]

云南茶叶生产历史悠久，到了近代，由于机器生产的引入，云南茶叶生产与制作发生一定变化。1938 年，经济部下属中国茶叶公司与富滇新银行筹建云南茶叶贸易股份有限公司，下设顺宁（凤庆）、佛海（勐海）、宜良等茶厂，探索机械化生产，改良出品，受到市场欢迎。[②]

近代云南机器烟草工业始于亚细亚烟草公司。1922 年，墨江县碧溪人庾恩锡独资创办亚细亚烟草公司，从上海购入产自日本、美国的大型卷烟机各一部，配备制烟所需机器设备，从上海、宁波聘请技师。但因制烟原料土烟不适宜制作纸烟，以及市场竞争、政治环境等影响，后来该厂产权归属几经变化，厂名也多有改易，1952 年，由国家统筹安排。抗日战争时期，云南纸烟兴盛。1940 年，云南省地方政府为垄断纸烟市场，设立云南全省纸烟统销处，实行纸烟统制政策，商办纸烟工业基本难以维持。但是，近代云南机器烟草工业的诞生，对烟叶种植的改良，美烟等优良烟叶品种的引进、改进和推广，为现代云南烟草工业崛起创造了条件。

总之，辛亥革命后，清王朝灭亡，中华民国建立，上层建筑的变革，为资本主义经济的发展扫清了道路，实业救国浪潮涌起。但是，中国社会的半殖民地半封建社会性质并未发生根本性改变，云南工业在迂回曲折中求索。云南工业起步相对较晚，发展缓慢，在抗日战争爆发前，缺乏重化工业，工业企业规模小，技术落后，生产能力小。抗战期间，沦陷区工厂、企业迁滇，为云南工业的发展注入前所未有的动力与活力，云南工业迅猛发展，重化工业在工业中的比重加大。国家垄断资本的工业投资集中于机械制造业、矿冶业、军事工业、化学工业、纺织业等重工业或关乎国计民生的工业部门。在国家垄断资本的排挤、兼并下，在国民党政府的经济统制政策下，民族资本工业企业生存发展艰难。

三、商业

城市是城（城堡）和市（市场）的结合，城市自身就是市场，城市孕育了市场和商业，商业贸易是城市的功能之一，也是构成城市内容的一个部分。城

① 陈征平：《云南工业史》，519—522 页，昆明，云南大学出版社，2007。

② 云南省志编纂委员会办公室：《续云南通志长编》（下册），431 页，玉溪，玉溪地区印刷厂，1986。

市往往是先具有商业职能，然后才有工业、金融等其他职能。

（一）清末云南商业

清末，云南已经形成沿商业交通要道分布的商业城市网络群，如云南府昆明、澂江府、大理府、临安府、永昌府、丽江府、昭通府、普洱府等府城已经是商业繁盛、马帮云集的商业城市。由于矿冶业的发展，带动了东川、会泽、个旧等地商业贸易的兴盛。全省有迤东、迤西、迤南三条驿道干线和诸多支线，构建起省内贸易、省际贸易和与缅、越、老、泰等国之间的对外贸易。

晚清，蒙自、思茅、腾越约开商埠，昆明自开商埠，洋货长驱直入，滇越铁路通车，更加方便了外国商品倾销云南市场，封建商业开始向半殖民地、半封建商业转变，开始出现大的变化。

一是传统商业行业受到打击，新的商业行业出现。云南开埠通商前，城市商业大致分为行商、牙行（中介商人）、零售商店、小商贩和前店后厂的手工作坊。开埠通商后，洋货大量运销云南城市，出现了洋行、买办、新式商店，而牙行等某些传统商业行业渐渐衰落。由于洋货的冲击，一些传统手工业商品被逐渐淘汰出市场，如外来搪瓷制品替代了铜、锡手工业产品，白铜制品、滇缎等手工业名特产品几近绝迹。

二是商业组织发生变化，新的商业组织出现。封建商业的商业组织为行帮，制订有行业规矩，规定了帮中人的权利、义务，为全行业所遵守，主要目的在于保护本行帮人利益。1906 年，云南全省商务总会成立，根据农工商部颁发的商会章程，商会已不同于过去的行帮。自此，封建性行帮开始渐渐瓦解。

清末，云南省内各州县之间的主要贸易商品为土布、粮食、食盐、糖，也有茶叶、药材、畜产品，以及铁、竹、木、陶、藤等手工业制品，特货鸦片有一部分亦销于省内。主要贸易和交易市场有昆明、个旧、下关、蒙自、思茅、腾冲、通海等城市，并形成了分布于全省大小乡镇的集市贸易，同时保留着大理三月街、丽江骡马会等传统交易会。

清末，随着商品经济日渐发展，云南与外省之间的省际贸易不断扩大，形成了以昆明为贸易中心市场、其他商贸城镇为商品集散地的贸易网络，主要贸易市场及四川、康藏、贵州、两广、汉口、上海等地。输出的最大宗商品是鸦片，其次是茶叶。鸦片主要通过两广、两湖转销各省。据蒙自海关调查估计，1901 年云南运销外省的烟土总值约 2000 万两以上。茶叶的销售，除少部分销往上海、汉口、川、黔等地外，大部分销售到西藏。

云南地处边疆，对外贸易得天独厚，源远流长，从南方丝绸之路时代起，已有2000多年历史，形成了朝贡贸易和民间贸易两种形式。19世纪末，随着英、法对云南周边藩属国的占领，中国云南与境外藩属国的朝贡贸易终结。英法列强打开云南大门，蒙自、思茅、腾越、昆明等开埠通商后，云南对外贸易发生实质性变化，从曾经自愿平等、互通有无的民间贸易转变为半殖民地半封建商业贸易。此时期，云南对外贸易具有以下特点：第一，在关税不平等条件下，商业贸易成为西方列强倾销商品、掠夺原材料的手段和方式，云南对外贸易发展艰难曲折。统计数据显示，从1889年蒙自开关，到1911年辛亥革命前的23年中，云南对外贸易虽取得快速发展，但基本为入超，且入超数字非常之大。23年中，蒙自关除了有5年略有出超外，其余年份均为入超；而思茅、腾越二关，从开关后到1911年前，皆为入超。三关合计，出口总值为6635万海关两，进口总值为9005万海关两，入超累计数额达2370万海关两，[①]占进出口总值的15.2%。第二，从商品结构看，进口商品以机制工业品为主，出口商品绝大部分是原材料，可见西方列强通过不等价交换下的贸易对半殖民地半封建国家进行的殖民经济掠夺。进口大宗商品为棉纱、布匹、棉花，其次为煤油、烟草，还有纸张、染料等。出口大宗商品为大锡，大锡占蒙自关出口总值的80%以上，其次为生丝、牛羊皮等，茶叶、药材、猪鬃、火腿等也是主要交易品。第三，鸦片贸易是云南对外贸易的一个特点。19世纪最后十年，云南的鸦片已经开始出口东南亚，且数量远远超过海关统计的数量。“1903年，在价值170万英镑的云南出口总额中，120万来自贩卖鸦片的收入。”[②]第四，在这一时期，传统马帮运输为云南对外贸易的运输方式。

（二）民国初期到抗战爆发前的云南商业

辛亥革命后，蔡锷掌管云南军政府期间，云南社会安定，政府振兴工艺，支持商业，整顿实业，云南手工业、商业得到短暂发展。全省多地商号较过去明显增加，行帮进一步瓦解，更多新兴百货行业涌现，市场上交换的商品增多。新的金融机构富滇银行出现，为商号贷款，在一定程度上促进了商业发展。但是，护国战争后，军阀混战，土匪猖獗，商旅裹足，商业发展陷入低谷。1927年，龙云主政云南后，前后四次对财政、金融进行大力整治，社会

① 李珪：《云南近代经济史》，149—150页，昆明，云南民族出版社，1995。

② 李珪：《云南近代经济史》，151页，昆明，云南民族出版社，1995。

渐趋稳定，工商业得以恢复和发展。

这一时期，云南省内的经济交往、商品流通，依然围绕主要城镇开展，如滇东曲靖、东川、昭通，滇西下关、保山，滇南个旧等。由于滇越铁路通车，滇越商道改线，滇越铁路沿线城镇商业兴盛，而通海、剥隘等传统商道沿线商业城镇从曾经的繁荣慢慢走向冷清。

这一时期，云南与国内各省的贸易有以下特点：第一，其他省市输入云南的货物种类丰富，多为机制工业品，大宗货物有棉纱、疋头和食盐；第二，云南输出其他省市的货品很少，多为原料品，其中，大锡为转口贸易，出口外省的货物中占重要地位的仍然是茶叶和鸦片；第三，19 世纪 30 年代后，云南输出外省的贸易总额呈逐年下降之势，而省外输入云南的货物呈上升趋势。

由于滇越铁路通车，实质性改变了云南仅靠马帮运输的滞后交通状况，推进了云南与外界国际更为广泛深远的交往，进出口贸易迅猛增长，形成以昆明为中心的云南对外贸易。这一时期，云南对外国际贸易表现出以下特点：第一，1911—1919 年，云南对外贸易均为出超，而 1919—1936 年，转为入超。出超与第一次世界大战期间西方列强无暇东顾和国际市场大锡需求剧增、大锡涨价等因素相关，入超之因在于第一次世界大战结束，世界市场重新恢复昔日秩序，中国又成为各国商品倾销的市场。第二，进口货物种类繁多，进口大宗货物除原来的棉纱、烟丝、棉花、纸张、煤油，增加了棉布、机器及工具、车辆及零件、人造靛、香烟等，共计 17 种；除棉纱历来占进口货物首位这一情况不变外，1932 年以后，进口洋货结构出现新变化，机器及工具、车辆及零件等进口比重逐渐增大。由此可见，这一阶段国内、省内工业有了进一步发展，机制品已可以在一定程度上挤占洋货曾经占据的省内市场，云南公路交通建设带动了汽车相关行业的产生与发展。第三，出口货物种类较为单一，为大锡、生丝、皮革、猪鬃、药材、乌砂、桐油等几个品种，大锡始终处于大宗出口货物之首，反映出云南大锡对国际市场的依赖性和云南经济的脆弱性。

（三）抗战时期到新中国建立前的云南商业

抗日战争爆发后，西南成为抗战大后方。大批工厂、企业、学校、机关迁滇，大量人口涌入云南，抗战军兴，战时需求急剧膨胀。加之在 1940 年 9 月日军占领越南前，滇越铁路畅通，滇缅公路开通，交通运输条件大为改善，进一步推动了商品流通。云南各地主要城镇商业发展迅猛，行业、商号快速增加，市场繁荣。但是，抗战结束后，战时迁滇企业、人员回迁，需求急剧萎缩。内战接踵而至，通货膨胀，物价飞涨，战乱兵燹，民不聊生，百业俱废，商业衰落，市场萧条。无数中小商号倒闭，大商号纷纷转移到香港和泰国、缅甸等地。昆明市商业从战时的3万多户到解放前锐减至6000多户；保山城关的商业、服务业，1938年滇缅公路通车后有一二千户坐商，到1949年下降为342户；1944年，元谋有商业人员1197人，到1949年只剩375人。①

总之，云南地处边疆，商品经济相对不发达，但云南商业贸易源远流长，自古形成了省内贸易、省际间贸易、对外贸易几种形式。蒙自、思茅、腾越约开商埠，昆明自开商埠，滇越铁路通车，洋货倾销云南市场，封建商业开始向半殖民地、半封建商业转变。在关税不平等、不等价交换的前提下，商业贸易是西方列强倾销商品、掠夺原材料的手段。在云南出口贸易中，大部分年份皆为入超，累计入超数据巨大。大锡历来是云南出口大宗商品，占据云南出口总额的80%以上，反映出云南经济发展的单一性和对世界市场的依赖性。鸦片贸易一直是云南对外贸易的一个特点，反映出云南经济内在的脆弱性和不安全性。

四、金融业

如果说商业是城市活动的第一个阶段，工业是城市活动的第二个阶段，那么银行就是城市活动的第三个阶段。金融业是商品经济发展的产物，在城市经济发展中扮演特殊角色。

（一）传统金融机构

云南地处边远，交通不便，商品经济发展落后，金融业产生较晚。传统金融机构出现于晚清时期，形式以钱庄、票号、银号等为代表。辛亥革命后，传统金融机构业务逐渐被银行所代替，特别是抗日战争期间，外省银行迁滇和新银行不断建立，云南银行业空前兴旺，钱庄等以兑换货币为主要业务的传统金融机构趋近穷途末路，渐渐退出历史舞台。

云南最早从事金融业务的机构有山西帮百川通、宝丰隆，浙江帮乾盛亨、盈泰兴等，云南本土的金融机构以同庆丰、兴顺和最为知名。

同庆丰，原名天顺祥，弥勒县虹溪镇人王炽等人于同治四年（1865年）创

① 李珪：《云南近代经济史》，513—514页，昆明，云南民族出版社，1995。

办，同治十一年（1872年）更名为“同庆丰”[①]。总号设于昆明，在大理、保山、思茅、蒙自、个旧、东川、昭通、曲靖等省内多地设立分支机构，在北京、上海、成都、重庆、贵阳、汉口、南京、常州、广州等省外城市设立分号，在香港、海防派驻代表。兴盛时员工达300多人，主要业务为汇兑存放，也包销川盐，替政府筹备饷糈、包办丁银丁粮协饷。同庆丰的金融业务盛极一时，并曾为商办耀龙电灯公司、云南矿物招商局等近代工业企业的筹办出资、筹资，帮助解决资金问题，为近代云南地方经济发展做出了贡献。1903年，王炽去世后，同庆丰内部产生裂痕，经营混乱，官吏欠款难于收回，同庆丰走向衰落。辛亥革命后，改营他业。

（二）银行

中国最早的官办国家银行为创立于1905年的清政府户部银行，1908年改名为大清银行。1909年，大清银行于云南开设分行，发行纸币，办理存放汇兑业务，云南拥有了现代金融机构。

辛亥革命到抗日战争前，云南社会于护国战争后长期处于军阀混战状态，战乱频繁，社会不安，市场疲软，商品经济发展缓慢，工商业欠发展，故而金融业落后。这一时期的现代金融机构屈指可数，仅有8家，其中，4家在抗战开始前已倒闭，1家为中法合资银行，1家为外国银行。富滇银行，1912年2月成立，1932年6月30日结束；富滇新银行，1932年8月31日正式成立，其前身为富滇银行；实业合作银行，1928年6月成立；劝业银行，1930年3月成立；殖边银行云南分行，1915年7月成立，1928年被政府勒令结束；个碧石铁路银行，1918年8月成立，1928年被政府勒令结束；中法实业银行云南省分行，1918年3月成立，1921年倒闭；法国东方汇理银行，1914年1月成立。[②]

抗日战争时期，云南成为抗战后方，沦陷区金融机构纷纷迁至云南。截至1945年8月，云南省金融机构共计217个，在全国抗战后方19个省区中排第二。昆明市内银行林立，金融机构犹如雨后春笋。1942年，昆明市有银行28家，其中，中央系统（4行2局）6家，省外银行15家，云南地方银行6家，外国银行1家，银行数量比战前增加了两倍多；到抗战胜利前，昆明市的银

① 省外分号仍然使用“天顺祥”。

② 李珪：《云南近代经济史》，386页，昆明，云南民族出版社，1995。

行（公司、金库）多达48家。① 1939年4月26日，银行业同业公会成立，到1945年8月底，共有会员39家。银行业同业公会虽为行业组织，但其实为官方所控。外省银行的涌入，特别是中央金融垄断资本机构4行2局对中央工业国家垄断资本企业的支持，促进了云南工业发展，尤其是云南重工业的产生和兴盛，为云南经济建设做出一定贡献。

抗战胜利后，全国政治、经济重心向内地和沿海收复区转移，工厂、企业、机关、学校回迁，国家银行、商业银行在滇分支机构锐减，云南境内的资金大量外流，金融危机出现，云南金融业转向衰败。

在云南金融业历史上，作为云南省官办银行，富滇银行和富滇新银行举足轻重，关乎全省金融格局，牵动全省经济发展。

富滇银行和富滇新银行皆由云南省政府直接管辖，旨在调控全省金融、稳定财政、振兴实业、奖励储蓄，拥有发行纸币、管理外汇的权力。作为地方国家垄断资本金融机构，其金融业务职能的体现和发挥与政治时局紧密相连。

富滇银行，成立于1912年2月，主要业务为存放、汇兑，汇兑业务局限于国内汇兑，在法国东方汇理银行蒙自支行成立后，国外汇兑被法国东方汇理银行掌控。民国初年，云南时局稳定，政府鼓励商业，振兴实业，富滇银行主要贷款对象是商号，对民国初年云南商业发展起到促进作用。民国五年（1916年），护国战争结束后，唐继尧在云南开始军阀统治，发动军阀战争，时局不安，社会动乱，富滇银行沦为唐继尧等大小军阀的金融支柱、造币机器。唐继尧一方面加强财政搜刮，开放烟禁，征收烟厘金、烟罚来增加财政收入。另一方面，加速富滇银行造币运转，滥发钞票，借充军饷，其他军阀则动辄以“手谕”白条子向富滇银行支取巨款，致使货币严重贬值，通货持续膨胀，财政入不敷出，云南金融市场一片混乱。政府积欠富滇银行的款项额度，1927年为2900多万元，1929年上升到4000多万元；富滇银行的纸币发行额，1927年为4100多万元，1929年上升到7700多万元。② 龙云执政云南后，整肃财政，整顿金融，于1932年6月结束旧富滇银行，以富滇新银行代之。

富滇新银行于1932年8月31日正式成立，于9月1日营业，初由李培炎担任行长。1934年，缪嘉铭接任行长，通过管理外汇、限制白银流通、统一云南货币、垄断云南纸币发行权等措施，经历十余年混乱的云南金融终于进入

① 李珪：《云南近代经济史》，555、558页，昆明，云南民族出版社，1995。

② 李珪：《云南近代经济史》，392页，昆明，云南民族出版社，1995。

一个相对平稳的时期。富滇新银行利用货币发行特权，发行富滇新币，和云南省经济委员会合作，通过直接投资，或给经委会贷款、透支，支持经委会搞生产投资等方式，影响着云南省工商业和经济的发展。筹建云南纺织厂、昆明电力厂，组建云南锡业公司，成立昆明水利工程处、开蒙垦殖局，改进炼锡公司技术设备，扩大改组模范工艺厂为云南五金器具制造厂等重要事件，幕后都有富滇新银行的金融推手。富滇新银行还向广大农村渗透，设立农村业务股。

（三）外国银行

银行是帝国主义通过资本输出对殖民地进行经济掠夺的工具。商品倾销、原料掠夺之后，是法帝国主义金融机构的入侵。1914 年，法国设立东方汇理银行蒙自支行。1915 年，万国储蓄会云南分会设立。1918 年 3 月，中法实业银行云南分行成立。1923 年，相继组建中法储蓄分会、中法储蓄云贵总分会。其中，对云南经济影响最大者当属法国东方汇理银行。从蒙自支行成立之时起，法国东方汇理银行即操纵云南财政，控制云南金融，云南经济完全半殖民地化。

东方汇理银行蒙自支行成立后，立即开展业务扩张。在个旧，通过买办设立商号，代理业务。在昆明，于 1918 年借口设立非正式办事处，任命支行职员广东人陈锦堂为主任，进行云南纸币兑现业务。1921 年，昆明办事处正式成立，以法国人为主任，开展法国东方汇理银行的所有业务。1931 年，昆明办事处改为分行。1932 年，东方汇理银行蒙自支行搬迁至昆明，并入昆明分行。一直到 1950 年 6 月，法国东方汇理银行才不得已撤出云南。

法国东方汇理银行盘踞云南 30 多年，“营业用的资金，并非由法国本国或其他殖民地输出，而是在云南就地取得，用云南人的资金赚云南人的钱。它带到云南来的，只是法国财政资本在组织和信用上的优越势力，而非货币或商品”[①]。法国东方汇理银行扰乱云南金融秩序，操纵云南外汇，控制云南财政，对云南经济实施掠夺。以下是其惯用手段和行径：[②] 其一，东方汇理银行利用法币流通快、流通范围大的优势，或放出大量法币来吸收滇币、银元，或放出滇币、银元来回收法币，并自己操控外汇汇率和纸币价格，致使滇币贬值，物价上涨，自己却从收、放过程中牟取暴利。如 1929 年 7 月，东方汇理银行昆

① 万湘澂：《法国东方汇理银行蒙自支行情况概述》，中国人民政治协商会议云南省蒙自县委员会编：《云南省蒙自县文史资料选辑》（第一辑），38 页，个旧，个旧市印刷厂，1996。

② 李珪：《云南近代经济史》，226—231 页，昆明，云南民族出版社，1995。

明办事处先是将100元法币兑换470元滇币抬高到兑换945元滇币，然后在8月底忽然降为兑换600元滇币，其当月售出的法币超过200万元以上，在这一涨一跌之间，坐收700多万元滇币的暴利。[①]其二，垄断出口大锡的跟单押汇，控制云南外汇，进而支配云南经济。其三，搜罗银元出境，抬价吸收越南银元，借汇兑吸收银元，致使云南币值贬值，外汇贴水增大，金融混乱。其四，攫取蒙自、思茅、腾越三关的关税和云南全省盐税、邮政收益的保管汇解权，这些无息巨款成为东方汇理银行进行商业信贷、港销大锡跟单押汇的资本，东方汇理银行正是以空手套白狼之法掠夺云南经济，操纵云南财政，扰乱云南金融。其五，掌控云南存放汇兑业务，从事金币、鸦片等投机勾当。

总之，金融业在城市经济发展中有着特殊意义，但在半殖民地半封建社会的经济环境下，金融职能的发挥受到严重影响。在大小军阀、地方国家垄断资本、中央国家垄断资本的任意妄为中，在外国资本法国东方汇理银行的贪婪掠夺、干扰破坏下，云南金融业发展可谓畸形。

五、交通业

“城市的生存有赖于四通八达的道路。”[②]交通是人类从事生产活动、贸易往来、社会交往、文化交流、信息传递等一切活动的载体，人类的社会发展、经济繁荣、科学文化进步，都离不开交通条件的支持。交通，既是城市产生、发展的重要动力因素，又是发展城市社会、经济、文化的重要领域，交通的发展和城市的发展相辅相成。交通往往包括运输和邮政两个部分。

（一）交通运输业

19世纪末，西方列强以武力打开云南对外开放大门，强开商埠，掠夺矿权、路权。英国意图修建滇缅铁路，法国掠夺了滇越铁路的修筑权、所有权、经营管理权，还欲图抢夺滇越铁路支线路权，激起云南民众的强烈不满，唤起时人修筑自己国家的现代交通道路、经营自己民族的新式交通运输事业的意识。云南近代交通业即产生于此历史背景之下。

1905年6月，以昆明士绅陈荣昌为总办的滇蜀铁路公司成立，以开拓云

① 李珪：《云南近代经济史》，227页，昆明，云南民族出版社，1995。

② [法]费尔南·布罗代尔著，唐家龙、曾培耿等译，吴模信校：《地中海与菲利普二世时代的地中海世界》（第一卷），462页，北京，商务印书馆，2013。

南省铁路事业。滇蜀铁路公司计划修筑昆明—叙州（今四川宜宾）铁路。同年，云贵总督丁振铎、贵州巡抚林绍年会奏后商定，滇蜀铁路竣工后，拟筹修滇黔铁路。为杜绝英国对滇缅铁路修筑权的觊觎，滇蜀铁路公司报请增修腾越铁路，并将公司名称改为“滇蜀腾越铁路总公司”。公司名为官督商办，实为官办。虽然前后集股纹银300多万两，但由于军阀提用，官吏盗用，以及西方帝国主义在路权问题上的频频交涉，甚至染指铁路公司集股，最终，股款散失，铁路未修，滇蜀腾越铁路公司经历10多年折腾后以夭折收场。①

龙云执政云南后，设立公路总局，统一筹划全省公路建设，提出“四干道八分区”计划，勾画出以滇东、滇东北、滇西和蒙（自）剥（隘）四大干道“为经，县道为纬，使县与县之间贯通联络，成一公路网”的云南公路网络图。1930年，公路总局归并建设厅，同时设置经费委员会，专门从事公路建设经费管理。到1935年初，为实现公路事权统一，又恢复设置公路总局，总掌公路建设，由龙云兼任督办。重新修订计划，以赶修省道、择修县道为指导思想，云南省公路建设取得显著成效。1927年，云南公路“通车路线不过三四十公里”，到1942年，云南具备常年通车条件的公路总计达3400多公里。②

抗战时期，云南省地方政府成立了石佛铁路工程筹备委员会、川滇铁路公司等交通运输企业。经委会曾对石佛铁路投资200万元新滇币，但石佛铁路虽经勘测却未修筑。经委会对川滇铁路曾投资新滇币100万元，但川滇铁路仅修到宣威半途就停工了。

抗日战争时期，军用、民用等各方面运输需求剧增。经委会为解决所属单位的器材、物资运输问题，于1941年成立运输处，资金由富滇新银行、云南纺织厂、裕滇纺织厂投入。运输处配备有卡车100多辆，职工100多人。两个纺织厂的棉花运输任务主要靠运输处承担。

云南地方政府还成立了云南物资运输处。1942年，滇缅公路中断后，该运输处改组，运输业务范围缩小，主要承运企业局所属企业的原材料、器材和产品。

云南民族资本创办的交通运输业规模较小，数量也不多。1908年成立轮船公司，资本1万元。1917年创立滇济轮船公司，资本1万元。此两家轮船公司皆以小火轮往返于滇池上，从事客货运输。1917年，丽江成立金沙江航

① 荆德新：《滇蜀腾越铁路公司的兴废》，载《昆明师范学院学报》，1981（2）。

② 中央调查统计局特种经济调查处：《云南省之交通》，29—30页，1942。

运拖轮，在金沙江上运输客货。伴随着云南公路交通基础设施的修建，云南的汽车运输业产生。1933年2月，云南省颁布《全省汽车开放章程》，开放汽车运输市场，商人邓和风创立通运汽车行，拥有货车12辆、客车1辆，进行客货运输业务，开创了云南汽车运输业先河。

云南民族资本投资交通运输业规模最大、效益最高、贡献最大者，当属个碧石铁路。为抵制法国对滇越铁路支线修筑权的觊觎，同时，为方便个旧大锡的运输和解决矿区生产生活资料的补给供应问题，个旧绅商提议自办铁路。1913年，个碧铁路股份有限公司成立，拟修筑个碧临屏铁路。初为官商合办，从原滇蜀铁路公司款项中出资100万两作为官股，个旧绅商抽锡砂炭股100万两，不足数额，向滇蜀铁路公司项下拨借50万两。1917年，滇蜀铁路公司收束，云南省地方政府退出个碧石铁路中的官股，个碧石铁路改归民营。从1914年开工，碧色寨—个旧，鸡街—临安（建水），临安—石屏，分段修筑，分段通车，到1936年10月全线通车，共历时23年，耗资总额2070万元。[①] 在经济落后，社会、文化相对滞后的云南，由民族资本承办如此大规模的工程，期间官府退股、蒙自路局提款、路未修好却停止抽收股款，可谓历经磨难，但最终完成筑路使命，对云南经济发展起到极大推动作用。由此也不难看出，在外忧内乱形势下民族资本进行实业建设之艰难。

（二）邮电业

伴随着清末的开埠通商、对外开放，邮电业开始在云南出现。

1. 邮政业

1896年，蒙自海关设立寄信局。第二年，蒙自寄信局改为大清蒙自邮政总局。昆明设有邮政分局，个旧设有邮寄代办所，并在全省很多地区建立分局、代办所、信柜等邮政机构。民国时期，云南许多县份增设了邮政分局和代办所等，提供邮政业务。

2. 电报业

光绪十二年（1886年），云南开始开设有线电报局，于昆明设立电报总局。1911年，云南省共有电报局30所，形成东、西、南三路干线和各条支线。通往外省的线路有滇川、滇黔、滇桂，通往国外的线路有滇越、滇缅和暹罗猛乌。[②] 1925年，云南开通无线电报。

① 蒙自县志编纂委员会:《蒙自县志》，43页，北京，中华书局，1995。

② （民国）周钟岳:《新纂云南通志》（卷五十七·交通考二）。

3. 电话业

电话原为有线电报局代办的业务，在电报局附设电话总机，使用范围集中在军营、官署、学校。民国后，使用范围普及到商店、住户。由于电话机使用数量增多，后来从电报局分出电话局，专门经营民用电话。军用电话则在昆明五华山设置专用电话所。

总之，清末，英法帝国主义用武力打开了中国后门，云南沦为半殖民地半封建社会，被纳入资本主义世界市场体系，这一社会状态一直持续到整个民国时期。处于这一国内国际背景之下，云南城市经济的各个领域，手工业、工业、商业、金融业、交通业等，在迂回曲折中图存、发展，终究难于摆脱非均衡性、不稳定性和畸形性。

第六章　云南城市文化与社会生活变迁

晚清到民国时期，云南城市文化与社会生活发生深刻变化，西方文化、城市自身传统文化、乡村文化以及西南联大迁滇、内地企业迁滇等，形成城市文化变迁的多重推力。城市的物质文化、精神文化等日益发生变化，无论是衣、食、住、行，还是教育、风俗等，均呈现出变迁趋势，从而引发了城市社会生活变化，形成非匀质的文化带，如滇中到滇东南方向城市昆明、开远、蒙自、河口、个旧、建水、石屏等，滇西、滇西南方向城市楚雄、大理、保山、腾冲、思茅等，滇东、滇东北方向曲靖、昭通等，城市文化与社会生活变化较快。

城市文化对乡村文化变化影响具有层次性，如果把城市看成文化中心，那么乡村文化变化与城市距离成反比，即离城市越近变化越快、变化越大，离城市越远变化越慢、变化越小。尽管民国中央政府与地方政府曾推进城乡文化一体化进程，试图解构城乡二元文化结构，但是，城乡文化与社会生活变化的不平衡性，城乡二元文化结构未能彻底消解，城乡文化一体进程只能缓慢进行，从而形成中西杂糅、传统与现代交织的文化场景，具有鲜明的时代特征、地域特征及多样性特征。从时代特征方面看，云南城市文化与社会生活变化，随着云南半殖民地半封建社会程度加深，从遭受列强经济文化侵略，到主动寻找图强创新的努力与尝试，民族意识觉醒，民主思想传播，科学精神培育。在特殊历史时期，体现了云南城乡民众从被动应对到主动作为的努力与尝试，为迎接新的社会变革，积累了宝贵的精神财富。从地域特征看，由于地理环境多样性，随之产生的生计方式、生产力发展水平各异，按照斯图尔德生态文化适应观，一定的生态环境总有与之相适应的文化。当然，生态环境包括自然生态和人文生态，自然生态的多样性，民族种类的多样性以及社会生产力水平发展的多样性，使得城市间、城乡间的联系具有脆弱性。从中央政府到地方政府所倡导推动的经济文化一体进程缓慢，作为地理单元的城市、乡村，城乡二元经济文化结构的社会基础仍然牢固，地域性特征强的文化与社会生活未能根本改变。

总之，这一时期云南城市文化与社会变化，是多重推力融合的结果，城市间的不平衡发展，城乡二元文化结构，呈现出时代性、地域性及多样性特征。

第一节　物质文化生活的变迁

一、城市物质生活变迁的背景

云南成为法国势力范围后，蒙自、河口、昆明、思茅、腾越等先后开放，为西方文化进入云南城市提供了渠道和展示平台。源自西方文明的电灯、电话、电报、电影、自来水、照相技术、火车、汽车、飞机等，出现在云南部分城市，新的生活体验猛烈地冲击城市传统文化。电灯对传统照明方式的改革，不仅改变了城市景观，还延长、拓展了市民的生活时间和生活空间。电话、电报改进了信息传递方式，加快了信息传递速度。电影、剧院等拓展了民众新的娱乐场所和娱乐方式，电影将视觉、听觉艺术有机结合起来，以一种全新综合性艺术样式，强烈地冲击观众的视觉和听觉神经。看滇戏是旧式娱乐项目，耍公园、逛商店则是新式娱乐活动。使用自来水培养了城市居民卫生、文明的生活习惯。火车、汽车将传统的出行方式、运输方式变革一新，往返于城市、城乡间的马帮运输逐渐被取代。

西方以技术发明为先导的工业文明，随着殖民势力进入云南，带给云南城市文化的冲击。西方文化给城市带来新的生活体验，以显著的专业化制作方式和商业化运行方式，将市民从家庭引向社会，城市文化出现从个体性文化消费向集团性、社会性消费变化。隐藏在这种生活体验背后的技术发明、管理制度创新等社会进步观念，在城市居民中形成强烈的冲击波，激发市民崇尚科学、学习先进的热情。从西方购买设备兴办民族工业，提高劳动生产力成为城市有识之士的共识，云南近代民族工业的兴起有了广泛的社会基础，昆明、开远、蒙自、个旧等城市的民族工业艰难起步，为云南经济社会发展注入发展活力。特别是抗日战争期间，内地部分工业企业迁至云南城市，进一步加速了工业的发展，促使城市民众物质文化生活发生新变化。

民国时期，洋货充斥云南城乡市场，昆明城从马市口到得胜桥两旁的商店，“洋纱、洋布、洋油、洋匹头、洋酒、洋烟、罐头、洋杂货、洋铜铁器具、玩具等件，应有尽有”[①]。除了省城昆明外，云南其他城市都有洋货的运输与消费。如大理一带“商所售，售洋货；人所市，市洋货”[②]，德钦一带各商店货品“除滇产茶、糖、布匹、铜铁器及一切杂物外，余多为洋货”[③]。昭通的商店里，法兰绒、钟表、玻璃等一应俱全。[④]洋货充斥云南城乡市场，提高了民众消费的选择向度。

二、服饰、饮食文化变迁

清末民初，云南城市居民的服饰文化也在变化。嵩明“有著西装戴平顶草帽洋毡帽者，且服色式样漫无限制，衣饰之阶级完全打破，除中学生常著制服及公务人员偶著制服外，其余衣服样式并不划一。”[⑤]再如开远“城中居民摆脱花轿、唢呐的古老依伴，流行起披纱白裙的现代婚仪”[⑥]。总之，正是受到西方工业文明冲击，偏居西南一隅的云南“省市居民为好奇与虚荣心所使，渐趋靡丽，崇尚摩登”[⑦]。对此，时人评价云南城市服饰文化变迁：“一切都在疯狂地破坏，显出二十世纪的特色来。”[⑧]这一时期云南城市民众服饰文化变迁出现如下新趋向。

首先，服饰突破了等级限制。“见其服而知贵贱，望其章而知其势。”[⑨]根深蒂固的服饰等级制被打破，中山装、西装出现在城市民众之中。民国时期男子正式的礼服为中山装，特别受到城市中上层群体的喜爱，也成为缝衣店服饰样式的热门款式，如大理城就有“有缝中山装的成衣店一家”[⑩]。相较于中山装，

① 万湘澂：《云南对外贸易概观》，164 页，昆明，新云南丛书社，1946。
② 张培爵等修、周宗麟等纂：《大理县志稿》（卷六），81 页，1916。
③ 《云南日报》，1937 年 4 月 3 日。
④ 姚贤镐：《中国近代对外贸易史资料（1840—1895）》，1106—1107 页，北京，中华书局，1962。
⑤ （民国）陈诒孙等修，杨思诚等纂：《嵩明县志》。
⑥ 曹定安：《滇越铁路对开远社会生活的影响》，载《云南铁道》，2010 年专刊第 1 期。
⑦ 宛如：《集团结婚之利益》，载《云南日报》，1935 年 11 月 14 日。
⑧ 莎雯：《石屏素描》，载《云南日报》，1935 年 7 月 27 日。
⑨ （汉）贾谊：《新书》（卷第一·服饰篇）。
⑩ 李道生：《云南社会大观》，18 页，上海，上海书店出版社，2000。

西装价格较贵，仅是在有钱的上层社会才能穿着，有记载："西装以广帮及安南人制作为佳，惟价较贵。一套西装的手工钱要在三十元上下，一套最起码的衣服也得六七十元。最可怕的是两三个礼拜不一定能够做得成功。"①

其次，服饰因职业、年龄不同而有差别。在昆明，"公务人员一律着长衫戴呢帽，商人亦着长衫戴瓜皮小帽，劳工则着短衫戴竹帽……妇女不论老少，大多着旗袍革履"②，景东县城"公务人员多穿长衫"，盐兴县城（今属禄丰县）"农工商人多着短衣，士人始服长衫"，滇西的顺宁县城（今凤庆县）"凡公务人员皆穿长裳，学生则穿学生装，普通人、商人多穿普通短衣。女人之衣短于长裳，长皆齐踝"③。最有特色的是学生装，"联大同学们的衣着也充分显露出自由的色彩。今天联大的男同学则大多数穿大褂"。"至于女同学的服装，倒反而没有一定的标准。"④这一时期，一些年轻人的服饰也表现了思想的开放性。"在昆明黑龙潭的游人中，大姑娘和小媳妇都围着鱼肚白色绣花围腰。瘦小的紫色或白色上衣，与大宽裤脚的彩色裤子，色调颇为调和……"⑤

特别值得一提的是旗袍的流行，资料记载此时流行于云南城市的旗袍，"初则长仅过膝盖，又复加长，几于扫地，旗袍一兴裙皆绝迹"。民国时期，旗袍已成为以昆明为代表的云南一批城市流行服饰。昭通县"有穿旗袍者，其长与足齐，颜色先弃红绿而尚青蓝，渐变而为灰白"⑥。"与沿海城市相比有过之而无不及"⑦，有些时髦女郎，"非丝袜不穿，非美国粉不搽"⑧。

再次，棉布是民国时期云南普通民众最常用的衣料。"服饰俭朴，平居多服粗布"⑨。"昆明往昔民厚俗俭，士绅商贾多服布，素闹市通衢，行人往来，终日不见一服丝帛者。"⑩受西方文化影响后，"男则多尚洋装一袭，类至千金，

---

① 王稼句：《昆明梦忆》，52页，天津，百花文艺出版社，2003。

② 向尚：《西南旅行杂写》，196页，中华书局印行，1937。

③ 云南省档案馆档案：卷宗号II-8-123。

④ 云南省政协文史资料研究委员会：《云南文史资料选辑》（第三十四辑），11页、113页，昆明，云南人民出版社，1988。

⑤ 王稼句：《昆明梦忆》，34页，天津，百花文艺出版社，2003。

⑥ 昭通旧志汇编编辑委员会：《昭通旧志汇编》（一），393页，昆明，云南人民出版社，2006。

⑦ 张维翰、童振藻：《昆明市志》（上册），142页，1924。

⑧ （民国）陈度：《昆明近世社会变迁志略·食货》，云南省图书馆藏本。

⑨ 云南省民政厅：《云南民政概况》，2页，1936。

⑩ （民国）陈度：《昆明近世社会变迁志略·食货·土布、棉》，云南省图书馆藏本。

无不奇昂。若女子服饰，争奇斗艳，达于极点”①。特别是抗日战争以前，土布服饰较为普遍。“一般以土布为主，夏穿白粗布衣，黑粗布裤，冬多着黑粗布袄和大裆裤。”② 抗战爆发之后，全国各地乃至海外人员大量来到云南，带了时尚的服装，对襟式、中山装和学生装，布料有棉咔叽、织贡呢、阴丹士林布、大道生细布等出现。③

另外，这一时期云南城市饮食文化也发生变化，昆明“铁路通后而民风变”④，“往昔风俗朴，食肉者稀，店肆商人虽有牙祭，月不过初二、十六两次，劳动下户则几乎终年不知肉味。今之人席丰履厚者固嗜肉食，短褐不完者亦多食肉，甚至每日必食，每餐必食，价贱固食，价贵亦食”⑤。镇南县“农家无不养鸡，可向市卖鸡，卵亦可卖之”⑥。昆明近郊的大普吉村家家养鸡，“用作在必要时迫切时的售卖品”⑦。可见，城市民众的餐桌上的肉食，主要还是依靠农村提供。又如，甜食馆也融汇了中西元素，“后来也加上冷饮，如刨冰、冰淇淋、冰红果、汽水、酸梅汤、冰咖啡、冰可可、冰牛奶”⑧，既有中式味道，又有西式味道。

总之，云南城市民众的饮食、服饰文化发生着变化，“新人物辈出，或游学自海外归来，或官服他处返里，舍其旧有朴实之风，而沐新学文明之化矣。款客时必用洋酒，非此不恭；故一席达数十元，视为恒事”。⑨ 民国时期的昆明，就有各种西式餐厅，一则西餐酒楼的广告这样表达：“本楼开设中西酒筵，精制各种茶点面包。”⑩

三、建筑文化变迁

晚清至民国时期，云南城市中出现不同文化的交汇，这种多元文化体现

① （民国）陈度：《昆明近世社会变迁志略·礼俗》，云南省图书馆藏本。

② 昆明市地方志编纂委员会：《昆明市志》（第十分册），25页，北京，人民出版社，2003。

③ 昆明市地方志编纂委员会：《昆明市志》（第十分册），25页，北京，人民出版社，2003。

④ （民国）陈度：《昆明近世社会变迁志略·食货》，云南省图书馆藏本。

⑤ 云南省民政厅：《云南民政概况》，2页，1936。

⑥ 李文海：《民国时期社会调查丛编》（乡村社会卷），417页，福州，福建教育出版社，2005。

⑦ 李文海：《民国时期社会调查丛编》（乡村社会卷），416页，福州，福建教育出版社，2005。

⑧ 中国人民政治协商会议昆明市委员会文史委员会：《昆明文史资料选辑》（第38辑），215页，2002。

⑨ 王稼句：《昆明梦忆》，43页，天津，百花文艺出版社，2003。

⑩ 云南省档案馆：《清末民初的云南社会》，189页，昆明，云南人民出版社，2005。

在建筑风格的改变。云南城市建筑风格最大的特点是增加了新的元素：西式建筑、中西合璧的建筑，出现在交通干线城市。滇越铁路沿线形成了“非匀质的建筑文化带”①。“铁路通后，风气大开，屋则多尚西式，地铺花砖，顶棚刮以灰沙，塑为花样，灯光照之，光明华丽，浴房、厕房器皆以磁，且有用化学厕，不须除秽。”②不仅外商洋行、银行多为西式建筑，城市行政办公建筑、学校、官邸等，也采用西式或中西合璧的建筑样式。纯西式建筑如昆明火车站、卢汉公馆、云南大学会泽院等，这些建筑将“原汁原味法式建筑移植到了云南”③。中西合璧的建筑如云南陆军讲武堂等，金碧路、同仁街一带有两广商人，这一带的建筑还吸收了两广的建筑风格。民国年间，建水的百岁楼、开远的高家大院、石屏一中大门等，均是采用西方建筑工艺和技术的产物。时人评价滇越铁路沿线城市“奢华之风输入，屋宇多取西式”④。城市的街道房屋建筑，也借鉴西式建筑的样式。20 世纪 30 年代，昆明城市街道改建过程中，三市街、金碧路一带“限定一律建为西式门面以昭整齐”⑤，改造后的街道“富有多重表意的变化”⑥。

在建筑类型上，伴随着人们生活需要的变化，云南出现了很多文化娱乐和公共服务建筑，一些寺庙、会馆等传统建筑向现代意义的公共空间转型。变化最大的是昆明，1912 年，衙门旧粮道署改为了省图书馆。1917 年，市政当局将旧粮道衙门部分拆除，新建了一条文明街。巡警道署废除后，其址设巡警局，后改为省会警察厅，1922 年在此成立昆明市政公所。昆明最早的“大众”“大逸乐”电影院最初开设在寺庙里，武庙 1925 年修改成武成公园，城隍庙改成劝业场，1932 年又变成民众礼堂。⑦ 1928 年，文庙被改造成为民众教育馆，这里成为了市民休闲、看书看报和进行文体活动的一个去处。较为热门的是魁星楼后那座庙改建的图书馆，楼下辟为阅览室，放置部分藏书，楼上是

---

① 张轶群：《滇越铁路的历史记忆——滇越铁路沿线的近代铁路社区建筑初探》，载《小城镇建设》，2003（4）。

② （民国）陈度：《昆明近世社会变迁志略·食货·房租》，云南省图书馆藏本。

③ 张伟：《近代中西文化交流对云南社会的影响——以云南现存的法式建筑为视角》，载《社会科学家》，2010（9）。

④ （民国）陈度：《昆明近世社会变迁志略·礼俗》，云南省图书馆藏本。

⑤ 《云南行政纪实》（第 22 册·昆明市政），20 页。

⑥ 王冬：《不该消失的街区——昆明城市核心区街道与建筑空间关系解析》，载《建筑学报》，1999（8）。

⑦ 云南省志编纂委员会办公室：《续编云南通志长编》（中册），899 页，昆明，云南省科学技术情报研究所印刷厂，1986。

文庙的办公室，称为“教导部”，同时也存放藏书。阅览室宽敞明亮，放满了桌子和背椅，可容纳近百人。此外，还设有一间儿童阅览室，陈列着画报、童话、故事书等各种儿童读物，深受少年儿童喜爱。①

抗日战争时期，还兴建了人民胜利堂、南屏电影院和昆明戏院等公共建筑。人民胜利堂建筑利用地形采用中国传统古建筑的造型和布局，其主体建筑为飞虎队战机造型，平面布局呈“金樽美酒”及花环形状，显现出抗战胜利之喜悦。南屏电影院是当时昆明最豪华的电影院，有“远东第一影院”之称，影院和美国好莱坞的米高梅、20世纪福克斯、华纳、环球、雷电华、派拉蒙、哥伦比亚和联美即所谓的八大影片公司签订租片协定，在昆明播映《月光下落》《大独裁者》《左拉传》等。②

四、图书馆、报馆等公共性建设增多

以昆明为代表的一批城市，随着图书馆、教育馆等建成，报刊种类的增多等，拓展了城市民众获取信息的渠道。在19世纪20年代，在昆明有商务印书馆、中华书局、成记书庄、新亚书局等22家，到了30年代，又有不少省外图书出版社商入驻，当时的书店主要集中在光华街、文明街和甬通街，俗称昆明“书市三街”，各种通俗小说“应有尽有”。③

1932年成立的昆华民众教育馆，“其组织分设阅览、陈列、教学、生计、出版五部，及推广事业委员会。黉学部分，有民众茶室、民众饭店、说书场、网球场、杂志阅览室、报纸阅览室、普通阅览室、儿童阅览室、美术研究会、国术研究馆等。孔庙部分，有古物陈列室、美术陈列室、书画陈列室、卫生陈列室、科学陈列室、实业出口陈列室、动物园等。……现在这里已成为昆明人士业余休息和游览的热闹地方”④。昆明的报刊业在民国时期进入了发展时期，昆明街头报馆林立，“街上壁报触目皆是，都是各报馆自己建设的”⑤。

① 何一民：《抗战时期西南大后方城市发展变迁研究》，571页，重庆，重庆出版社，2015。

② 何一民：《抗战时期西南大后方城市发展变迁研究》，572页，重庆，重庆出版社，2015。

③ 李道生：《云南社会大观》，16页，上海，上海书店出版社，2000。

④ 胡嘉：《滇越游记》，8页，北京，商务印书馆，1940。

⑤ 向尚：《西南旅行杂写》，198页，北京，中华书局，1937。

第二节　礼俗娱乐生活变迁

晚清民国时期，城市居民礼俗娱乐生活体现了传统的延续，也受到外在社会环境的影响而有了新的变化，总体表现出开放性。城市居民日常娱乐生活也表现出了对外来文化的包容和接受。

一、婚俗变迁

晚清时期，云南婚俗变化是在“六礼”传统之上的演变，呈现出从繁琐到简单的变化趋势。以昆明为例，“凡说亲者，媒妁之言不足信，要必亲眼鉴定其才貌，此则双方俱有斯权”[①]。从求亲到结婚，有着繁琐的礼俗，婚礼前有过大礼、通信、迎妆、开脸，迎娶当天，男方要行迎亲礼，有“坐喜神”、闹洞房等习俗，成婚第二天要开堂，即参拜天地和祖先。婚礼持续十天，每天都有不一样仪式和活动，如第七日是吃圆子饭的日子。[②]

1924年的文献记载昆明的婚俗：“婚娶之礼，遣媒往说，有问名之义，男家以金首饰或银首饰为定物，有纳彩遗风。”[③]在云南的昭通，婚礼“遵古者尚多，必须六礼皆备，新迎周堂，拜祖、谒父母”[④]。20世纪30代起，云南一些城市开始提倡文明结婚。传统婚礼“受到礼教的束缚太深……有必要改良。”[⑤]新郎穿西装，戴博士帽，新娘穿旗袍，戴花冠披纱，行鞠躬礼。新式婚礼“多于公共教堂宣读结婚证书，由男女及主婚人、介绍人、征婚人等依次于证书内盖印，并由男女交换证物，并向主婚、介绍人、来宾鞠躬或一鞠躬礼，不似旧礼之繁缛矣”[⑥]。大理鹤庆城内出现几家专门出租结婚礼服的店铺。更为有趣的是集团婚的出现，集团婚是以若干对新婚夫妇在同一时间、地点，由同一证婚

① （民国）罗养儒：《云南掌故》，59页，昆明，云南民族出版社，1996。

② （民国）罗养儒：《云南掌故》，67页，昆明，云南民族出版社，1996。

③ 张维翰、童振藻：《昆明市志》（上册），69页，1924。

④ 昭通旧志汇编编辑委员会：《昭通旧志汇编》（一），393页，昆明，云南人民出版社，2006。

⑤ 昆明市志编纂委员会：《昆明市志长编》（卷十三），286页，昆明，云南新华印刷厂，1984。

⑥ 云南省志编纂委员会办公室：《续云南通志长编》（下册），132页，玉溪，玉溪地区印刷厂，1986。

人主持举行婚礼。政府专门成立有新生活集团结婚指导会，资料记载“昆明市新生活集团结婚指导会，于11月21日开第十六次委员会议决……讨论事项：第三届集团结婚举行日期……”[①]新生活集团结婚指导会的日常经费开支则是由省府发给，负责人由政要人物担任。可见，云南城市文明婚和集团婚的出现对传统婚礼形成了冲击。

婚嫁在程序上有所简化，如在传统婚嫁中，宴请宾客是不可或缺的过程，尤其对宴请过程中吃的环节，也是甚为讲究，“结婚人家早午开筵宴客，是当然之事……第二日为正酒……三朝，新郎在清晨即顶红帽、穿马褂，走往各亲友家邀客。……第四日，男女两家俱各自具备酒肴……第七日……吃圆子饭。”[②]而改良之后的婚宴，出现了“酬客较昔日为简，男家可以一日或二日了之，女家亦只二日或三日即可竣事矣”[③]。或“男家改为一天，女家一天，回门后次日一顿早饭收场”[④]等，甚至有的婚礼直接取消了婚宴酬客，“初不习惯，久之人人称便”[⑤]。

二、娱乐生活变化

晚晴到民国期间，云南城市消费娱乐生活变迁多体现在消费的多元化，比如看电影、欣赏戏剧、进茶馆等。

（一）看电影

清末电影进入昆明，但没有一家正式的电影院。1913年，昆明翠湖的水月轩开设了第一家电影院，与法商签订合同专门放映法国片，“影场内最好的座位为木靠背的老式座椅，售价为一个中毫（约合两角），放映设备极为简单，用单机木架手摇放映机，光源是煤石灯，大多放映滑稽、武侠等内容的默片”[⑥]。随后，昆明新建“新世界”“大世界”“大乐天”“百代”等多家电影院，以放映法国片为主，颇受市民欢迎，“粉白黛绿，弥望市中，电影戏院四座几

① 《云南民国日报》，1936年11月23日。
② （民国）罗养儒：《云南掌故》，66—68页，昆明，云南民族出版社，1996。
③ 张维翰、童振藻：《昆明市志》（上册），70页，1924。
④ 李道生：《云南社会大观》，277页，上海，上海书店出版社，2000。
⑤ 昆明市志编纂委员会：《昆明市志长编》（卷十三），286页，昆明，云南新华印刷厂，1984。
⑥ 昆明市地方志编纂委员会：《昆明市志》（第九册），433页，北京，人民出版社，1999。

满”[①]。1926年，昆明市政公所创办首家公营电影院——市立电影院。20世纪30年代以后，电影院数量逐渐增加。先后建成光华影戏院、逸乐影戏院、大中华影戏院、大众影戏院、大中华逸乐影戏院等。逸乐影戏院装有扩音设备，播放《义勇军进行曲》《大路歌》等歌曲，大中华影戏院首开昆明市放映有声影片的先河，大众电影院第一次实行对号入座。这几家影院除了放映欧美影片外，亦放映过《十九路军血战抗日记》《济南惨案》等爱国影片，对宣传抗日救国起到一定的积极作用，[②]同时也丰富了昆明城市居民的娱乐生活。观影人数众多，电影事业热闹空前，据统计，1935年的昆明，就放映了166部电影，共有537880观众，可见电影已经渐入民众的日常生活。

（二）泡茶馆和听戏

民国之前，云南城市中没有固定的戏院，多是在庙会听戏，没有固定的演出场所，入口处设人看守，观众给点钱便可进去看戏。随着这一行业的发展，商家开始建会馆，这时的会馆也较为简陋。如1875建的两粤会馆，“舞台是旧式的戏台，观众厅是露天院心，且无座位，观众还须自带板凳，遇上下雨天，观众还需挤在东西厢房内看”[③]。1910年，昆明开设了首家戏园（初称茶园）——云华茶园。随后，昆明的天乐、丹桂、荣华、大方、同乐及云成公司的滇南大舞台出现，蒙自的权益茶园、个旧的文明茶园等建成。民国年间，云南城市中正式的戏院增多，设备齐全，票价虽然不便宜，但人们“不惜金钱浪费，以饱眼福为乐”[④]。抗战爆发后，有不少外地剧团也来到云南，有多种戏班和剧种，不仅京剧等传统戏剧受到云南人民的喜爱，而且话剧等新剧也传入云南的主要城市，云南城市民众逐渐接受新剧种，审美观念随之发生变化。如话剧开始流行，剧目也是贴近时代要求的抗战戏剧，因而深受广大市民喜爱。这一时期热门的抗日话剧有《难民曲》《当兵去》《死亡线上》《放下你的鞭子》等。西南联大合唱团也常常组织演出队到市区、郊区演唱抗日歌曲。[⑤]

一般民众，平日多就剧场茶馆消费，岁节则玩灯演戏以为娱乐。云南产普

① 云南省档案馆：《清末民初的云南社会》，73页，昆明，云南人民出版社，2005。

② 谢本书等：《近代昆明城市史》，183页，昆明，云南大学出版社，1997。

③ 中国人民政治协商会议昆明市五华区委员会：《五华文史资料》（第一辑），62页，昆明，云南国防印刷厂，1988。

④ 中国人民政治协商会议昆明市委员会文史委员会：《昆明文史资料选辑》（第27辑），176页，昆明，昆明市政协机关印刷厂，1996。

⑤ 何一民：《抗战时期西南大后方城市发展变迁研究》，550页，重庆，重庆出版社，2015。

洱茶的地方大约有三十县局，[①]茶叶广泛种植，使越来越多的人喜欢喝茶，带动了城市茶馆生意兴隆。在城市中，到茶馆喝茶成为一种消遣娱乐的重要方式，茶馆遍及小街小巷。据民国时期的社会历史调查，昆明大大小小的茶馆就有353个[②]，比较有名的就有华丰茶楼、双合园、天然茶等。

民国时期，昆明茶馆按规模分有两类，即大茶馆和小茶馆。大茶馆兼卖饭菜，类似于今天的高档饭店：正义路原先有一家茶馆“楼上楼下，有几十张桌子，都是荸荠紫漆的八仙桌，很鲜亮。因为在热闹地区，坐客常满，人声嘈杂”[③]。小茶馆主要分布在学校周边，比较热闹的是文林街和凤翥街的茶馆，它们规模不大，但是经济不宽裕的师生们经常去的地方，他们叫上一壶茶就在小茶馆坐一整天，看书和学习。凤翥街口路东的一家小茶馆，“吃茶的全部是本地人，本街的闲人、赶马的‘马锅头’、卖柴的、卖菜的。他们都抽叶子烟”[④]。一些茶馆虽然简陋，但仍然有客人到此饮茶休闲，正如万揆一在《昆明茶铺史话》中所说：“昆明茶铺过去之所以拥有广泛的顾客，正要原因正在于收费低廉，当底层百姓所能承担，所能接受。”[⑤]

茶馆作为晚清至民国时期云南城市的公共空间，人们于此喝茶、聊天、听书、看演出等。在昆明的华丰茶楼，“一到黄昏，却没有一天不是挤得十足，嗡咙嗡咙的声音像是在一个甏里关住了一群蜜蜂。廉价的四川烟叶熏人欲呕。满地是花生壳，瓜子皮”[⑥]。茶馆为了招揽生意，用各种办法吸引顾客，如说书、设唱机或唱戏。“东南六城的一些茶铺中，为适应茶客需要，都聘请说书艺人逐日开讲。”[⑦]1906年，华丰茶楼首设唱机，茶客倍增、生意变得红火。东门上街升平茶楼、雅叙园等邀请名角演唱滇剧、京剧，每场座无虚席。[⑧]民

① 张肖梅：《云南经济》，68页，上海，中国国民经济研究所，1942。

② 李文海：《民国时期社会调查丛编·城市（劳工）生活卷（上）》，201页，福州，福建教育出版社，2005。

③ 周良沛：《散文中的云南》，170页，昆明，云南教育出版社，1999。

④ 周良沛：《散文中的云南》，172页，昆明，云南教育出版社，1999。

⑤ 中国人民政治协商会议昆明市委员会文史委员会：《昆明文史资料选辑》（第39辑），271页，昆明，昆明市政协机关印刷厂，2003。

⑥ 王稼句编：《昆明梦忆》，194页，天津，百花文艺出版社，2003。

⑦ 中国人民政治协商会议昆明市委员会文史委员会：《昆明文史资料选辑》（第39辑），267页，昆明，昆明市政协机关印刷厂，2003。

⑧ 中国人民政治协商会议昆明市委员会文史委员会：《昆明文史资料选辑》（第39辑），266页，昆明，昆明市政协机关印刷厂，2003。

国中后期，云南省会城市茶馆成为重要的娱乐空间，不少规模较大的茶馆设施齐全，邀请专业艺人和知名票友逐日演唱，门庭若市。大东门外、庆丰街、大观街，金碧路太华春、光华街、劝业场茶室等，邀请本省艺人清唱滇戏，晓东街则有评剧清唱茶室，南屏街的小茶楼以表演魔术著名，民众教育馆茶铺以说书闻名。文林街靠近城门口的一家茶馆别有特色，“茶馆墙上的镜框里装的是美国电影明星的照片。除了卖茶，还卖咖啡、可可”①，生意火爆，吸引不少人前往喝茶休闲。

（三）舞会、舞厅出现

跳舞也成了当时部分民众休闲生活方式之一种。在当时，一些茶馆兼有舞厅的功能，“到了星期六，还开舞会”②。抗日战争期间，昆明街上还开了一些咖啡店和舞厅。1937—1949 年，昆明东区共有和平舞厅、百乐门舞厅等十家。③最大的和平舞厅甚至有舞娘表演“大腿舞”。④1944 年，昆明有一个叫联合国俱乐部的咖啡馆，“美国兵和中国姑娘们坐在桌旁；左边是管弦乐队的乐台，乐队由来自四五个国家的六个乐师组成。他们演奏的音乐，听起来就像是来自三四个其他世界的六种不同的改编乐曲”⑤。从男女授受不亲，到舞会、舞厅出现，预示着云南城市传统文化正悄然发生改变。

第三节　教育转型发展

一、教育一体化进程

从精神文化的层面看，晚清至民国时期，云南城市也发生了前所未有的变化。城市率先初步建立新式教育体制，以高等教育而论，1903 年，昆明五华书院改为云南高等学堂，随后法政专门学堂、云南高等工矿学堂、云南陆军

① 何一民：《抗战时期西南大后方城市发展变迁研究》，550 页，重庆，重庆出版社，2015。

② 汪曾祺：《蒲桥集》，161 页，北京，作家出版社，1994。

③ 蒋枝偶：《云南民众消费问题研究（1911—1949）》，214 页，昆明，云南大学博士学位论文，2012。

④ 林泉：《重返老昆明》（上），157 页，昆明，云南美术出版社，2002。

⑤ 龙东林：《昆明历史文化寻踪》，234 页，昆明，云南科技出版社，2008。

讲武堂等先后成立。另外，还创办了速成铁道学堂、商业学堂等。新式中等教育，1902 年，普洱府中学堂成立，揭开了云南新式中等教育的序幕，军事教育、实业教育、师范教育和中学教育相继开展。1903 年至 1911 年为云南初等教育萌芽期，公立小学、私立小学先后出现。清末云南新式教育体系逐步建立，“在短短的 10 年间使云南的教育体系得以初创，并为云南及中国近代史培养出一大批灿若星辰的近代风云人物，不能不说是个奇迹”。①

据统计，1910 年“云南的学堂已发展到 949 所，在校生达到 57808 人”。② 1911 年至 1949 年的云南教育在曲折中缓慢发展。尤其是 1929 年至 1939 年间，云南省政府把“卷烟特捐”和“锡税附加捐”作为省教育专款，加上教育补助费和各地的“学田”，教育经费相对稳定；③ 抗日战争爆发后，内地部分高校迁往云南，使云南教育步入新的历史发展时期。

晚清至民国期间，云南的新式教育有其发展独特性，先是从武备学堂开始，随后留学教育、高等教育、中小学校等都得到发展。

民国末期，云南的学前教育到高等教育得到初步发展。1950 年，云南有高校 2 所，中等专业学校 9 所，中等师范 7 所，普通中学 115 所，小学 11559 所。④ 各级各类学校传播科学知识、民主思想等，为云南经济社会发展注入新的活力，特别是西南联大落户昆明，对云南及中国高等教育均产生了重大影响。民国时期，云南还向日本、欧美、埃及派出留学生，据统计，1912 年至 1948 年，“云南共向国外派出 284 名留学生”，⑤ 这些留学生学成回国后，为云南政治、经济、文化、教育的发展做出了积极贡献。

史料记载，晚清至民国时期云南教育可分为五个时期：“前清末季为创始时期，民国元年至民国四年为发展时期，五年至七年为衰退时期，十八年到二十九年为复兴时期，三十年迄今为保守时期。”⑥ 可见，晚清至民国时期，云南教育转型伴随着全国一体化进程。

从国内环境来看，光绪末年，受维新思想以及社会各阶层的影响，学制改

---

① 蔡寿福：《云南教育史》，399 页，昆明，云南教育出版社，2001。

② 蔡寿福：《云南教育史》，319 页，昆明，云南教育出版社，2001。

③ 林文勋：《民国时期云南边疆开发方案汇编》，378 页，昆明，云南人民出版社，2013。

④ 蔡寿福：《云南教育史》，407 页，昆明，教育出版社，2001。

⑤ 蔡寿福：《云南教育史》，508 页，昆明，教育出版社，2001。

⑥ 云南省志编纂委员会办公室：《续云南通志长编》（中册），783 页，昆明，云南科学技术情报研究所印刷厂，1986。

革被当作维新变革的一项主要内容，在全国范围内举办学堂，废除科举制，教学内容吸收了现代科学技术内容。1909 年，云南省设立教育总会，推进云南教育体制改革，揭开了云南高等学堂、中等学堂和初等学堂建设的序幕，初步形成了全国教育进程一体化的接轨。针对英法等国对云南的殖民掠夺，云南社会各界意识到军事人才与实业人才的培养日益迫切，于是，云南陆军讲武堂、农业学堂、商业学堂、速成铁道学堂等先后设立。此外，云南省当局还鼓励并资助云南的有志青年到国外、省外学习，主要学习军事、政法、师范等方面的先进知识，这些学生学成回到云南以后，绝大多数成为云南辛亥革命及推动本省社会经济发展变革的中坚力量。晚清至民国初期，云南教育体制改革，培养的军事、矿冶、交通、电力、农业专门技术人才，推动了云南军事工业、矿冶工业、交通运输业、电力工业和农业的发展。云南机器局开始采用机械制造枪炮、子弹，矿冶业成为近代云南引进和使用新式设备与技术较为集中的行业。云南有识之士，组织人力物力财力，设计修建个碧石铁路（个旧—鸡街—碧色寨—建水—石屏）。石龙坝水电站的建成，则开启昆明城市照明的先河。农事实验场对农作物的选种、育种、种植、施肥、病虫害防治等，做了许多卓有成效的工作。采用现代医疗技术的医院如昆明警察医院设立（后改名为宏济医院、市医院），标志着云南城市公立医院采用现代医疗技术的开始。这一时期，云南在气象学和地质地震学等学科领域取得诸多成就，陈一得著有《云南气象》《云南气象要素之分布》等著作，童振藻则著有《云南地震考》《大理等属地震区域图说》等著作，这些著作成为研究气象学、地质地震学的重要参考文献。

晚清至民国初期，云南还涌现一批地方志书和文学艺术成果，地方志书如光绪年间《云南通志》《续云南通志长编》《云南地志》《东川府续志》《镇雄州志》，以及内容丰富的《云南丛书》等。白话小说，如革命党人办的《云南》杂志连载《死中求活》，赵式铭在丽江、保山等地创办《丽江白话报》《永昌白话报》等，力推白话文，“鼓吹人的民族主义，团结人的爱国摄力”[①]。颇具地域特色和民族特色的滇剧、花灯、白剧、壮剧、傣剧和彝剧等，亦有不同程度的发展。

20 世纪 30 年代前后一段时期云南文化教育事业取得较大发展，幼儿教育、初等教育、中等教育、高等教育以及职业教育等，学校数量增加，学校

① 王光闾：《清末白话文的先驱赵式铭》，载《云南文史丛刊》，1990（1）。

教育的地域覆盖扩大，出现接受学校教育的人口增加，“全省的文化水平逐步提高，国民文化素质逐步改善”[①]的趋势。特别是抗日战争期间内地高校迁滇，以新组建的西南联大为代表的一批高校，深刻地影响了云南教育的转型升级，新民主主义革命思想在云南广泛传播，昆明成为传播民主思想的堡垒。一批进步知识分子注重研究哲学和政治学，进步青年组织大同社、新哲学研究会等，传播马克思主义，出现了王德山、艾思奇、聂耳、楚图南等著名学者。一些学者采用新思想对中国传统文化领域的哲学、文学、史学等进行研究，使用白话文进行著述，学术研究活动异常活跃。哲学方面的研究以金岳霖、冯友兰等为代表，文学方面以闻一多、朱自清、王力、袁嘉谷、徐嘉瑞等为代表，史学方面的研究以吴晗、陈寅恪等为代表。丰硕的学术研究成果，闪耀着进步思想和时代精神，丰富了中国传统文化的思想宝库。与此同时，一批学者对于云南本土文化的研究也取得丰硕成果，研究内容广泛涉及云南社会历史发展变迁，如政治、经济、文化、民族、风俗等，他们还对云南地方历史文献进行搜集、整理并编辑出版，《云南丛书》《续云南备征志》《滇文丛录》《滇诗丛录》《永昌府文征》等相继问世。《新纂云南通志》《续云南通志长编》《昆明市志》《石屏县志》等地方志书也先后编纂出版。一批进步期刊如《尚志》《滇声》《南强》《滇潮》等，登载反帝反封建的文学作品和理论文章。抗日战争爆发以后，云南的进步期刊如《南方》《前哨》以及《云南日报》《正义报》《昆明晚报》等报纸的副刊，通过登载理论文章和文艺作品，宣传抗日与民主思想，发挥了舆论宣传的重要作用。另外，还通过形式多样的文艺活动，如表演话剧、举办歌咏活动，以及云南地方特色的花灯、滇剧等，以群众喜闻乐见的艺术表现形式，宣传抗日救国及民主进步思想。

总之，晚清至民国时期，云南教育的现代转型，伴随着全国教育一体化进程，形成幼儿教育、初等教育、中等教育、高等教育以及职业教育体制，特别是抗日战争期间，内地高校迁滇加速了云南现代教育的转型升级。现代学校教育为云南经济社会的发展培养了人才，还引发了云南民众思想的变革，学习西方科学知识，以实业救国、科教兴国等，成为人们的思想共识。吸纳民主思想，倡导反帝反封建，在抗日战争爆发后，以多种形式宣传抗日救国等，具有鲜明的时代特色，昆明成为名副其实的传播民主思想堡垒。另外，一大批学

① 何耀华:《云南通史》(第六卷)，379页，北京，中国社会科学出版社，2011。

者在人文社会科学、自然科学等研究领域取得丰硕研究成果，无论从全国范围看，还是从本省看，其学术影响力和社会影响力都是一个时代的标志。报纸、杂志等媒体的发展，以及话剧、滇剧、花灯、壮剧、彝剧、傣剧、白剧等舞台艺术表现形式，不仅丰富了区域民众的文艺生活，弘扬了优秀民族传统文化，还宣传了民主思想、反帝反封建思想、抗日救国思想以及民族独立解放思想。凡此等等，引发了云南从城市到乡村民众思想的变革，民众的世界观、人生观、价值观都受到洗礼，民主思想、进步观念深入人心，为“一二·一”运动、“七一五”运动等爆发乃至云南和平解放做了思想准备。云南城市兴起新式教育，西方教育体系中倡导的科学、民主、自由、平等、博爱的思想，通过学校教育在云南知识分子中引起共鸣，促使他们觉醒，为民主科学思想和马列主义在云南的传播打下思想基础。

二、军事教育发展

（一）云南陆军讲武堂创立

晚清时期，云南遭受列强侵略，编练新军显得尤为迫切和必要，云南先后建武备学堂、新操学堂、陆军小学堂、陆军速成学堂、军医学堂等，但这些学堂普遍存在师资质量不高、教学水平低、课程设置不合理不完善、规模较小、办学不正规、存在时间短等问题。[①] 清政府要求各地创办陆军讲武堂，轮训在职陆军军官，以提升现有军官素质。

1909 年云南陆军讲武堂开学，校址设于昆明承华圃（现昆明市翠湖西侧）。创办时设督办 1 人，由护理云贵总督沈秉坤兼任；总办 1 人，先后由胡文澜、高尔登兼任；监督 1 人由滇籍留日士官生李根源担任；提调 1 人由滇籍留日士官生张开儒担任。[②] 1910 年 4 月，李根源继任总办，为了使教学更能适应部队的实际需要，规定了各兵科学科（军事理论）、术科（军事技能）教学内容，使云南陆军讲武堂的军事教育与训练不断得到丰富和完善。

掌握云南陆军讲武堂领导权力的李根源、张开儒等人，接受过正规军事教育与训练，掌握了近代军事理论知识。讲武堂的军事教育深受日本陆军士官学校的影响，先后制定《云南陆军讲武堂试办章程》和《云南陆军讲武堂改订章

---

① 吴达德：《试论清末民初的云南陆军讲武堂》，载《四川师范大学学报》（社会科学版），2009（3）。

② 素庵、适生：《云南陆军讲武堂的概况》，北京，科学出版社，1959。

程》，依照“章程”的规定，讲武堂的办学任务一是轮训在职军官，学制一年；二是招收普通学生，经过正规军事训练后成为新军中下级军官，学制三年。学生为甲、乙、丙3班，步、骑、炮、工4个兵科。①

李根源接任总办后，一改之前清军院校的陈规陋习，仿效日本陆军士官学校制定建制和科目，将学员学习的科目细化。军事训练基本采用了日本军校“尚武”的教育内容，以军事学为主，通学（文化知识）为辅，教材采用日本士官学校的教材。为方便教学，在学校修建了体育设备——内外操场，内操场有篮球场，外操场有田径场、马道。除此之外，还添置了器械体操的单杠、木马、天桥、浪桥、秋千、平台以及武术的刀、枪、剑、棍等，云南陆军讲武堂规定学生们军、拳、体都及格方能毕业。②

云南陆军讲武堂从1909年创办，1912年改称云南陆军讲武学校，到1928年结束，共办19期，毕业生4000余名。③为川军代办速成班两期，培养军官400余人。④众多军事人才中，有的成为中国近现代军事史上的著名人物。如朱德、叶剑英，朝鲜的崔庸健等。⑤作为中国最早培养新式陆军军官学校之一，云南陆军讲武堂在引进、传播西方军事教育思想和制度方面做出了贡献，对民主革命也起了积极作用。

除军事教育外，农业学堂、商业学堂、速成铁道学堂等先后设立。此外，云南省当局还鼓励并资助云南的有志青年到国外、省外学习，主要选择军事、政法、师范等专业，这些学生学成回到云南以后，绝大多数成为云南辛亥革命及推动云南社会经济发展变革的中坚力量。

三、留学教育

清末至民国期间，云南社会的发展，迫切需要新式人才。但这时的高等教育又刚开始起步，高等教育存在办学规模较小、师资不足等问题。一部分青年随着留学热的掀起，相继到日本求学，探索救国之路。“九一八”事变之后，

① 周立英：《留日教官与云南陆军讲武堂》，载《学术探索》，2011（1）。

② 孟祥坤、王慧勇：《谈滇越铁路与云南军事体育近代化》，载《体育研究与教育》，2015（3）。

③ 《云南陆军讲武堂简介》，载《云南文史丛刊》，1985（3）。

④ 肖荣华：《百年云南陆军讲武堂揭秘》，载《党史纵横》，2012（4）。

⑤ 徐万民、张子建：《云南陆军讲武堂与韩国民族解放运动》，载《云南民族大学学报》（哲学社会科学版），2005（5）。

留日的滇籍学生悉数罢学回国，此后云南便停止了向日派留学生。[①] 从此，云南留学的重点、热点由日本转向欧美、埃及等地。据统计，1912 年至 1948 年，“云南共向国外派出 284 名留学生”[②]，这些留学生学成回国后，为云南政治、经济、文化、教育的发展做出了积极贡献。

（一）留学日本

晚清时期，清政府诏令各省改革学校教育制度，创办新式学堂。云南应诏改制，于 1902 年创办了云南第一所新式学堂——普洱中学堂，其后又在各地筹设多所中小学堂。一时间，云南亟需大量能够办理新式学堂的人才，然而当时省内甚至全国都没有开设这类培养人才的机构，于是派遣留学生出国学习师范遂成为最佳途径。[③] 当时普遍认为日本距离中国较近，文化风俗有相似之处，故将日本定为留学的首选。

1902 年，云南向日本派出钱良骏等 10 名学生留学日本，为云南的首批留学生；1903 年又将杨振鸿等 10 人送往日本；从 1904 年开始，云南当局加大了留学教育的力度，选送 41 人去日本学习师范教育，28 名学生去学习实业；1905 年当局制定了留学生章程，对自费留学生加以特殊照顾，清末的云南留学教育达到了高潮。[④] 1905 年官费、自费的留学生达 100 多人。史料记载，在短短七八年内，云南青年“渡海求学者先后达千人，或习师范，或习政法，或习陆军，多以救国自任”[⑤]。据统计，在 1904 年云南省派出的留日学生 129 人中，除去留学附送人员 2 人、自费生 3 人及另外 7 人不知专业外，有陆军学生 34 人、师范学生 50 人、实业学生 32 人、格致学生 1 人。[⑥] 由此可见，与当时国内形势密切相关，东渡留学的专业多集中在师范、陆军等急需专业上。甚至有人到了学校临时改换了专业，如唐继尧出国前本打算学习工学，但到日本后认为“工业缓不济急，不如学陆军，异日庶可为国家效用”[⑦]，遂转而学习军事。辛亥革命后“云南学生纷纷回籍，继而又重赴日本，益以陆续新送各

① 蔡寿福：《云南教育史》，502 页，昆明，云南教育出版社，2001。

② 蔡寿福：《云南教育史》，508 页，昆明，云南教育出版社，2001。

③ 姚山泉、李天凤：《清末民初云南留学运动特点探析》，载《现代教育科学》，2011（8）。

④ 蔡寿福：《云南教育史》，337 页，昆明，云南教育出版社，2001。

⑤ 云南省政协文史资料研究委员会：《云南文史资料选辑》（第五辑），164 页，昆明，云南人民印刷厂，1964。

⑥ 周立英：《1904 年云南留日学生浅析》，载《云南民族大学学报》（哲学社会科学版），2008（5）。

⑦ 中共大理市委党史征集研究室：《大理人民革命斗争史》，206 页，潞西，德宏民族出版社，1996。

生”。[①]“九一八”事变后，留日学生回国以示抗议，云南学生留学日本暂告一段落。据统计，1904年全国共有赴日留学生2557名，其中云南有121人，约占全国赴日留学生总数的4.73%；[②]在1914—1915年，全国共有1107名官费生在日本留学，其中云南有59人，约占全国各省市派出留学生总数的5.33%，超过了同为西部内陆省份的贵州、甘肃、广西等省市。[③]

（二）留学欧美及埃及

1913—1945年，云南省陆续送出一批学生赴欧美留学。1913年，送6人赴美留学，学习政治、工业、农业等；选送5人赴法学习军事工业和法政；2人赴比利时学习矿业；8人赴香港学习工艺、医学、电器各科。[④]1913年赴美留学人数最多，以后历年赴美留学人数最多年份也仅有4人，总数也仅有36人。[⑤]1922年考送袁丕佑、张鸿翼、郜重魁等3人赴美；1923年特送王承才赴美。1923年起云南一度停止了公费留学，直到1931年云南省的财政经济状况稍好，才于1931年选送3名明德中学学生留学埃及；1944年选送40名赴美；1947年选派17人赴美。[⑥]

在新式教育思想的倡导下，“女子无才便是德”的封建教条也被打破，据统计，在1904年日本女子美术学校（预备学校）里面就有30名云南籍的学生，人数位列中国女留学生之首。[⑦]辛亥革命后，云南女子也不时见诸留学名单，如1916年云南就有4名。[⑧]留学教育为云南培养了一支女性知识分子队伍，对促进云南新式学校教育的发展也起到了积极作用。

云南当局按照严格的标准选送学生留学，回国的学生多返滇服务，这些学生为云南的政治、经济、教育、文化、卫生公共事业的发展注入了新的活力，做出了积极贡献。如留日学生唐继尧、谢汝翼、张子贞、罗佩金等，领导和参与了云南辛亥革命，为中国革命做出了积极贡献。留美、留日学生董泽，留日学生王九龄在留日学生唐继尧的支持下，创办了云南历史上的第一所大学——

① 云南教育司：《云南教育概况——留学教育》，201页，昆明，云南书局，1923。
② 董守义：《清代留学运动史》，179页，沈阳，辽宁人民出版社，1985。
③ 姚山泉、李天凤：《清末民初云南留学运动特点探析》，载《现代教育科学》，2011（8）。
④ 蔡寿福：《云南教育史》，505页，昆明，云南教育出版社，2001。
⑤ 刘豪：《民国时期云南留美教育研究》，42页，云南师范大学硕士学位论文，2013。
⑥ 吴梦琦：《民国时期云南留学教育政策研究》，40页，云南师范大学硕士学位论文，2017。
⑦ 黄新宪：《中国近代女子教育》，207页，福州，福建教育出版社，1992。
⑧ 吴梦琦：《民国时期云南留学教育政策研究》，42页，云南师范大学硕士学位论文，2017。

东陆大学，对云南教育史产生了深远的影响。董泽在拟定招生办法时还倡导男女平等，主张东陆大学男女生兼招，使男女学生享受平等的教育权。留美学生李炽昌，1924 年返滇后主持设计修建了云南省第一条公路——昆明至碧鸡关公路、第一座公路桥——安宁大桥、第一条国际公路干线——滇缅公路上段(昆明至下关段)，[①] 为改善云南交通做出了积极贡献。

四、新式高等教育发展

(一) 1902 年之前云南高等教育

云南在设立高等学校之前，所需人才均送至京师大学堂培养。1899 年，为解决外派留学生的语言问题，便在云南武备堂内附设方言学堂，专门教授日语、英语、法语三科。同年创立法文学堂于圆通寺内。[②] 另外，昆明还在电报局内创立第一所英语学堂，招收 10 余名学生。1909 年，改为云南高等方言堂。方言堂的设立为云南的留学教育打好了基础，为云南培养了外语人才。

1903 年，云南改昆明五华书院为“高等学堂”，成为云南的第一所“新式大学”。设理财、兵学、交涉 3 科，共招收 188 名学生；1907 年改称“两级师范学堂”，择优录取 250 名学生，设立史地、理化、博物、文学四科；最后更名为“云南省立第一师范学校”。[③] 学校为云南培养 400 余名学生，是云南中等教育教师的主要来源。1910 年，创办云南第一所工科大学——云南高等矿工学校，招收云南、贵州两省的理科、博物优秀学生。

(二) 从私立东陆大学到云南大学

1912—1921 年，云南仅有一所高等学校——公立法政专门学校，该校于 1932 年停办。鉴于当时云南高等学校稀缺，且交通不便，外出求学困难；新式人才匮乏，急需培养。在唐继尧、董泽等一批留学生和云南各界的努力下，东陆大学于 1922 年 12 月 8 日在昆明宣告成立，唐继尧为名誉校长，董泽为校长。

学校科系设置、课程内容，为适应当时云南政治、经济、文化、教育的需要

---

① 昆明市政协文史学习委员会：《抗战时期文化名人在昆明(二)》，364 页，昆明，云南人民出版社，2002。

② (民国)罗养儒：《云南掌故》，524 页，昆明，云南民族出版社，1996。

③ 蔡寿福：《云南教育史》，322 页，昆明，云南教育出版社，2001。

而定。“拟自1923年3月先招预科生四班，共计200名，以后逐年添招。按级升进。分文、理、法、工、农、商、医七科。先开办文、工两科，文科分政治、经济、教育三系，工科分土木，采冶二系。”①土木工程系主要开设公路建设的课程，学生毕业后大多投入到云南公路建设中，成为公路建设方面的专家。②

为谋求云南教育的改进，经云南省政府议决于1930年改私立东陆大学为“省立东陆大学”。1934年更改校名为“云南省立云南大学”。1937年8月聘任著名数学家、教育家熊庆来为校长，学校争取于1938年7月从省立改为国立。熊庆来担任校长期间，陆续聘请了一批批专家学者来校任教。著名学者有“吴文藻、郑天挺、吕叔湘、费孝通、唐兰、罗庸、尚钺、贺麟、陈达、潘光旦、楚图南、严济慈、华罗庚、陶桂芬、冯景兰、朱熙人等”③，汇集了“许许多多内地沿海大学所不曾拥有过的如此强大的师资阵容”④。许多青年学生于此接受了高水平教育，造就了一大批中华优秀人才。特别是在抗战期间，云南培养的人才中涌现赵九章、郭永怀、邓稼先等我国两弹一星专家，以及杨振宁、李政道等现代著名科学家和学者。

东陆大学的建立到云南大学的完善，为云南城市的建设、发展培养了大批专业人才，成为云南文化教育、研究的重要阵地，在一定程度上改变了云南文化科技落后的局面。

（三）内地部分高校迁滇

抗日战争期间，内地部分高校迁至云南。其中最有影响力的是由北京大学、清华大学、南开大学合并而成的西南联合大学以及中法大学、华中大学等。

表6–1　抗战时期迁滇高等学校一览⑤

学校	地址	院系
西南联合大学	昆明	文、理、工、法商、师范5个学院
中法大学	昆明	26个系，2个专修科，一个先修班文理学院，6个系
中山大学	澄江县	文、法、理、工、农、医、师范7个学院

① 云南省档案馆：《清末民初的云南社会》，150页，昆明，云南人民出版社，2005。

② 李涛：《董泽与云南大学》，载《云南档案》，2017（10）。

③ 孙代兴、吴宝璋：《云南抗日战争史》，42页，昆明，云南大学出版社，1995。

④ 孙代兴、吴宝璋：《云南抗日战争史》，42页，昆明，云南大学出版社，1995。

⑤ 林文勋：《民国时期云南边疆开发方案汇编》，383页，昆明，云南人民出版社，2013。

续表

学校	地址	院系
同济大学	昆明	医、工、理 3 个学院
华中大学	大理县	文、理、教育 3 个系
国立艺术专修学校	禄丰县	造型美术、实用美术 2 个
中正医学院	昆明	
国立国术体育专科学校	昆明	
唐山工学院	昆明	
上海医学院	昆明	

这些大学的迁入，为滇籍学生提供了接受高等教育的绝好机会。“在此期间，滇籍大学生人数大为增加。仅 1942 年一个年度，就有滇籍在校大学生 1113 人。其中，云大 281 人、联大 287 人、中法 171 人、华中 75 人、省立英专 79 人、东方语专 21 人、在省外大学 198 人。”①

内地大学迁滇后开设的课程，推动了云南高校学科体系、学术体系和话语体系初步构建，比如“联大在滇八年，名师云集，学校所开设的各种课程总共有 300 多门，自由的学术环境允许每个学生可以根据自己的特长和兴趣爱好选择钟爱的课程，甚至跨专业或跨系都可以”②。

高校内迁不仅增强了云南高校师资，中等、初等教育的师资力量亦增强。西南联大增设师范学院，使云南有了规模相当、体制正规的培养中学师资的机构。“师范学院还开办了在职教师培训班并增设专修科，以解决云南各县中学规模小、教师少的困难。”③“云南籍学生，极大地加强了云南中学师资队伍。”④“在昆明创建的天祥、五华、长城、建设等中学，教师基本上是联大师生。”⑤

① 夏绍先:《抗战时期云南的教育——内迁院校与云南教育的发展》，载《云南师范大学学报》，2002（6）。

② 北京大学、清华大学、南开大学、云南师范大学:《国立西南联合大学史料》（四），42 页，昆明，云南教育出版社，1998。

③ 李艳林:《重构与变迁——近代云南城市发展研究（1856—1945 年）》，260 页，厦门，厦门大学博士学位论文，2008。

④ 孙代兴、吴宝璋:《云南抗日战争史》，354 页，北京，云南大学出版社，1995。

⑤ 西南联合大学北京校友会:《国立西南联合大学校史》，97 页，北京，北京大学出版社，2006。

五、中等教育与初等教育发展

1901 年云南开始办中小学堂，1902 年首创普洱府中学堂，1904 年创云南桑蚕学堂。至 1910 年，开办中等农业学堂 1 所，初等农业学堂 5 所，初等工业学堂 6 所，优级师范学堂 11 所，初级师范学堂 6 所，简易师范 3 所，中学 6 所。1912 年，云南有昆明模范第一中学、蒙自模范第三中学、“省立中学”，大理模范第二中学，以及昆明私立第一中学等。1938 年，全省有省立中学 29 所，市立和县立中学 46 所，私立中学 3 所。[①] 抗日战争期间，随着内地部分学校迁至云南，云南中等教育也有所发展。1938—1945 年，云南私立中学从 3 所发展至 33 所，60% 集中在昆明。[②] 在全省范围内，昆明市的识字率也属于最高，“1932 年整个昆明市共有 105617 人，识字人数有 52011 人，不识字人数有 53606 人”，识字率高达 49%。[③]

1903—1911 年是云南初等教育的萌芽时期。1903 年，云南省会昆明办起小学 11 所；1910 年时，云南共有高等小学 19 所，初级小学达 749 所。民国建立初期，云南处于较为安定的时期，对教育非常重视，男女校都有所发展，小学教育得到快速发展。

表 6-2　1912、1916、1921 年云南小学简况表 [④]

时间	初等小学					
	学校数			在校学生		
	小计	男校	女校	小计	男生	女生
1912	3175	2987	188	148357	136908	11449
1916	4715	4549	166	162799	154219	5880
1921	4676	4542	134	152285	143582	8703
时间	中等小学					
	学校数			在校学生		
	小计	男校	女校	小计	男生	女生

① 云南省志编纂委员会办公室:《续云南通志长编》(卷八十四·教育三)，146 页，昆明，云南省科学技术情报研究所印刷厂，1986。

② 蔡寿福:《云南教育史》，343—463 页，昆明，云南教育出版社，2001。

③ 张肖梅:《云南经济》，33 页，北京，中国国民经济研究所，1942。

④ 蔡寿福:《云南教育史》，442 页，昆明，云南教育出版社，2001。

续表

1912	154	148	6	13812	13392	420
1916	347	321	26	23455	22404	1051
1921	336	330	36	23238	22023	1215

值得一提的是，在改良主义思想影响下，女子小学教育也有所发展。1907年，清政府颁布了《女子小学堂章程》。1908年，云南当局开始在昆明筹备女子师范学堂，计划先培养女子小学师资。1909年，又招收高等小学生一班，取名“云南两等女子小堂”，这是云南第一所官办的女子小学校。辛亥革命之初，首任教育总长蔡元培先生改革晚清教育弊病，坚持男女合校，因此云南亦未再设女子小学校。据1936年统计，全省公、私立初小和高小中的女生共284577人。①

六、边地教育缓慢发展

云南社会历史发展极不平衡，晚清至民国时期，云南多种社会形态并存，特别是云南边疆民族地区，是西方殖民者文化侵略的重点区域，天主教、基督教等外来宗教活动频繁，影响到这些地区少数民族的传统文化、民族意识、国家观念以及民族关系。云南当局在推进本省教育现代转型的过程中，也关注到了区域特色和民族特色，采取针对性强的措施开展民族教育。

1909年，云南设立“沿边学务局”，管理边疆少数民族地区的教育事务，1910年，兴办了128所土民学塾，尽管存在办学经费困难、师资不足、校舍紧缺等多重困难，但它初步形成了云南边疆民族地区的教育网络，开创了云南近代民族教育的先河。

云南当局先后制定实施边地教育办法、措施。1931年，颁布《云南省政府实施边地教育办法》，成为推进云南少数民族教育的指导性文件，规定凡6—50岁不识汉字、不通国语者，均应接受边地教育。从1931—1943年分期实施边地教育，教育经费以自筹为主，设云南省边地教育促进委员会及各县教育局负责相关工作。1933年，颁布《本省边地教育三年推进计划》《实施苗民教育计划》等，明确要求边地小学要主要招收少数民族学生，学校要建于县城

① 刘光智：《云南近代小学教育发展概况》，载《云南民族学院学报》，1984（3）。

或民族聚居中心区域，每县至少设立一所小学等。据统计，1940年，云南省边地小学的数量占全省11%，少数民族小学生占全省的8%。[①] 1939年，云南省将全省划为12个中学区，每区设立一所省级中学，与此同时，县立中学、师范学校和职业学校等，在云南省推进边地教育过程中，亦有一定数量。针对边疆民族地区的社会发展状况，倡导中等学校及职业学校应注重培训学生的技能，提出相应的办学理念，“高中不分科，偏重教育、生产技能、医药卫生常识之训练；专科分设教育、边政、农业水利、畜牧兽医、医药卫生、采矿冶金等诸专修科”[②]。

云南边地教育虽然起步晚、规模小、发展缓慢，对于科学文化知识的传播、受教育者生产技能的提高亦起到了积极作用，促使边疆民族地区从传统教育到现代教育缓慢转变。

总之，云南城市兴起新式教育，西方教育体系中倡导的科学、民主、自由、平等、博爱的思想，通过学校教育在云南知识分子中引起共鸣，促使他们觉醒，为民主科学思想和马列主义在云南的传播打下了思想基础。而现代学校教育为云南经济社会的发展培养了人才，还引发了云南民众思想的变革，学习西方科学知识，以实业救国、科教兴国成为人们的思想共识。吸纳民主思想，倡导反帝反封建，在抗日战争爆发后，以多种形式宣传抗日救国等，具有鲜明的时代特色，昆明成为名副其实的传播民主思想堡垒。

第四节　宗教文化日趋多元化

伴随着物质文化和教育文化等外在环境的变化，民国时期云南城市居民的生活观念也发生变化，一些传统习俗被抛弃，且在西方宗教传播过程中，城市民众逐渐重塑一种与本地文化相适应的价值理念。

---

① 蔡寿福:《云南教育史》，520页，昆明，云南教育出版社，2001。

② 云南省民政厅边疆行政设计委员会:《云南省民政厅边政丛刊之三：腾龙边区饮开发方案》，见林文勋:《民国时期云南边疆开发方案汇编》，84页，昆明，云南人民出版社，2013。

一、改良社会风俗

清末至民国时期，是云南城市民众思想大变革的时期，去除迷信、崇尚科学的价值取向，以城市为核心扩散开来，在城市化进程中成为城市浓墨重彩的一笔。

受中国传统文化中鬼神思想影响，云南城市民众的迷信思想也是根深蒂固。以昆明城为例，“昆明人无不敬神奉佛，敬神奉佛者，又无不燃香烛、化纸钱及烧元宝，家家俱如是”①，“昆明妇女之信鬼亦不亚于信神，有男女老幼一作突然的头痛发热，便认为有鬼撞磕。先以鸡蛋一枚，扶置于镜上而占之，扶蛋的人口中则历数其所知之鬼与所知之神，数到某一鬼或某一神，鸡蛋即正立于镜上，是为占着，则烧纸钱、泼水饭而禳送之，然此是打发鬼去。如为某一邪神所撞磕，则必要纸马铺内以三十六文买一堂神纸，并向肉案上乞讨指头大的一点猪肉，是名喜肉，并神纸花钱及黄白纸钱燃烧而禳送之”②。云南其他城市民众的迷信思想也是大同小异。

民国年间，云南城市民众的迷信思想渐被改良。1923 年，云南成立风俗改良会，各个县随后也纷纷成立风俗改良会。张维翰、童振藻、吴均、陈杏圃、钱翰奇、吴琨等知名人士均是此会的成员，他们主张消除不良风气，努力呼吁民众形成好的良风美俗，对云南不良消费生活习惯的改变功不可没。风俗改良会自上而下，不仅到达县一级，甚至到达乡、保、村一级。到 1924 年底，富民、马龙、路南、大姚等 15 个县成立风俗改良会。过去每遇灾年，大小街道居民铺户，分段集会设坛诵经，但进步人士意识到“此类俗事，纯属迷信活动，人力物力，浪费不少”③。其后，由于有识之士提倡和政府禁止，类似被归入封建迷信的风俗习惯渐被改良。就连与迷信活动相关联的爆竹业也逐渐萧条，“昔日崇拜偶像，爆竹销用极多，营业甚佳，今则打破偶像观念，爆竹销用因之日益减少，营爆竹业者，大都只够开支”④。一些寺庙也改为了学校，

① （民国）罗养儒：《云南掌故》，609 页，昆明，云南民族出版社，1996。

② （民国）罗养儒：《云南掌故》，113 页，昆明，云南民族出版社，1996。

③ 昆明市志编纂委员会：《昆明市志长编》（卷十三），283 页，1984。

④ 京滇公路周览筹备会云南分会：《云南概览》，80 页，1937。

“僧侣亦渐稀少”①。

“打保境”是腾冲一带流行的一项民俗活动，但由于其中含有大量的迷信色彩，同时也耗费大量钱财，成为这一时期的进步人士改造的对象。“每次打保境而用去的钱，都在现金一千元以上，即使所打的保境，是念一念经，就了事的，也要用一千元以上，大一点的甚至万余以上”②。为此，和顺崇新会提出改造方案：“只要将其中的属于迷信的部分除去，其他如吃两三天素、妆台阁、奏中国音乐，都应当保存发展……保境若将迷信鬼神的部分除去，变成正月间玩灯一样的事，那就有益无害了。”③ 在当时的腾冲，亦有进步人士提出了破除迷信的措施：“一、实行推倒偶像，把各寺观改建为公益场所；二、取缔一切关于迷信的公开的或秘密的集会结社；三、禁止僧尼人等，并禁止本乡妇女参加他乡迷信运动；四、取缔一切关于迷信的投机营业；五、男女学校，以‘破除迷信’列入校训，竭力宣传。”④

全国上下推行的妇女解放运动成为反封建标签，以妇女解放运动中禁止女性缠足为例。1913 年 7 月，颁布《云南省妇女缠足惩罚令》规定：本省十五岁以下妇女“未缠足者不准再缠，已缠者立即解放”。违反规定的，在通令期半年后，将处罚金。各县天足会检查后交警察执行。应放足妇女首罚后，若能“锐意进取”，可随时报请天足会检查明确而免除惩罚；经受罚两年半仍不肯解放的，除永远照令罚金外，不准入女子学校，已入者斥令退出。⑤ 1916 年，省议会又在此基础上重新通过了《女子缠足惩罚条例》，限令地方官奉文后二十日内成立“天足会”，由“天足会”推动“解放缠足”。⑥ 昆明的天足会，其劝导之方式，“或散布刊物，或提灯游行，或露天讲演，或定期集会；闺阁

① 云南省民政厅：《云南民政概况》，2 页，1936。

② 亥佳：《腾冲打保境的我见》，载《腾冲旅省学会会刊》，1936。转引自梁建：《腾冲：一个内陆边疆县的近代变迁研究（1902—1949）》，87 页，南京，南京大学博士学位论文，2016。

③ 村树：《崇新会纪念刊的意义和我对于崇新会将来的希望》，载《和顺崇新会五周特刊》。转引自梁建：《腾冲：一个内陆边疆县的近代变迁研究（1902—1949）》，87 页，南京，南京大学博士学位论文，2016。

④ 锄强：《迷信，打倒》，载《和顺崇新会五周特刊》。转引自梁建：《腾冲：一个内陆边疆县的近代变迁研究（1902—1949）》，88 页，南京，南京大学博士学位论文，2016。

⑤ 云南省档案馆：《清末民初的云南社会》，96 页，昆明，云南人民出版社，2005。

⑥ 云南省地方志编纂委员会：《云南省志·群众团体志》，302 页，昆明，云南人民出版社，2002。

名媛，亦奔走于天足会旗帜之下，现身说法”①，并将宣传劝导的内容编印成《昆明市天足会汇刊》出版，产生更为广泛的影响力。到1933年，云南地方政府颁布“云南省严禁妇女缠足办法”二十二条，1934年，大多数县向省府出具“将境内妇女缠足解放完竣”的印结。自此，历时二十余年的云南妇女缠足解放运动基本结束。这场运动使得云南城乡妇女有了一双得以行走的天足。②

二、基督教在云南城乡传播及影响

（一）基督教在云南的传播

基督教在19世纪70年代伴随西方的殖民入侵传入云南，云南少数民族众多，基督教的传播结合了少数民族的传统生产方式与生活习俗，主要在广大的少数民族区域展开，如傈僳族、苗族、拉祜族、景颇族、佤族、哈尼族、彝族等少数民族聚居地区，从而对云南少数民族的社会生活和精神生活产生深刻影响。③基督教在云南少数民族地区的传播辐射区域广，涉及云南全境，滇东北及滇中地区在苗族、彝族地区传播，滇西地区在傈僳族、怒族、独龙族、景颇族地区传播，滇西南在拉祜族、佤族地区传播，滇南在哈尼族、傣族地区传播。

1887年，内地会牧师麦嘉底由上海出发，横穿中国腹地经滇西行至八莫，为在云南传播基督教探路和搜集情报，考察了基督教传入途径。他将此行所见写成《穿越中国从镇江到八莫》一文。1881年，内地会传教士克拉克夫妇经缅甸进入云南大理，首创基督教在云南的教会。随后英国传教士由四川入滇，在昭通、东川开办教会，循道公会牧师柏格理、邰慕廉等，也由川入滇于昭通开办教会，彼时入教者仅数十人。1900年后，传教士调整了传教方略，从城镇转向农村，进入少数民族地区，结果“信教人数以十倍、百倍速度增长”④。1917年，基督教在云南扩展至17个县，教徒3211人（不含滇西澜沧、沧源、双江、德宏和怒江地区的统计数据），20世纪20年代，基督教扩展至云南的50余个县。20世纪30年代，云南有基督教传教士300余人、教堂70余处、

① 丁绩：《昆明市天足会汇刊》，转引自杨兴梅：《身体之争：近代中国反缠足的历程》，215页，北京，社会科学文献出版社，2012。

② 云南省档案馆：《清末民初的云南社会》，98页，昆明，云南人民出版社，2005。

③ 肖耀辉、刘鼎寅：《云南基督教史》，前言第2页，昆明，云南大学出版社，2007。

④ 钱宁：《基督教在云南少数民族社会中的传播和影响》，载《世界宗教研究》，2000（3）。

教徒4万至5万人，创办各类学校80余所。20世纪50年代初期，云南基督教扩展到云南80余县，教堂900余处，教牧人员1430人，教徒增加到15万人。[①]云南信仰基督教的少数民族主要有苗族、汉族、彝族、傈僳族、景颇族、白族、怒族、哈尼族、佤族、拉祜族等。

清朝初年，天主教零星分布在云南的盐津、昆明、永胜、巧家、大理等地。清代中期以后，天主教大规模传入云南。晚清至民国时期，天主教在云南形成四个重点区域：昆明教区负责滇中片区及全省天主教事务，1949年的统计表明，该教区有教堂44座、神甫46人、教友10025人。大理教区负责滇西片区教务，管辖思茅、宁洱等43县以及宁蒗、碧江等11个设治局教务，1942年，该教区有教堂60座、神甫19人、教友5038人。昭通教区负责滇东北片区教务，管辖昭通、彝良等12县教务。该教区有教堂22座、神甫10人、教友6354人。维西教区，1861年设立西藏代牧区云南总铎区，后又由打箭炉代牧区，管理云南藏区教务，管理维西、德钦、贡山、福贡地区教务，1950年，该教区有教堂11座、教友2300人。[②]1949年，天主教已分布在云南的56个县，教徒约4万人。[③]

晚清至民国时期，基督教在云南传播发展较快，有的传教士在传教过程中充当间谍搜集情报，有的披着宗教的外衣从事挑拨民族关系的勾当，对民族地区的传统文化形成冲击。传教士打着传教的旗号，搜集云南民族地区政治、经济、文化、军事、物产等情报。据统计，1876—1899年，到云南进行探险考察的法、英、美等国就有452人次，其中有传教士身份的就超过了一半。[④]在路南传教的邓明德，采集了云南动植物标本近三万种。有些传教士在其游记中还详细考察了云南矿产资源情况，“凡某府有矿厂若干，所产几何，其矿质成分若干，如何煎炼，咸皆记载”[⑤]。有些传教士甚至充当殖民主义者的间谍，“他们进行特务活动的控告，是很难否认的，人们确实知道，他们向情报机关

① 王爱国：《云南基督教源流略述》，见《云南文史集粹》（九），528页，昆明，云南人民出版社，2004。

② 刘志庆：《云南天主教教区历史沿革考》，载《中国天主教》，2014（4）。

③ 王淑杰：《外国教会在云南的活动》，见《云南文史集粹》（九），537页，昆明，云南人民出版社，2004。

④ 《续云南通志稿·洋务志》。

⑤ 《滇矿务督办唐炯奏矿务通商事件敬呈愚虑折》，转引自荆德新：《清末云南人民反洋教侵略的斗争》，载《思想战线》，1980（5）。

提供情报”①。在澜沧传教三十多年的永伟里父子，其子永文生担任东南亚盟军总部情报员，在教堂架设电台传递情报。在怒江流域传教的美籍传教士莫约伯，还有着航空联络员的身份，他在贡山架设电台，测绘滇康边境地图。某次从贡山飞过的飞机上投下物品，“被群众拾到，打开后全是子弹。莫约伯知道后来追查，说东西是他们的”②。又如在怒江流域传教的杨思惠，“他主要是在内地做特务活动，看着快要解放了，有些害怕，才回去的”③。天主教云南总主教区办的华明通讯社，搜集的关于云南政治、经济、文化等方面的情报，受到西方国家的重视。

（二）基督教对云南少数民族社会的影响

基督教在中国的传播具有多重性，基督教传播兼具殖民主义与传教运动、政治性与非政治性、宗教传播与文化传播。④从基督教传播的殖民性、政治性与宗教性的一面来看，基督教在云南传播，对云南各民族传统文化形成冲击。邓明德在路南传教时，强迫信教的撒尼人毁掉祖先灵牌，禁止信教群众祭祀祖先，声称人人都是上帝的儿女，只能按上帝的意志行事。采花山是苗族的传统节庆，但富源芭蕉箐信仰天主教的苗族则被禁止过采花山节庆。⑤滇南信仰天主教苗族的丧葬礼仪，已由原来家中设神台供奉祖先、唱指路歌，转变为家中不设神台，诵天主教经典引逝者灵魂进入天堂，其传统文化出现“结构性失忆”。⑥传教士还随意将云南少数民族的传统文化与西方宗教进行嫁接，永伟里在拉祜族地区传教时，将自己与拉祜族传说中的金刚和尚联系在一起，声称拥有一个金刚和尚签名的烟斗。⑦传教士采用移花接木的方式，其目的就是要利用信教群众对传统文化传承，传播西方的异质文化，混淆信教群众视听，加速信教群众自身文化的裂变。

在沧源佤族、拉祜族地区，传教士甚至与部落头人约定：“哪个青年不信

① 转引自江文汉：《关于帝国主义利用基督教》，见《中国基督教三自爱国运动委员会常务委员会第十次扩大会议专辑》。

② 王淑杰：《外国教会在云南的活动》，见《云南文史集粹》（九），561页，昆明，云南人民出版社，2004。

③ 云南省编辑组：《中央访问团第二分团云南民族情况汇集》上册，20页，昆明，云南民族出版社，1986。

④ 钱宁：《基督教与少数民族社会文化变迁》，11—28页，昆明，云南大学出版社，1998。

⑤ 吴晓等：《圣歌里的芭蕉箐》，26页，北京，中国社会科学出版社，2009。

⑥ 和少英等：《天主教与滇南苗族传统文化习俗的嬗变》，载《民族研究》，2010（2）。

⑦ 钱宁：《基督教在云南少数民族社会中的传播和影响》，载《世界宗教研究》，2000（3）。

耶稣，不唱耶稣歌，就不准他结婚。”禁止信徒与非信徒结婚，甚至禁止不同教派信徒结婚，只把教会认可的婚姻视为合法婚姻。晚清至民国时期，西方宗教在云南的传播，对于云南城乡政治、经济、文化等发展变迁影响很大，政治上分化瓦解，经济上强取豪夺，文化上渗透冲击，传教士就是“那些用传教的鬼话来掩盖掠夺政策的人”①。

基督教的传播对云南少数民族的观念文化与社会生活的变迁产生巨大影响。基督教在云南少数民族地区的传播过程中，传教士利用拉丁文为少数民族创制文字，通过创制的文字来布道，使得云南部分信仰基督教的少数民族能运用文字与外界交流、从事本民族文化教育活动。有些传教士为少数民族地区带来西方现代的药物、治疗方式与西方医疗卫生观念。基督教还进一步深入到少数民族地区的教育、社会生活领域，使信教少数民族的生活方式、生活观念发生重大变革。

传教士以拉丁字母拼写方法为基础，以少数民族语音为依据，将拉丁字母作颠倒变形，创制适合少数民族语言和发音习惯的传教文字。传教士先后在云南创制和推广十余种少数民族文字，其中以苗文、景颇文、傈僳文、拉祜文等影响较大。传教士将文字创制与教育紧密结合，教会学校出现，“哪里有教堂，哪里就有学校”成传教口号。②以怒江地区为例，在民国时期，怒江的傈僳族和怒族总人口为5.8万，而其中通过文字普及活动教育，识字的傈僳族和怒族达3万人，识字人数达到半数的水平。③在民国时期，民国政府在怒江地区所推行的汉式教育效果不佳。民国政府在怒江推行汉式学校教育长达38年，仅培养出少量的具有初小水平的地方人士。④客观来看，基督教提高了少数民族地区的识字水平，但基督教形式的教育推广，具有局限性和狭隘性，教会的教育与办学，决定了传教士在少数民族地区所做的努力，都不会超越宗教传播的范围，对少数民族地区的教育推广不可能起到实质性的推动。⑤

传教士的“行医施药”与“文字布道”一样，成为教会传教的重要手段。

① 《列宁选集》（第一卷），214页，北京，人民出版社，1960。

② 肖耀辉、刘鼎寅：《云南基督教史》，178页，昆明，云南大学出版社，2007。

③ 转引自肖耀辉、刘鼎寅：《云南基督教史》，184页，昆明，云南大学出版社，2007。参见《怒江区概况》，见中央访问团第二分团：《云南民族情况汇集》（上），248页，昆明，云南民族出版社，1986。

④ 王文光等：《云南近现代民族发展史纲要》，285页，昆明，云南大学出版社，2009。

⑤ 肖耀辉、刘鼎寅：《云南基督教史》，187页，昆明，云南大学出版社，2007。

而医药布道活动的影响，远远超过了传教的范围，对少数民族的传统生命观、鬼魂观念产生了具有颠覆意义的影响。在基督教进入之前的少数民族地区，人们对为什么生病的认识，基本停留在鬼魂作怪的理解，与之伴随的治疗形式亦是占卜、送鬼。自传教士进入少数民族地区，他们代表的是西方现代疾病治疗方式，他们免费为少数民族提供医疗服务。例如在澜沧江拉祜族和佤族地区传教的永伟里，在当地建卫生所，医治麻风病人。在川、滇、黔三省交界传教的柏格理，医治天花病人，抢救因为疾病试图自杀的人的生命，成为在乌蒙山区运用“种牛痘”来防疫的第一人。①

从基督教传播与少数民族生活方式转变来看，通过基督教信仰戒律达成对少数民族地区道德观念进行塑造。在基督教戒律中，提倡不饮酒、不抽烟、不赌钱、不杀人、不偷盗的行为规范，重新强调并塑造地方秩序，形成了良好风尚。如在基督教戒律中，严格遵守一夫一妻制，带动信教少数民族新的婚姻家庭观念变革。

总之，晚清至民国时期，西方宗教在云南的传播，对云南少数民族的社会生活和精神生活产生深刻影响，并对云南城乡政治、经济、文化等发展变迁影响巨大。

① 张坦：《“窄门”前的石门坎——基督教文化与川滇黔边苗族社会》，209页，昆明，云南教育出版社，1992。

后 记

“云南口岸建设发展研究创新团队”和“云南史话丛书”项目先后获得立项，本书出版得到“云南省哲学社会科学创新团队建设项目资助”。

城市发展轨迹呈现出各民族交往交流交融图景，发挥着民族融合“孵化器”，经济发展“推进器”，文化传播“传感器”，交通网络“联通器”之作用。云南城市发展的演变轨迹清晰，城市形态、规模、分布与云南经济社会发展一脉相承，中心城镇随着中央王朝治理重心的调整而变动，城市体系建构与区划设置、移民屯垦、军事建置、交通建设、经济交往和文化传播等交织在一起，贯穿着铸牢中华民族共同体意识主线，形成历史时期中央王朝深化云南社会治理的政治文化生态，为提升边疆民族地区治理能力现代化水平提供了历史经验借鉴。但有关云南城市发展与社会变迁仅有零星研究成果，拓展研究前景不言而喻！

《新纂云南通志》记载云南“城池远溯于庄蹻之世”，最早见于记载的城苴兰城“在昆明县北七里”。

秦朝，派遣常頞“略通五尺道，诸此国颇置吏焉”。这条通道从今天四川的宜宾通达云南的曲靖地区，是云南联通内地的重要枢纽。惜秦朝未及全面推进对云南社会治理便亡！

汉兴，因秦制度，在西南夷设置郡县、移民屯垦和行羁縻治策，由郡县治所和军事要塞组成的城池星罗棋布，成为云南早期城镇雏形。益州郡在西南夷地区所辖户口和县均最多，郡治晋宁是西汉王朝治理“西南夷”的政治和军事中心。

东汉，对云南郡县设置进行调整，并着力开发云南的西部地区设置永昌郡（治所在今保山），治理云南的重心西移至永昌，永昌继晋宁成为中央王朝治理云南的政治和军事中心。永昌城遗址是云南省现存规模最大、保存较好的汉城遗存。

蜀汉时期，在“西南夷”地区设南中七郡，并设庲降都督统摄南中七郡，庲降都督治所由平夷县（今毕节）移至味县（今曲靖），建宁郡郡治也由滇池县（今晋宁区晋城）移至味县，中央王朝治理云南的政治、军事中心移至曲靖。

晋泰始六年（270年），“分益州置宁州”，宁州治所原在味县，后来，李毅遂将州治迁至滇池县（晋宁区晋城）。

隋朝，在曲靖设南宁州总管府。唐代，在隋朝治理云南的基础上，“即其部落列置州县，其大者为都督府，以其首领为都督、刺使”。南诏统一六诏后，仿唐制并融入区域特色，形成首府、节度（都督）、郡、赕（县）等多级城镇网络，出现了云南历史上城镇发展的第一个高潮。彼时云南城镇群落，分为东、南、西、北、中五大片区。中部和东部，以阳苴咩城和拓东城为主形成核心区城镇群，城镇数量多、密度大，集中了南诏大部分城镇，城镇经济发展水平较高。南部开南节度、银生节度管辖区城镇群，以及西部永昌节度、丽水节度辖区的城镇群，区域民族种类多，社会经济发展水平亦相对落后。北部会川都督、剑川节度、铁桥节度辖区的城镇群，多为南诏与唐朝、吐蕃战争中夺取的军事重镇。大理国时期，新筑的城镇有蒙自古城（今蒙自县城）、伽宗城（今呈贡西20里）、德江城（今楚雄市西北2里）、巨桥城（今昆阳）等城。

南诏时期，城镇的选址、布局有着“择胜置城”的价值趋向。如阳苴咩城西倚苍山之险、东挟洱水之阨，拓东城山河可以作藩屏、川陆可以养人民，能够居二诏佐镇抚。大理国时期扩建拓东城，东临盘龙江，南靠玉带河，西界鸡鸣桥，北至五华山，城际滇池，三面临水，既险且坚。

南诏、大理国时期，云南城镇的经济和文化功能逐渐加强，如阳苴咩城不仅有彝、白、汉等民族，还有骠国人和印度人，其中又有商人、小手工业者和工匠。马可·波罗称拓东城“大而名贵，商工甚众”。铁桥城是南诏与吐蕃贸易的城镇，银生城、永昌城则成为南诏与东南亚、南亚等国进行贸易的口岸。郭松年在《大理行记》中所云：“其宫室、楼观、言语、书数，以致冠婚丧祭之礼……略本于汉……犹有故国遗风。”城镇还成为民族交往交流交融的重要平台，樊绰在《蛮书》中说，南诏“既袭破铁桥及昆池等诸城，凡虏获万户，尽分来昆川左右及西爨故地”，“劫掠骠国，虏其众三千余人，隶配拓东，令之自给”。

元初，设鸭赤（今昆明）、哈剌章（今大理）、茶罕章（今丽江地区）、金齿（今保山地区）、赤秃哥儿（今贵州普定、水西等地）等五城作为行政区划进行军事统治，继而改设万户府与总管府，最终设立云南行省，省会城市设于中庆路的鸭赤城（今昆明），云南行省的中心城镇从大理转移至昆明，这一变化对后来云南城市体系构建产生影响，自明清以降至民国年间，昆明均是云南省政治、经济和文化中心。

明代，改元代行中书省为云南承宣政使司，建构“三司”治理模式，布政使司下辖府、州、县，都指挥使司掌管以卫所为编制的军队事务，提刑按察使司分巡各道。明代，云南城镇建设出现第二个高潮。洪武至崇祯年间，云南建城 61 座，其中，砖城 44 座、石城 10 座，多已从之前的土城变成砖城，城墙、城壕、城门、城楼，以及城内衙门、书院、寺院道观等分布多有明确记载。从城市的规模来看，省会城市昆明居于首位，临安府城、楚雄府城、曲靖府城等次之，县城规模以腾冲、陆良、富宁、安宁、永胜等为大，从建筑规模上也体现出城镇发展的不平衡，无论是新建、重建或扩建的城市，多从原来的土城变成砖城，城郭亦以方形居多，城门、城楼、城壕等要素齐备，城楼、角楼、楼垛、月城等使城郭立面和立体空间颇富变化。连通城门间的街道是为正街，相交处为闹市中心，形成纵横交错的棋盘式道路格局，府、州、县衙居中，书院、寺庙、楼阁等分布四周，商号、店铺、作坊分布在主要街道上。房屋建筑民居低矮，寺院、衙署高大，立体空间错落有致，色彩搭配黄灰相映，城镇平面突出中心。明代，基本奠定了近现代云南城镇分布格局。

清代，云南新建的府城和县城有 33 座，其余城镇多是在明代的基础上重修或扩建，多数已建为砖城，但也还有思茅、彝良、临沧等一些土城，城内布局与结构多沿袭明制。

晚清至民国时期，随着国际国内形势发生变化，云南城市发展与社会变迁呈现出时代特征，憾无系统研究成果，深入研究颇具价值。城市是社会生活的舞台，涉及的内容丰富、资料分散，深入研究任务艰巨，组建团队合力攻坚。王明东拟定书稿撰写提纲，邀请有兴趣的同仁共同进行研究，具体分工如下：

绪论、第一章、第二章：王明东、熊宁、张云波、王元盛撰写。

第三章、第四章：蒋正虎撰写。

第五章：陈燕、颜克成撰写。

第六章：王明东、王晓艳、谢黎蕾、李陶红撰写。

历经数年终于完成书稿，王明东负责统稿，由民族出版社出版。借此机会，向参加撰写书稿的各位同仁谨致谢忱！欧光明、杨蜀艳两位编辑广博的知识结构，宏阔的学术视野，敏锐的学术洞察力，严谨的工作作风和助人为乐的精神，为我们树立了学习之榜样，他们的辛勤劳动和严格把关亦是本书得以出版的关键，向两位编辑表示衷心的感谢和致以崇高的敬意！

学海无涯，我们将会一如继往，砥砺前行，探寻新知。

王明东

2023 年 5 月 20 日